코칭 핵심 역량

실전 코칭을 위한 필독서

박창규 · 권은경 · 김종성 · 박동진 · 원경림 공저

학지사

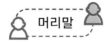

🖐 코칭이란 게 뭔가요?

얼마 전 어느 기관에서 코칭에 대한 인터뷰를 요청했다. 코칭이 무엇이냐고. 코칭을 배우고 전파한 지 20년이 가까워 오지만, 여전히 대답하기 쉽지 않은 질문이다. 코칭은 잠재력을 개발하는 '임파워링'에서부터 아직 만나지 못한 참 자기를 만나는 것까지 광범위한 정의가 가능할 것이다. 최근에는 연민(compassion)이라는 말에 더 귀 기울여진다. 그것을 해석하면 자비, 연민이라는 말인데 따로 떼어 풀이하면 com은 함께(together)라는 뜻이고 passion은 두 가지 의미가 있다. 하나는 수난, 고통의 뜻이 있고 또 하나는 열정, 사랑의 뜻이 있다. 이 두 가지 뜻이 합쳐져서 고통, 고난을 함께 나누는 것 그리고 기쁨을 함께 나누는 것이라는 자비·연민의 뜻이 된다. 부처·예수도 이런 마음으로 사람을 대하지 않았을까 한다.

코칭에서도 함께 '문제를 풀어 나가는 것(doing together)'의 의미도 있지만 연민의 마음으로 '함께 있어 주는 것(being with)'의 의미가 더욱 중요하다. 코칭의 초기 단계에서는 어떻게 문제를 풀고 해결할 것인가에 더 관심을 갖지만 좀 더 성숙해지면 어떻게 하면 함께 있어 줄 것인가의 단계로 들어가게 된다. 존재와 존재 사이, 즉 코치와 고객 사이의 관계의 공간에 연민이 자리 잡게 되는 것이다. 이렇게 정의하고 보니 내 안에 미안한 마음이 점점 커지는 게 느껴진다. 아니 후회하는 마음이랄까. 그동안 수많은 사람에게 코칭을 해 왔지만 진정 연민의 마음으로 대했던 사람이 얼마나 되었던가. 한국에 코칭이 도입되던 초기에는 코칭의 하위 프레임, 즉 코칭 모델과 프로세스에 의한 접근법을 숙달하는 수준에 머물고 있었기 때문에 나 역시도 예외가 아니었다.

내가 국제코치연맹(ICF)에서 인정받은 한국인 최초의 마스터코치(MCC)가 된 지 4년이 지나고 보니 이제야 코치와 고객 사이의 관계에 늘 존재해 왔던 연민의 공간이 보이기 시작한다는 것을 고백하지 않을 수 없다. 이렇게 오랜 시간에 걸쳐 느껴 온 것을 코치로 활동하고 있거나 코칭을 배우고자 하는 후진들에게 제대로 전파하고 싶은 마음이 생겨난 것으로 조금이나마 그 후회를 대체해 보려고 한다.

🪶 코칭에는 어떤 역량이 필요한가요?

이 책은 그런 마음으로 출발했다. 그렇지만 그런 단계까지 가는 몇 단계의 과정이 있게 마련이다. 이 책은 그 과정에 관한 것이다. 우선 코칭의 중심에 있는 흔들리지 않는 '철학'을 살펴보고, 고객 중심의 '패러다임'에 맞추어 코칭 역량을 어떻게 적용할 것인가를 '실행 지침'과 '수준별 역량'에서 구체적으로 설명하였다. 그러한 접근 방법은 여러 가지가 있을 수 있으나 우선은 국제코치연맹에서 표준화해 놓은 코칭 핵심 역량을 중심으로 풀어 나갔다. 여기에서 다루는 11가지 핵심 역량(competency)은 고객이 원하는 성과를 낼 수 있도록, 코치가 효과적으로 고객과 상호작용하는 제반 능력(ability)을 말한다. 이러한 역량은 코칭 분야에서 사용되는 제반 기술과 접근법에 대한 이해를 바탕으로 하였기 때문에 코치가 되고자 하는 사람들이 체계적으로 훈련하는 데 도움을 줄 것이라 믿는다.

이 책을 쓴 목적은 무엇인가요?

멘토 코치로서 가장 많이 들었던 질문은 "코칭을 잘하려면 어떻게 하면 됩니까?" "전문코치가 되려면 어떤 것을 더 배워야 합니까?" "코칭 자격증도 받았고 코칭 교육을 받은 시간도 엄청 많은데, 코칭이 늘지 않아요. 왜 코칭이잘 안 됩니까?" 등이다. 또한 동료 코치들 중에도 고심하는 얘기를 들을 때가있다. "고객한테 맞추다 보니, 내가 코칭을 하는지 무얼 하는지 스스로 의심할 때가 있다." "내가 코치인지 아닌지 정체성을 다시 생각하는 중이다." 그리고 "다시 코칭의 기본으로 돌아가고 싶다." 심지어 "기본에 충실한 코칭 워크숍이 있다면 처음처럼 다시 시작하고 싶다."는 말을 듣기도 한다. 그런 말을 들을 때 코치들의 멘토 코치이자 수퍼바이저로서 '자신의 뛰어난 개인적역량을 체계적인 코칭 역량과 조합하여 연결 지으면서 훈련한다면 지금보다더 효과적으로 더 잘하게 될 텐데…….' 하는 안타까운 느낌을 가진 적이 자주 있었다.

우리가 코칭 핵심 역량을 이렇게 자세하고 체계적으로 안내하는 첫 번째목적은 코치들이 고객의 문제를 해결하고 지속적인 성장을 지원하는 역량을갖추도록 하는 것이다. 둘째는 코칭에 관심을 갖고 연구하고자 하는 사람들에게 필요한 코칭의 원리나 실제에 관한 체계적인 정보를 제공하기 위한 것이며, 셋째는 다양한 영역에서 코칭 교육을 개발하고 '코칭' '코치'를 접목하여 활동하는 개인이나 조직이 코칭 역량을 더 심도 있게 이해함으로써, 현재하고 있는 코칭 교육이나 서비스를 더 강화할 수 있는 심층 깊은 참고 자료를제공하기 위해서이다.

이 책은 어떻게 활용하나요?

이 책은 코칭에 대한 전반적 이해를 돕는 '코칭에 대하여'를 비롯하여 역량 1부터 11까지를 각 장별로 개념과 실행 지침을 설명하고, 코칭에서의 적용 점을 살펴봄으로써 이해를 도왔다. 11개 역량은 크게 4개의 범주—기반 다지기, 관계를 함께 만들어 가기, 효과적으로 소통하기, 학습과 결과 촉진하기—로 나뉘어 있으며, 각 역량을 체계적으로 이해하기 위해 6개 단계로 접근하였다. 역량 이해를 위한 사전 질문, 개념, 역량 정의 및 실행 지침, 수준별 역량, 핵심 요약, 자기 개발을 위한 성찰 및 연습의 순서이다. 특히 수준별 평가핵심 요소와 코칭 사례를 제시함으로써 비교를 통해 이해를 도왔다. 마지막에 성찰 및 연습에서 코치의 성장을 위한 성찰과 도전하는 질문을 통해 해당 역량을 스스로 점검하도록 하였다.

독자들은 현 수준에서 마스터코치 수준으로 나아가기 위해 다음과 같이 이 책을 활용하기를 권한다.

- 자신이 현재 잘하고 있는 역량을 펼쳐 보라. 수록된 내용에서 이미 자신이 잘하고 있는 모습이나 특별히 교육받지 않았어도 잘 이해하고 있는 것, 이미 실천하고 있는 것들을 형광펜으로 표시해 본다.
- 자신이 코칭을 학습하던 속도보다 더 느리게 역량 하나하나에 대해 숙고한다. 코칭 역량 하나를 충분히 이해하게 되면 다른 역량을 이해하고 적용하는 것이 더 수월해질 것이다. 코칭 역량은 상호 연결되어 있다. 코칭 합의하기를 잘하면 행동 계획하기가 더 수월해질 수 있고, 적극적 경청하기 역량 발휘가 잘되면 일깨우기 역량을 자신이 발휘하고 있다는 것에 스스로 놀라게 될 것이다.
- 현재 고객이 내게 만족한 것은 무엇인지, 교육에서 배우지 않았지만 자신도 모르게 잘 발휘되고 있었던 것은 어떤 것인지 확인한다.

- 이후로 자신의 코칭 현장과 고객을 위해 무엇을 더 이해하고, 어떤 관점에서, 어떤 방식으로 접근하면 더 전문적이고 마스터코치 수준의 역량을 발휘하게 되는지 실천 항목을 확인한다.
- 이제 자격 교육에 의지하던 것에서 코칭 핵심 역량으로 충실하게 기반이 다져진 코칭 교육과 훈련 과정을 선택한다.
- '수행(practice)'하는 마음으로 연습, 연습, 연습을 통해 체화한다.

아무쪼록 코칭 핵심 역량을 심화학습하고 체화함으로써 자유로워지는 단계에 이르기를 바라고 있다.

함께 참여한 사람들은 누구인가요?

이 글에는 몇 년 전부터 필자와 함께 '코칭 MBA'라는 이름으로 코칭 스터디를 하고 있는 전문 코치들의 아이디어가 쌓여 있다. 그렇게 쌓인 경험을 책으로 발간하고자 하는 몇 사람, 즉 코칭 핵심 역량 교수자, 대학교수, 한국코치협회 임원 등이 공동 작업한 것이다. 집필 과정은 순탄치 않았다. 역량을 이해하는 개념에서부터 견해차가 있었다. 또한 각자가 몸담고 있는 코칭 현장과 경험의 정도에 따라 코칭 실행 지침과 코칭 실제를 전개하는 방식에 차이점이 나타나면서 한 방향으로 정렬하는 작업은 쉽지 않았다. 그럼에도 이 집필의 목적을 지속적으로 공유하고 상호 학습자의 입장에서 시작부터 마무리하기까지 우리는 서로에게 '수용, 존중, 신뢰'를 유지하면서 시너지를 내도록 협력하였기에 이 책의 출간이 가능하였다.

이 책은 ICF의 원문을 해석하면서 창의적으로 편집한 내용이다. 외국어에 기초한 내용을 실제 적용하는 과정에서 여러 가지 의견이 논의되었고 아이디어가 적용되었다. 영어라는 언어로 출발했기 때문에 그 이해와 해석의 갭을 사례로 메우려고 시도했으나 그 내용이 광범위하기 때문에 전부를 다양하고 깊이 있게 다루기엔 역부족인 면도 있었음을 솔직히 말하고 싶다. 더욱이 코칭은 깊이 알수록 철학과 심리학 그리고 영성이 함께 작용하고 있기 때문에 글로 써진 책으로만 전달하는 데에는 한계가 있음을 느끼고 있다. 그 와중에서도 시너지적인 창조를 이루어 내려고 부단히 노력했다. 후속 글을 통해 이러한 아쉬움과 한계를 보완할 수 있기를 바라고 있다. 결과는 이제 이 책을 읽어 내는 독자의 몫으로 돌린다.

함께 노력한 저자들에게서 많이 배웠음에 감사를 드린다. 또한 MCC 지원 경험을 흔쾌히 제공해 주신 최현국 코치(MCC)와 사례를 제공해 주신 석진오, 김상임 코치에게 감사를 드린다. 여기에 나온 사례는 한두 명의 개인적 사례가 아니며 여러 사람의 공통적인 주제와 내용을 코칭 역량을 이해하는 데 도움이 되도록 그 내용과 흐름을 재해석한 것임을 이해하여 주기 바란다.

권은경, 김종성, 박동진, 원경림을 대표하여
박창규 드림

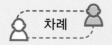

차례

코칭에 대하여

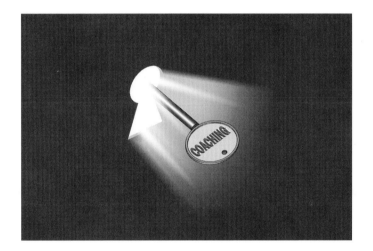

1. '코칭에 대하여'에 대한 사전 질문

가. 코칭이란 무엇인가?

나. 코칭 철학은 어떻게 정의하는가?

다. 코칭 패러다임 전환은 어떻게 하는가?

라. 코칭 역량과 흐름은 어떻게 조화를 이루는가?

마. 코칭에서 스페이스의 역할은 무엇인가?

2. 코칭이란 무엇인가

많은 사람이 다양한 관점에서 코칭을 정의하고 있다. 코칭의 어원을 살펴보고 국제코치연맹 및 코칭 현장에서 논의되는 유형별 정의를 살펴보자.

가. 어원에서 출발한 코칭 정의

1500년대부터 코치(coach)는 사람들을 현재 있는 곳에서 가고 싶은 곳으로 데려다주는 마차를 가리키는 단어였다(Evered & Selman, 1989). 영국에서는 고속버스를 코치라고 부르고, 다른 유럽 국가에서는 사람들이 가고자 하는 곳으로 데려다주는 렌털 버스도 코치라고 부른다. 중세시대의 코치의 목적은 같다. 사람들이 원하는 곳으로 데려다주는 것이다.

　이후 인간 개발 면에서 사용하는 코칭의 개념은 어원과는 다르게 진화했다. 사람들을 원하는 곳으로 데려다주는 것이 아니라 그들 스스로 원하는 곳으로 갈 수 있도록 지원해 주는 개념이다. 특히 4차 산업혁명 시대가 펼쳐지면서 과거의 경험이 더 이상 미래의 원하는 곳으로 데려다줄 수 없는 시대가 되었다. 우리가 살고 있는 시대는 지금까지 축적된 개인의 내적 자원뿐 아니라 AI와 연결된 외적 세계와의 네트워크까지 활용하여 자신이 획득한 지식과 지혜로 자기만의 고유한 특성과 결합시켜 스스로 원하는 곳으로 가야 하는 시대가 되었다. 이제는 더 이상 부모님이나 선생님이 하라는 대로 하면서 살 수 있는 시대가 아니다. 진달래는 진달래답게, 개나리는 개나리답게 자기만의 고유한 특성에 맞는 목적과 목표를 스스로 정하고 성취할 수 있도록 지원하고 지지해 주는 개인적·사회적 역할이 더욱 강하게 요청되는 사회로 진입하였다. 코칭이 바로 그러한 역할을 한다. 고객의 삶에 대한 의욕을 고취시키고, 개인이 가진 능력과 잠재력을 최대한 발휘할 수 있도록 해 주는 것 말이다.

나. 국제코치연맹(ICF)의 코칭 정의

　국제코치연맹(ICF)은 코칭을 고객의 개인적, 전문적 잠재력을 최상으로 발휘할 수 있도록 영감을 불어넣고, 고객이 당면한 주제에 대해 생각을 불러일으키게 하는 창의적인 프로세스와 함께 고객의 파트너 역할을 하는 것(ICF defines coaching as partnering with clients in a thought-provoking and creative process that inspires them to maximize their personal and professional potential.)이라고 정의 내리고 있다.

　국제코치연맹(ICF)의 정의 중 'thought-provoking'으로 표현한 단어는 시사하는 바가 크다. 이것은 두 가지로 해석할 수 있다. 첫 번째는 '생각을 불러일으키게 하는' 정도로 해석해도 별 문제가 없을 것 같다. 그것은 지금까지 고객이 제시한 주제에 대해 깊이 생각해 보았거나 아니면 코칭 중에 코치와 파트너를 이루어 새롭게 생각하는 과정으로 해석해도 큰 무리가 없을 듯하다. 그러나 두 번째는 '생각하는 것'에 대해 'thinking'이라는 용어 대신에 'thought-provoking'이란 특별한 용어를 사용하였다는 것에 주목할 필요가 있다. 이 용어는 『사유란 무엇인가』(Heidegger, 2004)에서 사용했던 용어로 철학적으로 더 깊은 의미가 담겨 있다. 즉, 'thought-provoking'은 '진지하게 생각을 하게 하는' 또는 '숙고(熟考)되어야 할 것'이란 의미로 일반적인 'thinking(생각)'과는 차이가 있다. 사전적으로 'think(생각하다)'는 헤아리고 판단하고 인식하는 것과 같은 정신 작용, 경험해 보지 못한 사물이나 일을 머릿속으로 그리는 상상, 어떤 것에 대한 의견이나 느낌으로서의 견해 등으로 사용된다. 반면, thought-provoking은 본질적으로 숙고(熟考)되어야 하는 것, 자기 자신 안에서 생각되고 있는 것, 즉 '생각을 불러일으키게 하는 것'에 관하여 생각하도록 한다는 뜻이다(Everything thought-provoking gives us to think).

　이것을 코칭에 적용하면, 일반적으로 '생각을 불러일으키게 하는' 주제를 다루어도 좋겠지만 정말 숙고되어야 할(thought-provoking) 주제와 내용에 초점이 맞춰지는 것이 중요하다. 코칭에서 정말 효과가 있으려면 고객이 숙고하고 있는 주제가 무엇인지를 탐구하는 코치로 존재하면서 고객이 숙고하고 있거나 숙고할 필요가 있는 것을 함께 발견하고 코치와 함께 숙고할 수 있어야 한다. 진지하게 고민하고 싶은 주제가 무엇인지 드러나기 위해서는 그 주제와 관련한 목적에 대한 탐구가 전제되어야 한다. 목적이 불분명하면 그 주제는 숙고할 대상이 아니라 지나가는 생각일 수 있다. 목적이 분명히 드러나면 그 주제는 숙고의 대상이 될 수 있다.

다. 코칭의 유형에 따른 정의

『코칭, 멘토링, 컨설팅에 대한 슈퍼비전』(Hawkins & Smith, 2018)에서 위더스푼(Witherspoon, 2000)은 코칭의 주요 초점이 무엇인가에 따라 코칭을 네 가지 유형으로 이루어진 연속체로 보았다.

코칭 연속체의 첫 번째 단계에서는 코칭받는 사람의 새로운 스킬 개발에 초점을 맞춘다. 여기서 스킬이란 코칭받는 사람의 역할이나 직무와 관련된 구체적인 스킬로서, 판매 스킬, IT 스킬, 또는 직원을 평가하고 피드백을 주고받는 방법 등 일반적인 사람관리 스킬 같은 것이다. 두 번째 단계는 성과 코칭이다. 성과 코칭은 코칭받는 사람의 스킬 습득(인풋)에 초점을 맞추기보다 넓은 영역의 역할 스킬(인풋과 아웃풋)에서 성과 수준을 높이는 데 더 집중한다. 세 번째 단계인 개발 코칭은 코칭받는 사람의 현재 역할보다는 장기적 개발에 더 초점을 맞추며, 멘토링적인 측면이 포함된다. 마지막 네 번째 단계인 변혁적 변화(transformation)는 코칭받는 사람이 어느 한 단계의 기능에서 더 높은 단계로 변혁적인 전환을 하도록 돕는 것이다. 이 단계에서의 코칭의 정의는 관점 전환과 자아실현에 초점을 맞춘다.

이러한 단계에 따라 코칭 정의도 달라지는데, 다음 〈표 1〉과 같다.

〈표 1〉 다양한 코칭 정의

정의	저자
주로 성과 향상 또는 특정 역량 개발을 목표로 하는 단기간의 개입	Clutterbuck, 2003
코칭받는 사람의 업무 성과와 삶의 경험, 자기주도적 학습과 개인적 성장의 향상을 도와주는 협력적이고 해결 중심적이며 결과지향적이고 시스템적인 프로세스	Grant, 2000
학습자들이 목표를 성취하고 문제를 해결하며, 학습하고 개발하는 것을 돕기 위하여 학습자들과 함께 일하는 협력적 파트너	Caplan, 2003

성과를 극대화하기 위해 그 사람의 잠재력을 이끌어 내는 것	Whitmore, 1996
강력한 지원과 도전을 통해 조직에서 개인의 업무 성과 향상을 가져오게 하는 데 초점을 맞춘 응용 기술	Hawkins & Smith, 2016
리더십 코칭은 관리자를 변화시키고… 성찰의 공간을 제공하며… 자신을 이해할 수 있게 하여… 궁극적으로 조직 목표를 향해 창의성을 발휘하고 쏟아 내도록 하는 데 관심을 갖는 것	Lee, 2003
개인과 조직의 잠재력을 극대화하여 최상의 가치를 실현화할 수 있도록 돕는 수평적 파트너십	한국코치협회

출처: 『코칭, 멘토링, 컨설팅에 대한 슈퍼비전』(Hawkins & Smith, 2018)의 내용 일부 참조하여 재정리함.

이러한 단계별 유형에 따른 코칭의 정의는 앞으로 우리가 다루게 될 코칭 역량을 이해하는 데 도움이 된다. 왜냐하면 단계별 코칭 유형이 코칭 역량 수준(ACC, PCC, MCC)에 적용되기 때문이다.

3. 코칭 철학

코칭이 효과적으로 진행되기 위해서는 코칭 철학(Mind Set) 및 코칭 기술과 관련되는 도구(Skill Set, Tool Set)를 포함한 역량이 필요하다. 코칭 철학은 나무에 비유하면 뿌리와 같다. 뿌리가 튼튼해야만 나무가 흔들리지 않는 것처럼 코칭 철학이 단단해야 코칭이 흔들리지 않고 고객과 함께할 수가 있는 것이다. 그래서 코칭을 가르치는 기관마다 나름대로의 코칭 철학이나 전제를 먼저 제시한다. 그 이유는 코칭 스킬을 잘 안다고 해도 철학의 뿌리가 흔들리면 그러한 것들이 제대로 작동하지 않기 때문이다.

코치 자신이 코칭 철학으로 중심을 잡고 있으면 자연 코칭과 고객에 대한 바람직한 시각을 갖게 되고 고객과 상호작용을 함에 있어 흔들리지 않고 코칭 프로세스를 진행할 수 있고, 어려운 상황에서도 유연하게 대처할 수 있다. 또한 우리가 다루게 될 코칭 핵심 역량(core coaching competencies)을 다각도로 활용할 수가 있다. 그러므로 코치들은 코칭을 시작하기 전에 코칭 철학을 만트라(참된 말, 진실한 말, 진리의 말로 영적 또는 물리적 변형을 일으킬 수 있다고 여겨지고 있는 발음, 음절, 낱말 또는 구절-위키피디아 참조)로 활용하면 좋을 듯하다. 이러한 순환 과정이 내면화되고, 코칭의 현장에서 자연스럽게 밖으로 표출되면 코치다운 아우라(다른 사람이 흉내 낼 수 없는 독특한 분위기)가 드러나게 될 것이다. 이것을 우리는 코치 프레즌스(coach presence)라고 일컬을 수 있을 것이다.

국제코치연맹(ICF)이 제시하는 코칭 철학은 "모든 사람은 창조적이고, 자원이 풍부하고, 전인적(Every client is creative, resourceful, and whole)"이라는 것이다. 그러나 2015년 6월 개정 이후로는 코칭 철학을 명시하지 않고 있다. 국제코치연맹(ICF) 담당자의 최근 설명에 의하면 그 이유는 코칭을 다루는 기관이나 개개인마다 코칭 철학이 다를 수 있음을 인정하기 때문이라고 한다. 앞서 언급한 각각 다른 코칭 정의를 생각해 보면 국제코치연맹(ICF)의 설명이 이해가 간다.

코칭 철학 중 전인적(whole)이라는 것은 '전체의, 온전한'의 의미로 '사람은 있는 그대로 충분하다. 사람은 부족하거나 틀린 것이 아니라 독특하게 다른 것이며 충분히 존중받을 존재'라는 뜻이다. 또한 전인적인 내용에는 '지(知), 정(情), 의(意) 또는 육체적, 정서적, 정신적, 영적인 면을 모두 갖춘 사람'을 뜻한다.

인간은 표면의 의식 차원과 내면의 깊은 무의식 차원이 조화롭게 작용하고 있다. 고객은 어떤 때는 의식 차원에서 에고가 작동될 수도 있고 어떤 때는 깊은 내면의 비의식(아직 의식화되지 못한 무의식) 차원에서 성찰을 통한 자각이 일어나기도 한다. 표면 의식이 작동될 때는 에고의 작동으로 두려움, 수치심, 연약함 그리고 아직 남아 있는 상처로 인해 고통받을 가능성이 높다.

반면, 비의식 차원에서 내 안의 내면 깊은 존재인 근원의 품성을 알아차리게 되면 내적 평온을 되찾고 내 안에 잠재된 가능성을 찾아 원하는 상태로 갈 수 있다. 이와 같이 인간은 음(陰)적인 차원과 양(陽)적인 차원이 항상 동시에 존재하면서 상호작용하여 온전한 존재로 작용한다. 음/양, 의식/무의식 때로는 부정적인/긍정적인 요소 모두 온전함(the wholeness)을 위한 구성요소인 것이다. 그러므로 코칭에서 고객을 대할 때도 전인적 시각으로 바라보아야 하고 전인적 접근이 가능하도록 코칭해야 한다. 코칭에서는 '고객은 틀리지 않고 언제나 옳다.'라는 전제가 그래서 가능하게 된다.

리소스풀(resourceful)하다는 말은 '자원이 가득하다, 풍부하다'라는 말이지만 코칭에서는 자기가 당면하고 있는 어려움을 극복하는 능력 혹은 원하는 목표 달성에 필요한 방법을 찾거나 창안해 낼 수 있는 잠재 능력이 무한하다는 것을 말한다. 즉, 고객이 원하는 목표를 설정하면 그것을 이루어 낼 수 있는 자원을 가지고 있다는 것으로, 그러한 자원이 있기 때문에 그러한 목표를 정하게 된다는 것이다.

그러한 자원이 풍부하다는 것은 사람은 태어나면서부터 인류 진화 과정으로부터 전수받은 지혜와 리소스(내적 자원)가 DNA로 누적되어 있다고 보는 것이다. 또한 개인적인 삶의 길에서 어려운 과정들에 직면할 때 이를 극복하고 해결해 가면서 쌓은 지혜가 리소스로 저장되고 있으며, 지금의 삶에서도 미래의 삶에서도 그러한 자원은 계속 누적되어 갈 것이다.

창의적(creative)이라는 말은 독창적, 창의적, 즉 독창적 창의력을 갖고 있는 존재라고 해석할 수 있다. 인간은 누구나 독특하고(unique) 유일한(only one) 존재이다. 지문이 다르고 홍채가 다르며 유전자도 다르다. 사람마다 고유한 빛깔과 무늬와 향기가 있다. 따라서 코치는 고객이 원하는 결과를 얻기 위한 대안 마련과 실행 방안을 탐구함에 있어 남의 방식을 모방하거나 답습하기보다 고객이 고객다운 독특한 창의력을 발휘하도록 고무해(inspire) 주어야 한다. 특히 코칭 과정에서 고객의 고유성이 표현된 언어, 학습 스타일 및 관점을 이해하고, 독특한 행동양식을 이해하여야 한다. 만약 이를 간과하면 고객의 독특한 창의력을 이끌어 내기가 힘들 것이다. 각 코칭 기관에서 사용하는 코칭 철학도 이러한 코칭 철학을 근간으로 유연하게 조합하여 사용하고 있음을 알 수 있다.

4. 코칭 패러다임

가. 패러다임

패러다임은 세상을 보는 프레임이자, 세상을 보는 시각이다. 코칭 패러다임은 코칭을 바라보는 시각이고 고객과 코치 자신을 바라보는 시각이다. 코칭 패러다임은 코칭 철학에서 온다.

코칭 철학인 'whole, resourceful, creative'에 중심을 두면 코칭에 대한 바람직한 시각(코칭 패러다임)이 형성된다([그림 1] 참조).

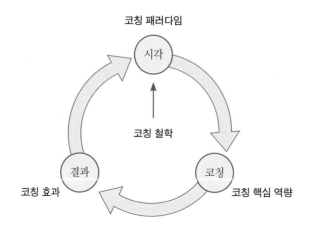

[그림 1] 코칭 철학의 구현 과정
─Covey Leadership Center(1996) SEE-DO-GET 모델을 적용하였음.

나. 나 중심 패러다임

나 중심의 패러다임(Me-Centered)은 일종의 에고 패러다임으로 나 중심으로 생각하고 판단하고 그것이 자신인 것처럼 인식하는 것이다. 영성가 에크하르트 톨레는 에고를 다루는 저서『NOW』에서 에고는 허구인 존재라고 규정한다(Eckhart, 2008). 그 에고가 나의 자리를 차지하고 내 행세를 한다고 한다. 이러한 에고는 겉으로 보기에는 단단해 보이기에 외부로부터는 잘 무너지지 않는 것 같지만 내부로부터는 깨어 있는 인식을 통해 무너지게 마련이다. 에고는 내가 인식하는 형상을 자신이라고 믿는 것이다. 이는 생각이 만들어 낸 가상의 이미지일 뿐이다. 물질적인 형상, 생각 속의 형상, 감정 속 형상을 동일시하는 것이다. 이것은 내가 전체와 연결되어 있음을, 내가 생명의 근원뿐 아니라 '다른 모든 존재와 본래 하나'임을 전혀 자각할 수 없게 만든다. 나 자신의 삶에서 이러한 허구의 에고를 자기라고 여기고 마음 밑바탕에서 생각과 말과 행동을 지배할 때 나는 어떤 종류의 세상을 창조하겠는가? 이러한 마음 구조가 달라지지 않는 한 우리는 언제나 근본적으로 똑같은 세상, 똑같은 기능장애를 반복해서 만들어 가는 것으로 끝날 것이라고 톨레는 『NOW』라는 책 전반에 걸쳐 강조하고 있다. 그런데 하물며 코칭을 할 때 이 허구의 존재인 코치의 에고가 고객의 문제를 해결해 주려고 충고하고 조언하고 답을 주려고 한다면 코칭에서 무슨 일이 일어나겠는가?

그리스 신화 중에 에고와 관련된 나르키소스의 이야기가 있다. 나르키소스는 아름다운 자신의 모습을 보려고 매일 숲속의 호숫가를 찾았다. 그는 호수에 비친 모습이 자신이라고는 미처 생각하지 못하고 물에 비친 아름다운 자신과 깊은 사랑에 빠져 결국 물속으로 들어가 숨을 거두고 말았다. 그 후 그 자리에 피어난 꽃을 그의 이름을 따서 나르키소스(수선화)라고 부르게 되었다. 정신분석학에서 자기애라고 표현하는 나르시시즘은 이 나르키소스의 이름에서 유래한 것이다. 그런데 그다음에 이어지는 이야기는 우리가 얼마나 자기중심적일 수 있는가를 보여 준다(O'connor, 2005).

> 그때 마침 숲속의 요정들이 눈물을 흘리며 슬퍼하고 있는 호수를 보았다.
>
> "그대는 왜 울고 있나요?"
>
> "나르키소스의 죽음을 애도하고 있어요."
>
> "네, 그렇군요. 그대야말로 그의 아름다움을 가장 가까이서 볼 수 있었으니까요."
>
> 그러자 호수가 물었다.
>
> "그가 그렇게 아름다웠나요?"
>
> "아니, 그대만큼 나르키소스를 잘 아는 사람이 어디 있겠어요? 그는 날마다 그대를
> 통해 자신의 얼굴을 들여다보았잖아요?"
>
> 호수는 한동안 아무 말이 없다가 조심스레 입을 열었다.
>
> "저는 그를 애도하지만 사실 그가 그토록 아름다운 줄은 몰랐어요. 저는 그가 저에게
> 얼굴을 비출 때마다 그의 눈 속 깊은 곳에 비친 나의 아름다움을 볼 수 있었어요. 그런
> 데 그가 죽었으니 아, 이젠 그럴 수 없어서 슬퍼하는 거예요."

자기중심적, 즉 코치 중심적 생각을 하는 것은 고객과 끊어져 있는 상태이다. 이 상태에서 코치 중심으로 어떤 것을 표현하더라도 힘이 없다. 고객은 자기표현을 통해 자기의 세계를 표현하는데 코치 중심적 생각은 고객을 온전히 비추어 주지 않기 때문이다.

코치는 고객의 거울이 되어 주어야 한다. 고객은 코치라는 거울을 통해 자기를 성찰한다. 이때 코치는 맑은 거울로 비추어 주어야 한다. 코치가 자기중심적, 즉 자기 에고 중심적으로 듣거나 말하면 찌꺼기가 많이 끼어 있는 거울이 된다. 또한 고객이 말하는 것에 대하여 코치가 해야 할 질문을 생각하는 것도 찌꺼기가 긴 거울이 된다. 그러므로 코치의 거울은 찌꺼기를 제거한

맑은 거울이 되어야 한다. 고객은 그 맑은 거울을 통해 처음에는 외면적 자기 자신을 보지만 나중에는 점점 더 많은 것, 즉 고객 스스로 내면의 세계를 들여다보게 된다. 에고가 제거된 맑은 거울은 고객으로 하여금 더 깊은 탐구를 하게 한다. 그러므로 코칭에서 코치의 맑고 참된 응답은 고객을 성찰하게 하고 결국은 고객을 자유롭게 한다.

본문에서는 각 코칭 역량 레벨에 따른 요구 사항이 언급된다. 그러나 그 모든 요구되는 바람직한 역량에 에고를 곱하게 되면 모든 역량에서의 불합격 요소가 된다. 즉, 요구되는 코칭 역량 × 에고는 불합격 요소가 된다. 이러한 개념은 강점 × 에고는 약점이 되는 원리와 같다. 예를 들어, 일을 치밀하게 하는 강점에 에고가 작용하게 되면 일중독 현상이 일어나게 되는 현상과 유사하다.

고객의 주제로 고객의 세계에서 고객과 함께하는 것, 이것이 코치의 참된 응답이다. 이때 사용되는 코치의 거울은 에고가 없는 맑은 보석 거울이 된다. 이러한 코치의 맑은 거울을 통해 고객이 자기 사랑을 이 세상에 표현하게 한다면 얼마나 값진 일이겠는가? 자기중심적인 생각에서 벗어나 고객과 연결되어 함께 이 세상을 걸어가게 될 때, 우린 함께 의미 있는 한걸음을 걸어가게 될 것이다.

다. 상대방 중심으로의 패러다임 전환

코칭에서 에고를 탈피하는 방법은 무엇인가? 패러다임을 '나 중심(Me-Centered)'에서 '상대방 중심(You-Centered)'으로 바꿔야 한다. 패러다임이 '나 중심'으로 흐르게 되면 코치가 주인이 되는 코칭으로 흐르게 된다. 코치에게 자기중심적인 패러다임이 깊으면, 코치의 시각은 코치 자신과 관련되는 것, 즉 코치의 상황, 신념/가치관, 경험을 중심으로 보게 된다. 코치의 에고가 작동되고 고객의 말을 코치 중심으로 왜곡하여 듣게 된다. 그렇게 되면 코치는 모든 것을 자기의식 상태를 통해서만 보게 되고 고객의 상태가 어떠하든 코치가 인식한 대로 코칭을 이끌어 가려 한다. 코치가 마치 해결자같이 해답을 주려 하고 멘토같이 자기 경험담을 얘기하면서 교훈을 주려 한다.

　그러나 시각이 일단 '상대방 중심'으로 바뀌게 되면 상대방이 주인이 되는 코칭 흐름이 형성된다. '상대방 중심(You-Centered)' 패러다임은 상대방 스스로 주제를 제기하고 스스로 생각하고 선택하고 스스로 행동하도록 지원하는 코칭의 본래 목적에 이르게 한다.

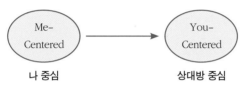

[그림 2] 코칭 패러다임의 전환

　불교 선(禪)치료 대가인 데이비드 브레이저 박사는 그의 강연에서 조건화란 용어를 사용한다. 현재는 과거가 원인·조건이 되어 일어난 결과이다. 그와 마찬가지로 존재는 조건이 있을 때 실재한다. 즉, '나'는 '타자'가 있기 때문에 존재한다. 아무도 없으면 나도 없다는 것이다. 예를 들면, '나'가 택시를 타면 '승객'이 되고 택시를 운전하면 '운전기사'가 된다. 선치료의 개념을 코칭에 적용하면 코치에게 고객은 조건이다. 고객이 없으면 코치도 없다. 코치는 고객으로부터 계속 영향을 받기 때문에 고객에 의해 조건화된다. 이 개념은 코칭에서 상대방 중심(You-Centered)이라는 개념과 같은 것이다.

　코칭에서의 가장 소중한 관계란 코치가 고객으로부터 완전히 조건화된 때이다. 고객이 끊임없이 자신의 문제를 꺼내놓으면, 코치는 고객의 상황으로부터 계속 영향을 받는다. 그렇기에 코치는 고객에 의해 조건화된 마음으로 고객의 말에 반응하는 질문을 하고, 공감해 주고, 있는 그대로를 수용해 주어야 한다. 코치는 마음으로든 정신적으로든 고객의 상황에 완전하게 함께 있어야 한다. 유념할 것은 조건화되어 있다고 해서 그것에 얽매이지는 않는 것이 중요하다. 코치는 고객의 말을 온전히 수용하더라도 그것에 의해 흔들려서는 안 된다. 코치는 고객의 말을 수용하고 그대로 반응하지만, 항상 평정심을 유지할 수 있어야 한다. 평정심은 바른 알아차림(awareness)과 바른 관찰(observation)을 통하여 얻게 된다. 그렇게 함으로써 코치의 마음은 맑은 거울처럼 투명하게 고객을 그대로 비추어 줄 수 있고, 그것은 고객의 코치에 대한 신뢰로 이어진다.

5. 코칭 역량

코치가 성장 · 발전하는 데에는 단계적이고 체계적인 코칭 역량이 필요하다. 코칭 역량은 코칭 철학을 바탕으로 코칭을 능숙하게 할 수 있는 여러 가지 스킬과 접근방법들을 지원하기 위해 개발되었다. 국제코치연맹(ICF)에서는 코칭에 필요한 역량을 〈표 2〉와 같이 네 가지 범주로 나누어 11가지 역량을 제시하고 있다.

〈표 2〉 11가지 코칭 역량

기반 다지기 (Setting the foundation)	1. 윤리 지침과 전문성 　(Meeting Ethical Guidelines & Professional Standards)
	2. 코칭 합의하기(Establishing the Coaching Agreement)
관계를 함께 만들어 가기 (Co-Creating the Relationship)	3. 신뢰와 친밀감 쌓기 　(Establishing Trust and Intimacy with the Client)
	4. 코칭 프레즌스(Coaching Presence)
효과적으로 소통하기 (Communicating Effectively)	5. 적극적 경청(Active Listening)
	6. 강력한 질문하기(Powerful Questioning)
	7. 직접적 커뮤니케이션(Direct Communication)
학습과 결과 촉진하기 (Facilitating Learning and Results)	8. 일깨우기(Creating Awareness)
	9. 행동 설계하기(Designing Actions)
	10. 계획 수립과 목표 설정(Planning and Goal Setting)
	11. 진행 및 책무 관리(Managing Progress and Accountability)

가. 11가지 코칭 역량

코칭의 결과는 11가지 코칭 역량들이 서로 작용하면서 창출된다. 이 역량들은 초기단계에서는 순서적으로 진행될 가능성이 높으나 코칭이 진행되면서 동시에 또는 순서와 상관없이 작용할 수도 있다. 코칭 역량의 흐름은 코치가 주도하는 것이 아니라 고객이 주도하기 때문이다. 고객은 최근에 일어난 사고에 대해 먼저 말할 수도 있고, 삶의 자기 성찰에 대해 먼저 말할 수도 있으며, 최근 잘못한 행동에 대해서 먼저 말할 수도 있다. 코치는 고객의 말에 춤추듯 같이 따라가 주어야 한다. 그렇지만 코치는 이러한 코칭 역량을 적절히 적용하여 코칭의 전반적 흐름이 진행되도록 하는 것이 바람직하다. 역량들은 개별로 작용하는 것이 아니라 서로 반영하고 작용하면서 효과적인 결과를 창출하도록 설계되었기 때문이다.

나. 코칭 역량과 인드라 망

이렇게 상호작용하는 관계를 불교에서 말하는 인드라 망(네이버, 인드라 망 참조)과 연계해 설명해 보기로 한다. 불교 화엄경에 나오는 인드라 망은 우주의 모든 존재와 세계가 거미줄처럼 서로 얽혀 있다는 것을 유기체 세계로 비유하고 있다. 인드라 망의 모든 그물 매듭에는 구슬이 달려 있고 그 구슬에는 사바세계(우리가 살고 있는 세계) 전체가 비추어진다.

인드라 망 EBS 다큐 〈동과 서〉 스틸컷. © EBS.

우리는 마치 스스로 살아가는 것 같지만, 실제로는 서로 연결되어 있으며 서로 비추고 있는 밀접한 관계라는 것이다. 구슬 중 하나의 색깔이 바뀌면 다른 구슬에 투영되어 다른 구슬의 색깔도 변하게 된다. 즉, 모든 것은 서로 연결되어 상호작용을 한다는 것이다. 이러한 인드라 망 개념으로 11가지 코칭 핵심 역량을 표현하면 [그림 3]과 같다.

그리고 인드라 망 개념과 같이 한 역량의 색깔이 바뀌면 다른 역량에 투영되기 때문에 다른 역량의 색깔이 변하게 된다. 이와 같이 모든 역량은 서로 연결되어 상호작용을 한다. 예를 들어, 역량 2 코칭 합의하기에서 합의된 코칭 주제와 목표는 다른 모든 역량에 영향을 미치고, 적극적 경청이나 질문 역시 다른 모든 역량에 영향을 미친다. 하나하나의 역량이 코칭의 진행사항에서 서로 영향을 주고받으면서 코칭의 흐름이 형성된다.

이러한 코칭 역량 11가지는 중요도에 있어 높고 낮음이 있는 것은 아니다. 어느 것이 우선순위가 높고 낮은 것도 아니다. 마치 인드라 망처럼 코칭이란

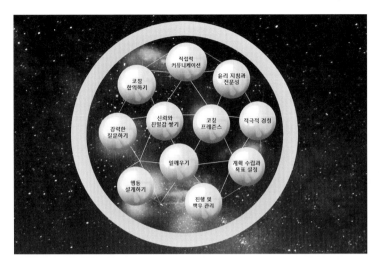

[그림 3] 인드라 망 개념으로 표현한 11가지 코칭 핵심 역량

스페이스 안에서 각 역량이 서로 거미줄처럼 얽혀 있다. 하나의 역량에서 작용을 잘못하면 다른 역량에도 잘못 작용하게 된다. 모든 역량이 하나하나 동등하게 중요하고 서로가 같은 비중으로 작용한다. 이러한 코칭 역량 11가지는 다음 장에서부터 역량별로 설명할 것이다.

다. 스페이스와 파티클

모든 존재와 세계는 우주라는 공간 안에서 거미줄처럼 서로 얽혀 있는 유기체적 세계를 인드라 망과 같이 설명할 수 있다. 마찬가지로 코칭이라는 공간 안에서 각 역량은 거미줄처럼 연결되어 있고 상호작용한다고 비유할 수 있다. 이것을 이해하기 위해서는 공간을 말하는 스페이스(space)와 입자라고 불리는 파티클(particle) 개념을 이해할 필요가 있다.

스페이스는 '비어 있는, 이용할 수 있는 공간, 널찍한'의 뜻이고 파티클은 '입자, 미립자, 극히 작은 것'을 의미한다. 양자물리학에서 말하는 스페이스란 아무 것도 없는 것처럼 보이지만 그 안에 무한한 가능성이 있는 공간이다.

마치 불교의 공(空: 아무것도 없지만 무한한 가능성으로 차 있다)의 개념과도 유사하다. 한편, 파티클은 눈으로 확인할 수 있는 가시적 물질들, 즉 '입자'라고 할 수 있으며 그 입자를 제외하면 나머지는 '공간'으로 채워져 있다고 볼 수 있다. 코칭에서는 파티클이 구체적으로 손에 잡히는 이슈나 문제, 내용을 말한다. 스페이스는 그 파티클을 담고 있는 충분한 여유 공간으로 코칭을 가능하게 하는 공간을 말한다.

[그림 3]에서 각 코칭 역량은 입자로, 역량과 역량들이 상호 연결되고 작용하도록 하는 것은 스페이스라고 볼 수 있다. 역량 한 가지가 발휘되는 기능보다 역량을 서로 연결시켜 주는 스페이스 에너지가 훨씬 더 큰 의미가 있고 아울러 코칭의 효과도 그만큼 증진된다.

코칭에 적용해 보면 고객이 말하고자 하는 토픽은 파티클이고 코치와 고객 사이에 형성된 코칭 관계와 파티클을 담고 있는 주변 환경적 요소는 스페이스라고 할 수 있다. '하는 것(doing)'에 초점을 둔 이슈 중심의 코칭은 파티클 중심적인 코칭이라 할 수 있고, '존재(being)'와 관계에 초점을 둔 코칭은 스페이스(space)적인 코칭이라 할 수 있다. 이것을 도표로 그리면 〈표 3〉과 같이 정리할 수 있다.

〈표 3〉 스페이스와 파티클 비유

	스페이스(space)	파티클(particle)
양자 물리학	입자를 둘러싼 공간(배경, 상황 및 관계 등)	구체적으로 손에 잡히는 입자
불교	아무것도 없는 것처럼 보이지만 무한한 가능성이 있는 공간	인간이 현실적으로 의식하고 있는 여러 가지 문제
일상	커피집의 분위기(음악, 커피향기, 디자인 등)	커피 맛, 각종 머그컵, 의자와 테이블 등
코칭	코치와 클라이언트 사이에 형성된 코칭 관계	클라이언트가 제기하는 여러 가지 토픽

코칭에서 스페이스가 있다는 것을 인식하고 활용하게 되면 코칭 대화의 폭과 깊이가 달라지게 된다. 고객이 말하는 문제 그 자체에 집중하여 해결하려는 것과 그 말을 하는 사람의 삶, 그리고 표현되지는 않았지만 내재된 생각과 상황을 바라보는 고객의 관점, 감정 등이 드러나게 된다. 본문에서 더 많이 다루겠지만 코칭 역량은 코칭 관계라는 공간에서 상호작용함으로써 수준 높은 코칭이 된다는 것을 이해하면 좋을 것이다.

라. 코칭의 흐름

코칭의 흐름을 하나의 사이클로 표현하면 큰 사이클과 작은 사이클로 구분할 수 있다.

1) 코칭 흐름의 큰 사이클

큰 사이클은 일반적으로 기업 코칭이나 여러 코칭 세션의 개인 코칭을 할 때 사용되는 사이클이다. 연속적으로 이어지는 코칭이 필요한 기업이나 개인의 경우 사전 탐색의 과정을 거친다. 코칭이 무엇이고 어떻게 하는 것이며 전반적으로 어떻게 진행되는 것인가에 대한 탐색이 이뤄지고 코칭에 대한 긍정적 관심을 갖게 되면 기대하는 목표를 설정하고 합의하게 되며 계약이 이뤄지고 코칭이 진행된다. 요약하면 코칭의 큰 사이클은 고객이 목적·목표하는 것에서 코칭 필요성을 인식하도록 돕고 합의를 거쳐 종료하기까지의 과정을 말한다([그림 4] 참조).

이 과정에서 계약이 먼저 이뤄지고 목표 설정은 개별 코칭을 통해 설정될 수도 있다. 그리고 계획된 횟수나 또는 필요한 횟수만큼 연장된 횟수가 종료되면 사후 평가를 하게 되고 그 효과에 따라 재계약이 이루어진다. 필자의 경험에 의하면 기업 코칭이나 개인 코칭에서 10회 이상을 하는 경우가 기대하는 변화 정도에 대한 효과가 비교적 높았다.

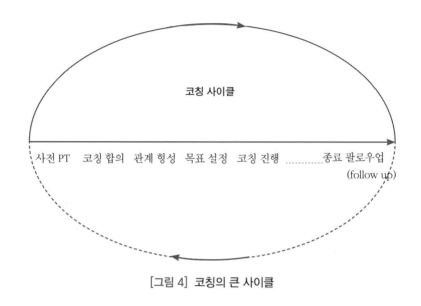

코칭 사이클

사전 PT   코칭 합의   관계 형성   목표 설정   코칭 진행 .... 종료 팔로우업
                                                                    (follow up)

[그림 4] 코칭의 큰 사이클

2) 코칭 역량의 작은 사이클

코칭의 큰 사이클이 코칭의 전 과정을 설계한 대로 이행하는 것이라면 작은 사이클은 각각의 코칭 세션이 효과적인 코칭이 될 수 있게 코치가 코칭 역량을 발휘하는 과정을 말한다. 고객의 입장에서는 코칭의 효과는 이 작은 사이클에서 이뤄진다고 생각하는 경우가 많다. 그러나 각각 독립적인 주제일지라도 작은 사이클은 큰 사이클 안에서 계속 연결되어서 진행된다. 예를 들면, 리더십 코칭 중 어느 코칭 시점에서 '관계 개선' 문제를 해결하게 되면 직원을 동기부여하는 일이나 비즈니스 관계에서 만나는 고객 관계 개선에도 영향을 미치고, 나아가 부부 관계에도 영향을 미치므로 코칭의 큰 사이클 차원에서 다루어야 한다.

코칭의 작은 사이클은 코칭 역량의 흐름이다. 앞에서도 언급했지만 코칭이라는 공간에서 각 역량은 순간순간 기능을 하지만, 코칭 전반에 걸친 사이클에 걸쳐서는 흐름으로서의 기능을 한다. 큰 흐름이든 작은 흐름이든 이러한 흐름에 맞춰 코칭 역량을 발휘할수록 마스터코치다운 코칭에 가까워질 수 있다. 코칭 공간에서 코칭 역량은 일반적으로 다음과 같이 흘러간다.

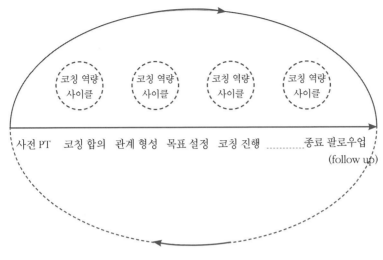

[그림 5] 코칭의 큰 사이클과 작은 사이클

때로 흐름이 원활치 못하면 다시 처음으로 아니면 전 단계로 돌아가기도 한다. 이는 고객 중심의 코칭에서 자연스러운 현상이므로 코치는 이러한 현상을 잘못된 것으로 오해해서는 안 된다.

이러한 코칭 흐름의 작은 사이클은 코칭 현장에서 역량을 중심으로 흐르는 사이클이라 할 수 있다. 역량을 중심으로 작은 사이클을 확대하면 [그림 6]과 같이 표현할 수 있다.

코칭은 역량 1(코칭 윤리와 직업 기준)을 바탕으로 역량 2(코칭 합의)에서 출발한다. 합의된 코칭 주제와 목표가 성과를 얻으려면 역량 3, 4(신뢰와 친밀감 형성 및 코칭 프레즌스)를 통해 코칭 관계를 만들어 감으로써 스페이스를 창출하는 과정을 거친다. 역량 5, 6, 7(적극적 경청, 강력한 질문, 직접적 커뮤니케이션)은 코칭 관계 안에서 효과적으로 소통하는 단계이며 역량 8, 9, 10, 11(학습과 결과 촉진하기)은 알아차림과 실행 및 책무 관리에 대한 흐름이다. 특히 역량 8 일깨우기(Creating Awareness)는 매우 중요한 역할을 한다. 코칭 흐름에서 발견한 모순점이나 갭(예를 들면, 말과 행동의 차이, 비전과 목표의 불일치 등)을 스스로 자기 확인하고 자각함으로써 효과적인 실행 계획과 연결시킬 수

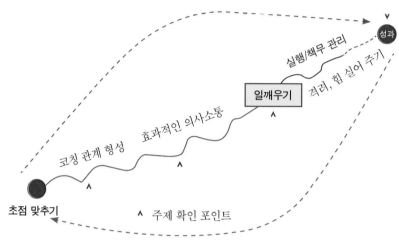

초점 맞추기   ∧ 주제 확인 포인트

[그림 6] 작은 사이클에서 코칭 역량의 흐름

있기 때문이다.

이와 같은 코칭의 흐름을 이해한다면 어떻게 코칭을 시작하고, 그것을 관계의 흐름으로 어떻게 연결시키며, 실행과 책임 부분으로 넘어가기 전에 고객을 알아차리게 해 주는 일깨우기의 역할이 무엇인지 새롭게 알게 된다. 마지막으로 고객의 성장과 성숙을 위해 코치가 고객을 고무하고 격려하는 과정으로 마무리한다.

앞서 코칭 역량의 작은 사이클을 이해하는 것이 효과적인 코칭을 가능하게 한다고 하였다. 그러므로 코치는 코칭하는 동안에 역량의 흐름에 대한 믿음을 갖는 게 좋다. 흐름에 대한 믿음이 코칭을 자연스럽게 흘러가도록 할 것이기 때문이다. 각 역량의 흐름 효과를 믿고 나면 역량 하나하나에 구애받을 필요는 없다. 그 흐름은 한 방향으로만 흐르는 게 아니라 역으로도 흐른다. 그러한 역량의 흐름으로 인한 코칭의 전반적인 진행과정을 이해하고 그 흐름 방향을 마디마디에서 알아차리고 있으면 된다.

3) 코칭의 흐름이 갖는 역동성

가) 표면 의식의 코칭 흐름

고객이 의식 차원에서 일어나는 문제 해결 중심의 토픽을 얘기할 때 만약 코치가 고객의 무의식 차원에서 뭔가 일어나고 있음을 간과하면 대화의 흐름은 의식 차원 수준에서 표피적으로 흐르고 만다. 이러한 코칭은 문제 해결 중심의 코칭으로 문제를 해결할 수는 있겠지만 고객의 성장에는 별로 도움이 되지 않는다. 비록 의식 차원에서 추상적인 주제나 문제 해결 중심으로 시작되었다 하더라도 잠재 의식 차원에서 뭔가 일어나고 있음을 간과하게 되면 전혀 다른 방향으로 코칭이 흘러가게 된다. 사례로 설명해 보자.

사례: 표면 의식의 코칭 흐름

코치: 어떤 얘기를 하고 싶습니까?

고객: 아들과 대화를 잘하고 싶습니다.

코치: 지금까지는 어떻게 하셨는데요?

고객: 집안에 룰을 정해 놓고 서로 지키기로 했어요. 그런데 잘 지키지 않으면 소리가 높아지고 화도 내곤 했어요. 관계도 점점 나빠지고요.

코치: 그럼 그간 소통을 잘하기 위해 어떤 시도를 해 보셨습니까?

고객: 몇 가지 대화기법이라는 강의도 듣곤 했습니다.

코치: 여러 가지 노력을 하셨네요. 거기에서 배운 내용을 적용하여 앞으로 어떻게 개선하시겠습니까?

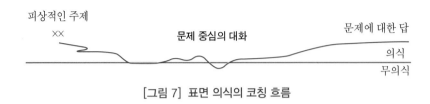

[그림 7] 표면 의식의 코칭 흐름

이 대화를 코칭 흐름으로 표현하면 [그림 7]과 같다. 때로는 코칭에서 피상적인 코칭 주제가 코칭을 현혹시켜 피상적으로 흐르게 한다. 그것은 우리에게 어떤 것을 말할 수 있을지 모르지만 본질적 의미에서 성찰하고 드러내야 하는 것을 말하는 것은 아니다.

나) 변혁적 코칭의 흐름

변혁적 코칭은 변혁적 리더십을 발휘하도록 지원한다. 변혁적 리더십은 구성원을 목표 달성을 위한 인적 자원(human resources)으로 대하는 것이 아니라 구성원을 사람 그 자체(human being)로 대한다. 사람이 목표 달성을 위한 수단이나 도구가 되는 것이 아니라 사람 자체가 목적이 되는 것이다. 성과도 중요하지만 구성원을 인간답게 성장하도록 표면 의식의 행동 수준에서 구성원들을 정신적, 영적 수준으로 끌어올리는 것이다. 변혁적 리더십은 구성원들이 본래 기대했던 단순한 목표를 넘어, 미래 비전을 가치 있게 만드는 시각 전환이 필요하며, 이것을 가능하게 하는 변혁적 코칭이 필요하다. 마치 애벌레가 고치를 탈피해 나비로 변화하는 단계를 거치는 것과 같다. [그림 8] 과 같이 토픽도 피상적인 주제가 아니라 내적 욕구가 추구하는 '정말 원하는 것'에 해당된다. 이러한 시각 전환을 통한 새로운 발견과 새로운 방식으로의 해결이 계속적으로 이루어지는 여정을 통해 정신적, 영적인 변화가 고객에게 일어나도록 하는 것에 초점을 맞추게 된다. 그러한 내면의 알아차림 공간 (awareness space)으로 내려갈수록 존재와 함께하는 알아차림이 일어나게 된다. 그리고 이 공간에서 변혁적 코칭이 가능하게 된다.

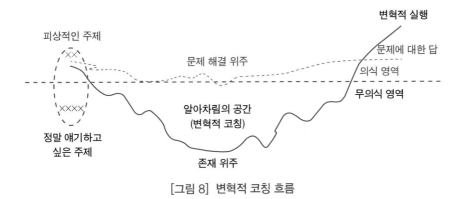

피상적인 주제

정말 얘기하고
싶은 주제

문제 해결 위주

알아차림의 공간
(변혁적 코칭)

존재 위주

변혁적 실행

문제에 대한 답

의식 영역

무의식 영역

[그림 8] 변혁적 코칭 흐름

이러한 잠재의식에서 알아차림의 공간이 생겨나게 되면 다음과 같은 변혁적 코칭의 단계(Hawkins & Smith, 2018)를 거치게 된다.

• 1단계 전환

신체적 모습이 바뀐다, 더 밝고 개방적이며 더 열심이다, 활기 넘친다, 자세와 호흡, 그리고 목소리 톤이 더 안정된다.

• 2단계 전환

세션에서 새로운 행동을 적용한다. 덜 추측하고 더 실험적이며 '머리로'만 생각하는 것이 줄어든다.

• 3단계 전환

  - 느끼는 톤이 바뀐다. 종종 놀랍다는 반응을 보인다.
  - 오랫동안 실제로 믿어 왔던 이야기를 믿지 못하게 되면서 웃으며 손바닥으로 이마를 때린다.
  - 톤이 밝아지고 웃는 것은 전환이 일어나고 있다는 강력한 신호이다.

• 4단계 진환

과거의 가정을 알아채고, 낡은 사고방식으로 퇴행하려고 할 때 스스로 제어할 수 있다. 코치로서 우리는 전환의 이러한 미묘한 지표에 민감해져야 한다.

사례: 변혁적 코칭 흐름 사례

코치: 어떤 얘기를 하고 싶습니까?

고객: 아들과 대화를 잘하고 싶습니다.

코치: 아들과 대화를 잘하고 싶다는 말씀이네요. (잠시 공간) 구체적으로 얘기해 주세요.

고객: 제가 은퇴해서 집에서 놀고 있는데 집에서 룰을 정해 놓고 서로 지키기로 한 게 있어요. 예를 들어, 새벽까지 술 먹고 들어오지 않기 같은 것이죠. 그런데 안 지켜요.

코치: 그럴 때 어떤 느낌이 드세요?

고객: 아, 이놈이. 이제 아버지가 은퇴하고 나니, 나를 무시하는구나 하는 생각까지 들어 분노가 치밀어 올라요.

코치: 말 안 듣는 것도 힘든데, 은퇴하고 집에 있는 아버지를 무시한다고까지 생각하니 정말 화도 나고 힘드시겠어요. (잠시 침묵) 지금 이런 상황에 처해 있는 아버지를 바라보니 어떤 느낌이 드세요?

고객: 참, 한심하다는 느낌이 들어요. 사실 처음에는 여유 있는 시간에 책도 읽고, 아들과 의미 있는 대화도 하고, 한 번도 해 보지 못한 아들과의 여행도 같이 하는 꿈도 있었어요. 특히 아들에게 성장의 디딤돌이 되어 줄 수 있는 게 뭘까 하고 고민도 하곤 했죠. 그런데 지금은 자기 집착에 빠진 은퇴한 아버지라는 이름의 나이 든 외로운 남자의 모습이 보이네요. (흐느낌)

코치: 아들과 함께해 보고 싶은 몇 가지 소망, 한편 자기 집착에 빠진 외로운 아버지 모습. 참 안타까우시겠네요. (잠시 침묵) 특히 아들에게 성장의 디딤돌이 되어 주겠다는 마음 (잠시 멈춤), 그게 어떤 의미죠?

고객: (길게 설명)

고객의 초심은 아들을 위한 디딤돌 역할로 재정의하다 보니 현재 '디딤돌'이 아니라 '걸림돌' 역할을 하고 있다는 것을 깨닫게 되었다. 이러한 전환을 통해 주제도 '아들과의 대화'에서 '자기 변화와 성장'에 초점을 맞추게 되었다. 코칭 중에 틀 안에 갇힌 고착된 시각에 새로운 시각이 들어올 가능성의 기회(눈빛이나 몸 언어로 볼 때 이 코칭에서는 성장의 디딤돌과 자기집착이라는 용어로 판단됨)가 발견되는 순간, 코치는 고객의 시각이 통합적으로 전환되도록 초점을 맞춰야 한다. 물론 그 밑에는 아들에 대한 짙은 사랑을 일깨워 주는 것도 바탕이 되었음은 당연한 과정이었다.

중국 전국시대 사상가인 맹자의 고자서에서 고자(告子)가 '인간의 본성은 물은 동쪽으로 터 주면 동쪽으로 흘러가고 서쪽으로 터 주면 서쪽으로 흘러간다.'라고 말했듯이 코칭의 흐름도 마찬가지이다. 물의 흐름에 동쪽과 서쪽의 정해진 방향이 없는 것처럼 코칭도 일정한 틀이 없다. 고객의 상황과 코치의 코칭 역량 적용 수준에 따라 여러 가지 방향으로 흘러가게 마련이다. 자연스러운 상태에 있는 삶은 아무것도 고정되지 않은 채 흘러가고 변화하는 과정이듯이 자연스러운 코칭 역량의 흐름이 삶의 흐름과 주파수가 맞아떨어지는 것은 이러한 이유 때문이 아닐까?

6. 자기 개발을 위한 성찰 및 연습

가. 각자의 코칭 정의를 내려 보자.

```
┌─────────────────────────────────────┐
│                                     │
│                                     │
│                                     │
└─────────────────────────────────────┘
```

나. 나의 코칭 철학은 무엇인지 적어 보자.

```
┌─────────────────────────────────────┐
│                                     │
│                                     │
│                                     │
└─────────────────────────────────────┘
```

다. 상대방 중심의 패러다임은 무엇인지 설명해 보자.

```
┌─────────────────────────────────────┐
│                                     │
│                                     │
│                                     │
└─────────────────────────────────────┘
```

라. 코칭 중에 코칭 역량은 어떻게 흐르는지 정리해 보자.

```
┌─────────────────────────────────────┐
│                                     │
│                                     │
│                                     │
└─────────────────────────────────────┘
```

마. 나는 코칭에서 공간(스페이스)을 어떻게 활용할 것인지 적어 보자.

```
┌─────────────────────────────────────┐
│                                     │
│                                     │
│                                     │
└─────────────────────────────────────┘
```

윤리 지침과 전문성

Meeting Ethical Guidelines and Professional Standards

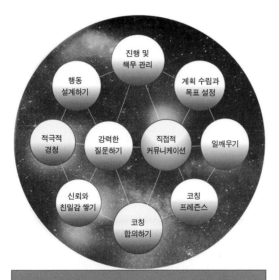

진행 및
책무 관리

행동
설계하기

계획 수립과
목표 설정

적극적
경청

강력한
질문하기

직접적
커뮤니케이션

일깨우기

신뢰와
친밀감 쌓기

코칭
프레즌스

코칭
합의하기

전문성

윤리 지침

1. '윤리 지침과 전문성' 역량을 이해하기 위한 사전 질문
2. 모든 코칭 역량의 초석
3. '윤리 지침과 전문성' 역량 정의 및 실행 지침
4. 핵심 요약
5. 자기 개발을 위한 성찰 및 연습

1. '윤리 지침과 전문성' 역량을 이해하기 위한 사전 질문

가. 윤리 지침과 전문성이란 무엇인가?

나. 코칭은 컨설팅, 심리치료, 멘토링과 어떻게 다른가?

다. 코칭에서 '탐구'와 '생각을 불러일으키는' 기술이 부족하면 어떻게 되는가?

라. 코칭 윤리는 어떻게 코치와 고객 모두를 보호하는 역할을 하는가?

마. 코치의 윤리 서약은 왜 중요한가?

2. 모든 코칭 역량의 초석

윤리란 사람과 사람 사이의 관계, 즉 인간관계에서 서로가 지켜야 할 도리나 이치이다. 코칭 윤리 역시 코치와 고객의 코칭 관계에서 상호 지켜야 할 도리이며 코치가 되는 과정에서 받아들이고 이해해야 하는 중요한 행동 원칙이다. 코칭은 의료나 법률 서비스처럼 고도의 전문적 기술을 갖추고 서비스하는 일이므로 코치들에게 높은 수준의 직업윤리 의식을 요구하기 때문이다.

국제코치연맹(ICF)은 코칭 관계에서 코치와 고객 쌍방이 지켜야 하는 행동 지침을 명문화하였는데, 바로 코칭 윤리 지침이다. 즉, 코치가 고객과의 코칭 관계에서 하거나 하지 않을 것에 대해 책임감을 가지고 준수해야 하는 것이다. 코칭은 개인 사업으로서의 성격이 강하며 고객의 개인적 특성에 따라 독특한 코칭 관계가 형성되고 발전한다. 코칭 윤리는 이 과정에서 발생할 문제나 드러날 수 있는 내재된 위험요소들에 대해 코치로서 적절히 대응할 수 있게 하고, 코치와 고객 모두를 보호하는 역할을 해 준다.

'윤리 지침과 전문성'은 다른 모든 코칭 역량의 초석이 되는 역량이다. '코치가 되기' 위해 코칭 윤리에 따라 수행하겠다고 약속하고 코치로서 어떻게 고객과 함께할 것인지를 숙고하고 실천하게 한다. 코치로서 코칭 윤리에 따르고 실천한다는 것은 코칭 관계가 유지되는 동안 그리고 코칭하는 매 순간 '코치로서 어떻게 행동할 것인가?' '고객과 어떻게 함께 할 것인가?' '내가 하는 일의 의미는 무엇인가?'에 대해 끊임없이 숙고하며 자신에게 묻고 답하고 행동하는 것이다. 결국 윤리 지침과 전문성은 모든 코치가 코치의 정체성에 기반하여 행동하게 하는 행동 나침반과 같다.

3. '윤리 지침과 전문성' 역량 정의 및 실행 지침

가. 정의

'윤리 지침과 전문성'은 코칭 윤리 및 표준을 이해하고 모든 코칭 상황에서 적절하게 적용할 수 있는 능력을 말한다.

나. 실행 지침

① 코칭 윤리 강령을 이해하고 자신의 행동으로 나타낸다(윤리 강령 제3부 참고).

> **윤리 강령 제3부: ICF 윤리 서약**
>
> 나는 ICF 코치로서 고객과 스폰서, 동료 및 일반 사람들에 대하여 윤리적, 법률적 의무를 지키는 것에 동의합니다. 나는 코치로서 내가 코칭하고 가르치고 멘토링하고 수퍼바이징하는 상대방에게 ICF 윤리 강령을 준수하고 실천할 것을 맹세합니다. 만약 내가 이 윤리 서약이나 ICF의 윤리 강령을 일부라도 위반하는 경우, 나는 ICF가 독자적으로 판단하여 해당 행위에 대한 책임을 묻는 것에 동의합니다. 또한 나는 ICF가 나의 위반 책임을 물어 ICF 회원 자격과 ICF 인증 자격을 취소하는 등의 제재를 가할 수 있다는 데에 동의합니다.

② 모든 ICF 윤리 지침을 이해하고 준수한다.

③ 코칭, 컨설팅, 심리치료 및 기타 직업과의 차이를 명확하게 구별하여 소통한다.

④ 다른 분야의 지원 전문가가 필요하다고 판단되면, 필요한 시기와 활용 가능한 자원에
   맞춰서 그들에게 고객을 추천한다.

1) 컨설팅 vs. 코칭

컨설팅은 전문 지식을 갖춘 컨설턴트가 과학적인 방법으로 문제를 분석하여 해결책을 제공한다. 이 과정에서 대체로 일방향이며, 고객은 그 해결책에 대해 선택한다. 코칭은 코치가 고객의 파트너로서 참여한다. 코치는 고객 스스로 문제를 발견하고 효과적인 대안을 탐색, 선택 및 결정하여 행동에 옮기고 결과에 이르는 과정을 고객이 주도하게 한다. 이 과정에서 대화는 쌍방향으로 이루어지며, 고객 스스로 변화를 향한 새로운 관점을 얻고 행동하게 된다. 다음 사례를 통해 컨설팅과 코칭의 차이점을 살펴보자.

컨설팅 접근 예시

고객: 제가 이직을 결심하고 있습니다. 적당한 일자리를 찾고 싶은데 저는 정보가 없습니다.

컨설턴트: 아, 그렇군요. 지금까지 어떤 일을 주로 하셨습니까?

고객: 네. 저는 세일즈 파트에서 25년간 근무했습니다.

컨설턴트: 네. 그러시군요. 당신의 경력을 원하는 회사나 파트는 어떤 것입니까?

고객: 저는 앞으로도 세일즈 파트에서 일하면 좋겠고, 다른 직종이어도 좋습니다…….

컨설턴트: 당신의 전문성을 살리는 게 좋겠습니다. 전문성에 맞는 일자리로 ○○을 소개드
립니다.

컨설턴트는 고객이 의뢰하는 주제, 즉 이직에 초점을 맞추어 정보를 얻거
나 제공하려고 한다. 고객에 대한 탐색과 탐구 대신 단지 고객의 이직을 도울
정보를 얻기 위한 질문을 한다. 이는 고객의 이직에 필요한 해결책을 제공하
는 것이 핵심이다. 그럼 코치는 어떻게 하는가?

코칭 접근 예시

고객: 제가 이직을 결심하고 있습니다. 적당한 일자리를 찾고 싶은데 저는 정보가 없습니다.

코치: 아, 그렇군요. 이직을 결심할 만큼 중요한 이유가 있으신지요?

고객: 아, 최근 팀 분위기나 회사 분위기가 너무 안 좋아요. 비전도 그다지 없는 회사 같고
요. 그래서 이대로는 안 되겠다 싶어서요.

코치: 아, 그러시군요. 최근 이직을 결심하게 한 결정적인 사건이라도 있었다면 무엇인지요?

고객: 네, 사실 승진은 안 되고 후배들은 치고 올라오고, 조금 불안하기도 하고요   .

코치: (경청 후) ○○ 님, 말씀하시면서 바라는 것은 무엇입니까?

고객: 말하면서……. 제가 좀 불안해하고 있었다는 걸 알았어요. 그래서 이대로 안 되겠다
심었나 봅니다……. 이직을 꼭 해야 하는 것은 아니네요. 사실 아내한테 말할 수도 없

고요.

코치: 그럼. ○○ 님이 대화의 주제를 새롭게 정한다면 어떤 것입니까?

고객: 네, 승진하기 위해 어떤 노력을 할 것인가에 대해서 얘기하고 싶습니다.

코치는 컨설턴트와 다르게 고객이 이직을 결심한 상황적 맥락을 먼저 이해하기 위해 탐구 질문을 하고 있다. 코치는 고객이 실제 원하는 것을 자각하도록 하였고 코칭은 이직이 아닌 승진을 위한 노력으로 대화의 초점을 맞추게 되었다. 컨설턴트나 코치의 가장 큰 차이점은 질문하는 관점이다. 즉, 컨설턴트는 고객이 말한 이직을 이미 기정사실로 받아들이고 적절한 솔루션을 탐색한다면 코치는 이직에 대한 고객의 상황적 맥락과 고객의 관점을 고객과 함께 탐구하면서 고객이 실제 원하는 것을 발견하고, 그와 관련한 고객의 행동대안을 탐색한다. 요약하면, 컨설팅과 코칭의 큰 차이점은 해결을 위한 대안 탐색의 주체에 있다. 컨설팅에서는 컨설턴트가 코칭에서는 고객이 해결의 주체가 되고 코치는 고객의 파트너로서 참여한다.

2) 심리치료 vs. 코칭

심리치료는 현재의 삶에서 특정 증상의 개선에 초점을 맞추고, 한 개인의 과거와 관련된 것으로부터 해답을 찾는다. 주로 어린 시절의 문제가 현재에 영향을 미치는 것에 대해 감정, 정서, 행동패턴, 자기 파괴적 행동을 인지하게 하고 이전과 다르게 행동하도록 대처기술을 제시하며 과제를 하게 한다. 코칭은 개인이 현재 상태로부터 더 개선되고 더 발전되기를 원하는 것에 초점을 맞춘다. 그래서 코치는 고객이 말하는 것을 넘어서 고객이 진실로 원하는 것을 깨닫도록 하고, 원하는 것을 향해 앞으로 나아가는 전향적 관점과 사고행동에 집중하도록 한다. 다음 사례를 통해 심리치료와 코칭에서 치료자와 코치가 보여 주는 차이점을 살펴보자.

심리치료 예시

내담자: 최근 새로운 업무를 맡았는데 이럴 때마다 저는 두렵고 스트레스를 많이 받습니다. 때로는 도망가고 싶고, 내가 쓸모없고 무능력하다고 느끼고. 제가 어떻게 해야 할까요?

치료사: 음……. 도망가고 싶고, 쓸모없고 무능력하다고 느끼고 그럴 때마다 힘드시겠어요. 언제부터 그랬나요? 기억나는 최초의 상황을 한번 얘기해 보실래요?

내담자: 이게 맞는지는 모르겠지만, 어렸을 때 아빠에게 폭행당하는 엄마를 보면서 아무 도움도 주지 못하고 울면서 바라만 보고 있었어요. (흑흑) 얼마나 제가 무능했고 쓸모없는 딸이었는지 모르겠어요.

치료사: 그걸 알아차렸다는 게 중요해요. 치료의 시작이고요. 또 다른 기억은요?

내담자: 사실은 지난 회사에서 상사가 저게 일 못한다고 저한테 폭언을 하고 일을 맡기지 않았어요. 일이 없어서……. 그래서 퇴사를 했어요. 지금 느껴 보니 어릴 때의 그 장면에서의 도망가고 싶고, 쓸모없고 무능력한 느낌이 들었어요. 그게 원인인 것도 같아요. 어떻게 해야죠?

치료사: 어른이지만 누구나 내면에 상처받은 어린아이를 갖고 있고 그게 지금도 영향을 미치고 있어요. 함께 치료해 보죠.

심리치료자는 고객이 말하는 두렵고 도망가고 싶고, 쓸모없고 무능력한 심리상태의 원인을 찾고 있다. 특히 상처받은 내면의 어린아이로 인한 문제를 다루는 접근을 시도하고 있는데 이는 심리치료에서 중요한 대상이다. 그러면 코치는 어떻게 하는가?

코칭 접근 예시

코치: 아, 새로운 업무를 맡았는데. 그럴 때마다 두렵고 스트레스 받는다⋯⋯. 많이 힘드시 겠어요. 정말 잘해내고 싶은데. 지금도 두렵고 자신이 없다고 느끼시는군요.

고객: 네. 맞아요. 그래서 우울증도 생길만큼 힘들어요.

코치: 아 우울증이 생길만큼. (잠시 침묵) ○○ 님이 평소 하고 싶으셨던 일은 어떤 일인가요?

고객: ㅎㅎ (갑자기 웃으면서) 사실은요. 제가 강사가 되는 게 꿈인데요. 정말 하고 싶어요.

코치: 아, 강사가 되고 싶으셨군요! 강사가 되는 것이 ○○ 님께 어떤 의미예요?

고객: 네. 사실 저는 사내 강사가 되어서 직원들의 적응이나 더 좋은 성과를 내도록 지원하 는 사람이 되고 싶어요. 그들이 잘되면 정말 축하해 주고 싶고 뿌듯한 걸 제가 느껴요.

코치는 고객이 현재 느끼고 있는 두려움과 스트레스로 힘들어 하는 것에 공감하는 것에서 더 나아가 평소 고객이 원하는 것에 대해 질문하고 있다. 코 치의 질문에 고객은 자신이 사내 강사가 되고 싶어 한다는 것을 말하면서 대 화의 흐름이 변하고 있다. 이와 같은 코치의 질문은 고객으로 하여금 되고 싶 어 하는 것(원하는 상태나 관점)에 관점을 유지하게 하고, 자신의 상황을 객관 적으로 보게 하며, 스스로 해결안을 발견할 수 있게 한다. 코치는 현재 드러 난 증상의 원인을 찾는 대화보다 고객이 말하는 것에 내재된 고객이 진실로 바라는 것과 그 맥락을 이해하면서 대화한다.

요약하면, 심리치료는 고객이 말하는 증상과 관련한 원인을 탐구하기 위 해 과거를 회상하고 해결안을 찾고 행동과제를 제시한다. 코칭은 고객이 말 하는 것의 상황적 맥락을 이해하고 고객이 열망하거나 지향하는 삶의 모습을 재발견하게 하며, 그 모습에 부합되는 대안을 찾기 위해 고객과 함께한다.

3) 멘토링 vs. 코칭

멘토는 전문가로서 자신의 전문적 경험에 기초한 지혜와 지식을 전수받고

자 하는 멘티에게 지도하거나 제공한다. 이 과정에서 대화는 일방향이며 멘티는 멘토에 대해 의존적인 태도를 보이곤 한다. 멘토링에는 조언, 상담, 코칭이 포함될 수 있다. 코칭은 전문가와 비전문가의 관계가 아닌 수평적 관계로, 고객(개인 또는 조직)이 정한 목표 달성이나 목적에 부합하는 목표를 개발하여 결과를 얻을 수 있도록 파트너로서 참여한다.

멘토링 접근 예시

교사: 선생님. 제가 좋은 교사가 되고 싶은데요. 어떻게 하면 될까요?

멘토: 아, 선생님. 저도 그런 고민을 많이 했는데, 시간과 시행착오를 거칠 수밖에 없어요. 다른 방법으로는 대학원에 가는 것도 좋고, 직무연수에서 배우는 기법들을 적용해 보면 될 거예요. 그리고 선배들한테 물어 가면서 하면 돼요.

멘토는 후배교사의 고민을 자신도 해 보았으며 자신의 경험을 바탕으로 적절한 방법들을 제공하고 있다. 특별히 고객의 관점을 탐구하거나 고객이 할 수 있는 방법들을 탐색하지는 않고 있다. 그럼 코치는 어떻게 하는가?

코칭 접근 예시

교사: 선생님. 제가 좋은 교사가 되고 싶은데요. 어떻게 하면 될까요?

코치: 아, 좋은 교사가 되고 싶으시군요. 선생님이 바라시는 좋은 교사는 어떤 모습입니까?

교사: 저는 아이들이 서로 배움을 나누고, 같이 웃으면서 각자의 성취를 할 수 있도록 돕는 교사가 되고 싶었기도요. 학생들마다 장점, 능력을 알고 발휘하게 하는 교사요.

코치: 아! 그런 모습이군요. 그 중에서 먼저 해내고 싶은 (달성하고 싶은) 것은 무엇인가요?

교사: 이 중에서……. 저는 각자의 성취를 할 수 있게 하는 거요.

코치: 각자의 성취를 할 수 있게 하는 데에 어떤 방법을 시도할 수 있을까요?

(여러 방법을 탐색하기 위해 브레인스토밍한다. 고객의 가정에 도전하여 새로운 대안을 탐색한다.)

코치는 자신의 경험이나 조언을 먼저 제공하지 않는다. 교사가 생각하는 '좋은 교사'의 관점을 충분히 말하도록 하고 이해한 후 교사가 자신이 원하는 관점과 방식을 명료히 할 수 있게 한다. 다른 사람의 방식이나 조언에 따라 행동하기보다 고객 자신의 방식으로 할 수 있도록 한다. 고객이 실천 가능한 대안을 다양한 관점에서 탐색할 수 있도록 파트너로서 참여한다.

요약하면, 멘토링은 전문성이 높은 멘토가 전문성을 전수받고자 하는 멘티에게 자신의 경험과 지혜를 조언, 상담, 코칭의 방식으로 전수한다. 코칭은 고객을 전문가로 여기고 수평적 파트너로서 고객의 관점과 방식으로 방법을 찾도록 하며, 코치는 고객이 다양하고 새로운 방법을 도출하도록 참여한다.

ICF는 코치들을 전문적으로 교육 훈련하고 코치자격(ACC, PCC, MCC)을 취득하기 위한 최소 기술 지침을 제시하고 있다. 다음은 윤리 지침 및 전문성과 관련한 ICF의 지침 내용이다.

"모든 수준의 코칭에서 코칭 윤리 강령을 반드시 숙지하고 적용해야 하며, ICF 코치 자격 인증 평가 시에 지원자가 확실히 이해하고 있음을 보여 주어야 하는 코칭 윤리 표준은 모든 수준에서 거의 같다. 지원자가 질문과 탐구에 초점을 맞춰 코칭 대화를 시연하고 현재와 미래의 이슈에 대하여 대화한다면 지원자는 이 역량 평가를 통과할 수 있다. 그러나 지원자가 고객이 무엇을 하고 어떻게 해야 하는지를 말해 주는 데에 초점을 맞추거나(컨설팅 모드), 주로 과거 위주로, 그중에서도 과거의 감정 위주로 대화를 진행하는 경우(치료 모드)에는 불합격된다. 또한 지원자가 ICF 코칭 정의의 바탕인 '기초 기반에 대한 탐구'와 '생각을 불러내는' 기술을 명확하게 보여 주지 못한다면 그것은 코칭의 다른 핵심 역량에 영향을 미친다는 점에 ICF는 주목한다. 예를 들어, 코치가 거의 전적으로 조언을 제시하거나 코치가 선택한 특정 해답이 바로 고객이 해야 할 일이라고 말한다면 신뢰와 친밀감, 코칭 프레즌스, 강력한 질문, 일깨우기, 그리고 고객의 자발적인 행동과 책무 등이 나타나지 않게 되며 모든 수준의 자격 인증을 통과하지 못한다."(ICF, minimum skills required)

4. 핵심 요약

○ '윤리 지침과 전문성'은 코칭 윤리 및 표준을 이해하고 모든 코칭 상황에서 적절하게 적용할 수 있는 능력을 말한다.

○ 코칭 윤리는 코치의 행동을 기술한 명문화된 행동 지침이자, 다른 모든 코칭 역량의 초석이 되며 이를 지키고 따를 때 코치로서의 정체성과 품위를 유지할 수 있다.

○ 코치가 되는 것은 코칭하는 매 순간에 코치로서 '어떻게 행동할 것인가?' '고객과 어떻게 함께할 것인가?' '내가 하는 일의 의미는 무엇인가?'에 대해 숙고하고 답하여 행동하는 것이다.

○ ICF 코칭 정의의 바탕인 '탐구'와 '생각을 불러내는' 기술을 명확하게 보여 주지 못한다면 그것은 모든 역량에 영향을 주게 되고, 결국 코치 자격 인증에 통과하지 못한다는 점을 기억한다.

○ 개인 사업으로서의 성격이 강한 코칭에서 코칭 관계가 발전할 때 예상치 않은 문제가 발생하거나 내재된 위험요소들이 드러날 경우, 코칭 윤리는 코치로서 적절히 대응할 수 있는 행동 지침이 되고 코치와 고객 모두를 보호하는 역할을 한다.

○ 코칭과 컨설팅, 멘토링, 심리치료의 차이점을 이해하고 코칭의 길을 가는 것이 코칭 윤리의 기본이다.

5. 자기 개발을 위한 성찰 및 연습(S-A-C)

○ 잠시 멈추고 바라보기(Stop)

   잠시 멈추고 코칭을 바라본다.

○ 알아차리기(Aware)

   – 나는 코칭으로 접근하고 있는가, 다르게 접근하는가를 알아차린다.[1]

   – 나는 코칭 전문성 범위를 벗어나고 있지 않은가?

○ 도전(Challenge)

   – 코칭에서 벗어난 것을 알아차린 순간 코칭의 길로 돌아서기 위한 방법을 적어 보라.

   – 코치로서 자신을 개발하는 방법을 적어 보라.

---

1) 알아차림은 지금의 마음[염(念=수+心, 지금의 마음)]을 알아차리는 것이다. 즉, 코칭적인 마음으로 접근하는가, 컨설팅적인 마음으로 접근하는가, 심리치료자적인 마음으로 접근하는가를 알아차리는 것이다.

코칭 합의하기

Establishing the Coaching Agreement

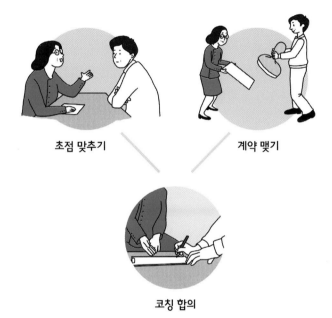

초점 맞추기   계약 맺기

코칭 합의

1. '코칭 합의하기' 역량 이해를 위한 사전 질문

가. 코칭 계약이 잘되었는지 여부를 어떻게 알 수 있는가?

나. 고객이 코치에게 기대하는 것을 알 수 있는 방법은 무엇인가?

다. 코칭 세션에서 초점을 효과적으로 맞추는 방법은 무엇인가?

라. 코칭이 지속적으로 가치 있는지 어떻게 확인할 수 있는가?

마. 코칭 초기에 맞춰진 주제와 초점이 끝까지 지속되려면 어떻게 하는가?

2. 코칭을 합의한다는 것

가. 코칭 사이클과 코칭 합의

1장에서 코칭 사이클을 설명한 바 있다. 이제 2장에서는 코칭 사이클의 모든 단계에서 중요한 역할을 하는 코칭 합의에 대하여 알아보기로 하자. 코칭을 시작하려면 합의 과정이 있게 마련이다. 코치와 고객은 합의 과정에서 코칭 횟수, 코칭 목표 및 기대, 세션 간격 등을 결정하며 이는 전체 코칭 진행과 코칭 관계, 코칭 방식에 큰 영향을 미치게 된다. 이를테면 코칭받고자 하는 목적과 목표 확인 단계에서 고객의 코칭 참여 의지 수준을 알 수 있고, 코칭 횟수에 따라 코칭 목표의 심도와 다양성이 영향받는다. 또 코칭 세션 시간을 60분으로 할 것인지 120분으로 할지를 정하는 것도 대화의 깊이와 폭에 영향을 미친다. 이 외에도 코칭료를 정하고 지불방식 및 상호 책임질 내용을 정하는 것도 중요하다. 이처럼 코칭에서 합의하는 내용은 고객의 코칭 참여 의지와 코칭 전개 방식에 두루 영향을 미치므로 코치는 고객의 목적에 맞게 충분히 토의하고 합의하여 이를 서면으로 확인하는 것이 효과적이다.

역량 2 '코칭 합의하기'는 역량 10 '계획 수립과 목표 설정'과 매우 밀접한 관련이 있다. 초기에 전반적인 목표 설정을 한 후에 코칭 계획을 수립하는 방법도 있고 코칭을 진행하면서 목표를 확장하고 코칭 계획을 발전시킬 수도 있다. 이러한 내용도 코칭 합의 과정에서 다루는 것이 좋다.

나. 코칭 계약 합의하기

코칭은 코칭 계약으로부터 시작된다. 이 단계에서 합의 맺기란 코칭 가이드라인과 코칭 관계의 특정 요인을 이해하고 무엇이 적절하고 무엇이 적절하지 않은지, 무엇이 제공되고 무엇이 제공되지 않는지를 확인하는 것이다. 나아가 고객과 코치의 책임에 대해 합의하고 코칭 방식과 예비 고객의 니즈가 효과적으로 일치하는지도 확인한다. 고객에 따라서는 코칭에 컨설팅과 멘토링을 접목하거나 코칭에 심리 상담을 접목할 것을 요청하기도 하는데, 그 요청을 어떻게 받아들이고 코칭을 어떤 형태로 진행할 것인가에 대한 사항도 초기 합의 단계에서 결정할 일이다.

한편, 코치 자격 취득 과정에서 코칭 역량을 평가할 때에는 코칭계약 부분은 제외된다. 그 이유는 코칭 계약은 코칭 세션이 시작되기 이전에 이미 결정되는 것이고 코칭 세션을 평가하는 단계에서는 그 역량을 평가할 수 없기 때문이나. 이 책에서는 실제 코칭이 신행되는 과정에서 코칭 합의를 어떻게 할 것인가에 중점을 두어 설명하기로 한다.

다. 주제 합의하기

코칭 세션 동안 코칭 주제를 조율하기 위해 세밀하게 주제를 합의하는 것이 매우 중요하다. 코칭 수준별 평가표(ICF core competencies rating levels)에서는 코칭 세션 중 초점을 맞춰 주제를 합의하는지, 그것이 끝까지 유지되어 실행계획 및 책무관리까지 연결되었는지 여부를 평가한다. 초점이 잘 맞춰진 상태로 코칭 대화를 시작하는 것은 절반의 성공을 이룬 것과 다름없다. 여기서 중요한 것은 고객의 코칭 목표와 결과에 대해 충분히 토의한 후 상호 합의하며, 코치는 합의된 내용이 그대로 진행되고 있는지를 코칭이 끝날 때까지 점검하고 확인하는 것이다.

의제를 합의하는 것 못지않게 합의된 결과의 성공 척도(measure of success)를 합의하는 것도 중요하다. 다음은 ICF 마스터코치(MCC) 자격에 지원한 코치가 합격하지 못한 이유를 피드백받은 내용이다.

"코치는 세션에서 고객의 의도나 방향이 명확해질 때까지 주제의 성공 척도를 고객과 함께 탐색하지 않았습니다. 코치는 고객이 원하는 결과를 설정하는 것과 세션에 대한 성공의 척도를 설정하는 것의 차이를 이해하지 못하고 있습니다."

이 피드백은 코칭 합의하기 역량이 코칭받고자 하는 주제에 대한 합의는 물론 고객의 성공 척도를 탐색하고 정하는 것도 포함하고 있음을 알게 한다. 그러면 코치로서 고객과 코칭 합의하기를 효과적으로 하려면 어떻게 하면 되는가? 코치는 코칭 세션이 시작할 때부터 끝나는 시점까지 코칭 전체의 흐름을 염두에 두고 고객과 합의해야 한다.

실제 코칭 세션 장면에서 살펴보자. 코칭의 첫 시작에 어떤 주제로 코칭을 할 것인지 합의한 다음에 코칭 대화를 시작하고, 코칭의 마무리에서 어떤 결과를 얻고 싶은지 성공 척도를 정하고 합의한다. 그리고 코치는 대화 중에 고객이 원하는 결과를 얻기 위해 효과적으로 의사소통이 되고 있는지, 코칭 대화를 통해 새롭게 알게 된 것은 무엇인지, 새로운 알아차림에 맞게 대화의 초점이나 방향을 수정할 것인지 여부를 확인하여 고객이 원하는 방향으로 제대로 가고 있는지 점검하여야 한다. 또한 세션이 진행되는 동안 어느 정도로 성공을 경험하고 어떻게 진행되고 있는지에 대해서도 점검한다. 이처럼 합의하기 과정은 직선적이면서도 순환적으로 이루어진다. 코치는 전체적인 코칭의 흐름 안에서 고객이 원하는 것에 초점을 맞추어 코칭의 방향은 물론 고객이 성취하고자 하는 정도에 대해 점검하면서 진행할 수 있어야 한다.

3. '코칭 합의하기' 역량 정의 및 실행 지침

가. 정의

'코칭 합의하기'란 특정한 코칭 상호작용에서 무엇이 요구되는지를 이해하고, 예상 및 신규 고객과 코칭 절차 및 코칭 관계에 대해 합의할 수 있는 능력을 말한다.

나. 실행 지침

① 윤리 지침과 코칭 관계의 특정 요인(예: 장소와 음식 등의 물류 제공, 코칭 비용, 일정, 다른 사항 포함 여부 등)을 이해하고 고객과 효과적으로 의견을 나눈다.
② 코칭 관계에서 적절한 것과 적절하지 않은 것, 제공되는 것과 제공되지 않는 것, 그리고 고객과 코치의 책임에 관한 합의에 도달한다.
③ 코치의 코칭 방식과 잠재 고객의 니즈가 효과적으로 일치하는지 여부를 확인한다.

코치는 이와 같은 실행 지침 항목에 관하여 고객과 의견을 나눈 뒤, 코칭 동의서에 기술하고 서명함으로써 코칭에 합의한다.

1) 코칭 동의서

코칭 계약서나 코칭 동의서는 코치와 고객이 상호 합의한 것을 문서로 작성하고 서명하여 교환함으로써 코칭 관계에서의 상호 책임과 의무를 분명히 한다. 코칭 동의서는 [그림 2-1]과 같고 전문코치나 기관에 따라 양식은 다를 수 있다. 코칭 동의서에 포함되는 사항 외에 민감한 부분(정치, 종교, 가족 관계 등)에 대해서는 그때그때 사전에 합의한다.

코칭 동의서

코치 ＿＿＿＿＿와 고객 ＿＿＿＿＿는 아래와 같이 코칭 파트너 관계를 맺는 데 동의합니다.

〈인적 사항〉

코치: 성명 ＿＿＿＿＿　전화번호 ＿＿＿＿＿　이메일 ＿＿＿＿＿

고객: 성명 ＿＿＿＿＿　전화번호 ＿＿＿＿＿　이메일 ＿＿＿＿＿

〈코칭 조건〉

○ 코칭 기간: 3개월 (코칭 시작일:　　년　　월　　일)

○ 방식: 면대면 코칭과 전화 코칭 방식 혼합

○ 코칭 보수: 회당 ＿＿＿＿＿원, 매달 선불 지급 원칙

○ 입금 계좌번호: ＿＿＿＿＿＿＿＿＿＿＿

○ 고객이나 코치 중 어느 한편이 더 이상 서비스를 원하지 않는 경우에는 2주일 전에 서로 통보하기로 합의합니다.

○ 코칭 시 추가 발생하는 비용은 고객이 부담합니다. (식비, 장소 사용료 등)

○ 기타: 주의를 요하는 민감한 사항(정치, 종교, 가족 관계 등)

〈고객의 책임〉

○ 고객은 코칭이 정신과 치료나 심리치료사들이 행하는 상담이나 치료를 대신하지 않는다는 것을 이해합니다.

○ 고객은 코치에게 조언이나 해답을 기대하기보다 스스로 해답을 찾아갈 수 있도록 코치가 솔직하게 질문하고 요청하는 코칭 관계를 형성한다는 데에 동의합니다.

○ 비록 코치의 지원에 기초하였다 하더라도 고객이 내리는 결정과 행동, 그 행동의 결과에 대해서는 고객이 전적으로 책임을 집니다.

〈코치의 책임〉

○ 코치는 고객이 코칭 세션에서 제공한 모든 대화 내용에 대해 엄격히 비밀을 보장합니다.

○ 코치는 국제코치연맹(ICF)의 윤리규정을 준수합니다.

　　　　　　　　　　　　년　　월　　일

　　　　　　　　　　　　　서명

　　　　　　　　　　　　　　　코치 ＿＿＿＿＿＿＿

　　　　　　　　　　　　　　　고객 ＿＿＿＿＿＿＿

[그림 2-1] 코칭 동의서(예시)

2) 초점 맞추어 주제 선정하기

코칭 계약이 이뤄지면 코칭 세션이 시작된다. ICF에서도 코칭 합의하기 항목을 평가할 때에 코치와 코칭 주제 합의가 잘 이루어졌는지 그리고 성공의 기준과 척도가 분명한지에 주목한다. 초점을 맞출 때 다음 내용이 들어가야 한다.

- 반드시 고객이 주제를 선정해야 한다.
- 코치는 고객이 선정한 주제에 대해 코칭해야 한다.
- 코치가 세션에서 주제를 중심으로 고객이 원했던 방향으로 제대로 나아가고 있는가의 여부를 고객과 함께 점검해야 한다.
- 주제의 성공 척도에 대해 고객과 함께 탐구해야 한다.

만약 코치가 주제를 선정하거나 고객이 선정한 주제를 중심으로 코칭하지 않으면 ICF는 이 역량 평가에서 불합격으로 처리된다. 코치로서 다음 질문들을 구사하는 것이 초점 맞추기에 도움될 것이다.

- 오늘 고객이 가장 원하는 것은 무엇인가?
- 이번 세션을 가장 가치 있게 하는 것은 무엇인가?
- 초점을 분명히 하고 싶은 주제는 무엇인가?

다음에 제시하는 초점 맞추기 방법(스킬)은 초보코치는 물론 전문코치들에게도 실무적으로 유용한 내용이므로 소개한다.

가) 표준화된 질문으로 주제 초점 맞추기

일상적인 코칭의 경우 주제를 좁히기 위해 다음과 같이 초점 맞추기 질문을 사용할 수 있다. 다음은 초점을 맞추기 위해 사용하는 질문들이다. 마치 깔때기처럼 큰 질문에서 작은 질문으로, 추상적인 것에서 구체적인 주제로 좁혀 나간다.

"오늘 어떤 이야기를 나누고 싶으세요?"

"좀 더 구체적으로 이야기해 주시겠어요?"

"고객님이 하고 싶은 이야기가 이러이러한 것들이라고 하셨는데 맞나요? 그중에 오늘 어느 것부터 먼저 이야기 나누고 싶으세요?"

"오늘 코칭이 끝났을 때 얻고 싶은 결과는 무엇인가요?"

그렇지만 이와 같은 질문을 했다고 해서 고객이 바로 핵심 주제를 찾는 경우는 별로 없다. 그러므로 코치는 "오늘 이야기하고 싶은 것은 무엇인가요?"라고 묻고 고객이 말하는 핵심 단어나 감정 단어를 잡아서 그 의미를 물어야 한다. 예를 들면, "말씀 도중에 '이렇게 살 수는 없다.'는 표현을 다섯 번이나 했는데 어떻게 살기를 원하시나요?" 또는 "불안한 마음을 많이 말씀하시네요. 어떤 상태가 되기를 원하세요?" 등의 질문을 할 수도 있다. 코치는 고객의 느낌과 바라는 상태를 질문하고 고객이 원하고 정말 나누고 싶은 것에 관하여 초점 맞추기를 해야 한다.

나) 갭 확인으로 주제 초점 맞추기

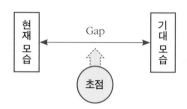

(1) 현재 모습과 기대 모습 사이의 갭 확인하기

갭(gap)이란 현재 모습과 기대하는 모습 사이의 간격을 말한다. 다음의 예는 갭을 확인하고 주제에 초점을 맞추는 질문들이다.

"코칭 주제는 무엇인가?"

"그 주제와 관련하여 현재는 어떤 상태인가?"

"그 주제와 관련하여 코칭이 끝난 후 기대하는 것은 무엇인가?"

"그 갭은 어느 정도인가?(또는 원하는 상태를 10점 만점으로 한다면 지금은 몇 점 인가?)"

"그 갭이 생겨나는 것에 대해서 그간 당연시하고 있는 것(대상, 조건)은 무엇인가?"

"그 갭을 없애는 새로운 가능성은 무엇인가?"

"그 갭을 줄이기 위해 이번 세션에서 꼭 다룰 것은 무엇인가?"

(2) 의미 있는 갭 확장을 통해 정말 원하는 주제 찾기

고객이 제시한 주제는 여러 가지 요소가 연결되어 있다. 고객은 자신의 주제에 관하여 이야기하면서 표면 의식에서 말하다가 깊은 내면 의식으로 들어가곤 한다. 이때 처음 표면 의식 상태에서 표현한 주제로 코칭하면 표면적이고 선형적인 코칭이 되고 만다. 그러므로 코치는 고객이 표현한 주제에 대해 고객의 깊은 내면 의식을 충분히 탐험, 탐구한 후 주제를 말하도록 하여 비선형적 코칭을 추구해야 한다. 의미 있는 갭 확장은 바로 표면 의식에서 잠재

의식으로 깊게 들어가서 주제를 찾는 것으로, 코치는 다음과 같은 질문을 할 수 있다.

"코칭이 끝날 때 무엇을 얻고 싶으세요?"

"그것을 얻는다는 것이 어떤 의미인가요?"

"그 의미는 당신의 삶에서 어떤 기회나 가능성을 펼쳐 낼 수 있나요?"

"오늘 코칭받고 싶은 주제를 다시 정한다면 무엇인가요?

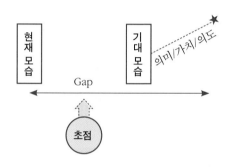

이와 같이 코치는 고객이 말하는 표면적인 주제로부터 고객의 깊은 의식으로 들어가게 하는 질문을 할 수 있어야 하며, 고객에게 중요하고 의미 있는 코칭 주제를 찾는 것에 익숙해지도록 하여야 한다.

(3) 갭을 명료화하기

갭을 명료화하기는 고객이 현재 있는 상태에서 변화, 성장하려는 상태를 명료하게 하는 방법이다. 이때 '현재에서 원하는 목표로'와 같은 형식의 전환 언어를 사용하면 효과적이다. 다음 그림과 같다.

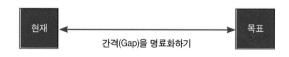

갭을 명료화하는 질문의 예를 들면 다음과 같다.

진행과정	질문의 예
1. 상대방의 이슈 경청 2. 원하는 상태(목표, 변화) 질문 2-1. 한두 마디로 요약 요청	"오늘 어떤 이야기를 하고 싶으세요?" "원하는 상태를 말씀해 주시겠어요?" "그것을 하나의 단어나 이미지로 표현해 주시겠어요?"
3. 현재 상태 질문 3-1. 한두 마디로 요약 요청	"현재 상태는 어떤가요?" "그것을 하나의 단어나 이미지로 표현해 주시겠어요?"
4. 발견한 갭을 '현재에서 원하는 목표로' 형식의 문장으로 표현 요청	"'어떤 상태에서 어떤 상태로'로 말해 주시겠어요? 예를 들어, '상호 갈등에서 상호 협력으로'와 같이 말입니다."

사례

고객: 내 삶이 조금 편안해졌으면 좋겠습니다. 모든 일이 너무 힘든 것 같습니다.

코치: 편안해지면 삶이 어떻게 될 것 같습니까?

고객: 재미있고 신나고 의미 있고 일이 수월해질 것입니다. 삶을 사랑하게 되고, 매일 아침 기쁜 마음으로 일어날 것입니다.

코치: 현재의 삶을 설명해 주시겠습니까?

고객: 아주 힘듭니다. 처리해야 할 일들이 꼬리를 물고 나타납니다. 늘 뒤따라가기만 바쁜 것 같습니다.

코치: 두 가지 삶의 상태를 각각 한 단어로 표현해 주십시오.

고객: 현재의 삶은 계속 발버둥 치는 삶입니다. 내가 원하는 것은 편안하고 수월하게 살 수 있는 삶입니다. 발버둥과 수월함입니다.

코치: 어떤 상태에서 어떤 상태로 가고 싶습니까?

고객: 발버둥 치는 삶에서 수월한 삶, 맞아요.

코치: 그럼 그 목표를 달성하기 위해 어떤 부분이 가장 필요한지 살펴보도록 할까요?

다) 주제를 재정의하기

자기가 한 말을 자신의 언어로 재정의하면 개념이 더 명확해진다. 코칭에서는 고객이 말한 주제를 자신의 말로 정의하도록 하는데 이는 고객으로 하여금 주제를 자신의 언어로 재정의하도록 함으로써 '본질을 꿰뚫고 이치를 깨닫게' 하기 위한 것이다(한근태, 2018). 예를 들어, 코칭을 시작할 때 고객에게 "무슨 이야기를 하고 싶습니까?"라고 질문을 하면 보통은 추상적인 이야기부터 시작된다. 고객이 "자유로운 삶을 살고 싶어요."라고 답하면 고객이 말한 "당신이 말하는 자유로운 삶이란 어떤 것입니까?"라고 질문하여 고객의 정의를 듣는다. 어느 고객은 '자유로운 삶'을 "경제적 자유로움, 즉 돈이 많든 적든 그 수준에 맞춰 사는 것"이라고 했다가 자신의 생각을 살펴본 뒤에 "아니, 돈에 집착하지 않고 사는 것"이라고 정리하기도 한다.

고객이 고민하고 생각해 온 것을 자기언어로 표현하면 자신이 원하는 목표가 뚜렷해지기 때문에 문제의 본질을 찾는 측면에서도 문제 해결에서 더 큰 창의성을 발휘할 수 있다.

라) 주제를 구체화하는 방법

만일 고객이 큰 주제를 가지고 시작하면 코칭 세션에서 가능한 주제로 구체화하는 작업(chunk down)을 해야 한다. 고객의 코칭 주제가 '어떻게 하면 부서 내 저성과자를 효과적으로 육성할 수 있을까?'라고 하자. 이 주제로 워크숍을 한다면 2~3일 과정의 내용이 될 정도로 저성과자를 육성하는 방법에는 고려해야 할 내용이 많다. 그러나 정해진 시간에 효과적인 결과를 얻어 내기 위해서는 초점을 맞춰 주제를 선정하는 것이 우선이다. [그림 2-2]는 초점을 맞춰 주제를 선정하기 위해 노트를 활용한 사례이다. 이 그림을 통해 주제를 구체화하는 과정을 다음과 같이 설명할 수 있다.

[그림 2-2] 저성과자 육성

- 최우선적으로 풀어야 할 과제를 정의해 본다.
- 그 주제를 중심으로 관련된 사항을 종/횡으로 전개하고 구조화해 본다.
- 고객이 정말 원하는 포인트를 찾아 그것을 주제화한다(★표시).
- 주제가 정해지면 코칭이 끝날 때까지 성취과정의 확인이 필요하다.

다음은 ICF의 마스터코치(MCC) 자격 실기 평가 중 주제 설정 단계에서 초점을 맞추는 데 실패한 사례이다.

코치: 오늘 어떤 주제로 코칭받고 싶으세요?

고객: 장애 청소년 취업에 대한 전략적 접근(strategic approach)에 대해 이야기하고 싶어요.

코치: 현재는 어떤 상태인데요?

고객: _____

코치: 아, 그렇군요. 그런 사명감이 있는데 현실은 그렇게 안 되고 있기 때문에 안타까워하
　　　시는군요. 오늘 코칭이 끝났을 때 무엇을 얻었으면 좋겠어요?

고객: 내가 접근해야 할 전략에 대한 분명한 그림(a clear picture of strategy)을 가졌으면
　　　좋겠습니다.

코치: 그렇군요. 전략적 접근(strategic approach)도 말씀하셨고 그것에 대한 그 분명한 그
　　　림도 말씀하셨네요. 그것을 위해 오늘 무슨 말씀을 하고 싶으신가요?

고객: _____

　　ICF의 마스터코치(MCC) 평가관은 이 사례에서 두 가지 피드백을 하였다.
첫째, 고객이 '전략적 접근'이라는 단어를 사용했을 때 '전략적 접근'이라는
것을 어떻게 정의하는지 또는 전략의 어떤 부분(what part of strategy)을 다루
고 싶은지에 대해 묻지 않아 주제가 명료하지 않았다. 둘째, 고객이 '전략에
대한 분명한 그림(a clear picture of strategy)'이라고 할 때 그것이 어떤 의미인
지, 또 앞으로 어떻게 전개해 나갔으면 좋을지에 대한 이해의 과정을 생략하
고 넘어갔기 때문에 초점이 흐려졌다. 주제에 대한 초점 맞추기에서 실패했
기 때문에 그 뒤의 코칭의 흐름도 애매하게 흘러갔다는 피드백이었다. 응시
자는 이에 대해 진한 아쉬움을 표시하면서 다음과 같이 초점 맞추기를 강화
한 코칭 대화를 제시한다.

코치: 오늘 어떤 주제로 코칭받고 싶으세요?

고객: 장애 청소년 취업에 대한 전략적 접근(strategic approach)에 대해 이야기하고 싶습
　　　니다.

코치: 장애 청소년 취업에 대한 비전은 가지고 계시는군요. 전략의 어느 부분을 말씀하고
　　　싶으신가요?

고객: _____

코치: 그런 사명감을 가지고 계시는데 현실은 그렇게 안 되고 있기 때문에 참 많이 안타까

우시겠어요. 오늘 코칭이 끝났을 때 어떤 결과를 얻었으면 좋겠습니까?

고객: 내가 접근해야 할 전략에 대한 분명한 그림(a clear picture of strategy)을 가졌으면

좋겠습니다.

코치: 전략적 접근, 전략에 대한 분명한 그림. 그렇군요. 그 분명한 그림이 그려졌다고 가정

하면 그것이 어떤 의미가 있나요?

고객: _____

코치: 어떻게 전개해 나갔으면 좋겠습니까?

고객: _____

마) 코칭 진행과정에서 초기 설정한 주제의 확인

"우리는 지금 처음 초점 맞춰진 주제와 맞게 가고 있나요?"

"지금 말한 것은 오늘의 처음 제기한 주제와 어떻게 연관되나요?"

"지금 우리는 원하는 성공을 향해 나아가고 있나요?"

일단 코칭 주제가 정해진 후에도 고객의 인식 변화에 따라 주제는 바뀔 수 있다. 코치는 고객의 인식과 의식에 어떤 변화가 있는지에 주의를 기울인다. 코칭의 최종 목적은 고객의 삶이 변화하고 성장하여 그가 원하는 궁극적인 목적을 이룰 수 있도록 해 주는 것이기 때문에 고객의 관점이 변하고 그에 따라 주제가 바뀐다면 그것은 환영할 만한 일이다. 코치는 문제 해결보다는 고객의 존재 그 자체를 보면서 유연하게 함께 춤을 추는 태도를 유지해야 초점이 변해도 유연하게 대응할 수 있게 된다. 고객은 언제든 대화의 방향을 바꿀 수 있다. 코치는 고객이 주제를 바꾸고 대화의 방향을 바꾸고 있다는 것을 비추어 주어야 한다. 고객은 이야기하고 싶은 대화의 초점을 설정하고, 코치는 고객과 함께 그 진행과정을 비추어 주고 탐구하면서 파트너로서 고객이 스스로 원하는 방향으로 갈 수 있도록 동반자가 되어야 한다.

바) 주제를 정하지 않은 고객 코칭하기

대부분의 경우 고객은 자신의 관심사를 코칭 주제로 가지고 온다. 하지만 때로 코칭 주제를 딱히 정하지 않은 고객도 있다. 자신이 무엇을 원하는지 무엇을 고민하는지 모호해하는 고객과 마주하였을 때 코치는 자연스럽게 "이 코칭이 자신에게 어떤 의미가 있으면 좋겠어요?" 혹은 "원한다면 고객님이 원하는 방식을 제안하셔도 좋습니다. 어떻게 하고 싶으세요?"라고 물어볼 수 있다.

고객은 특별히 다루고 싶은 주제가 없다고 말하기도 하고 자신의 생각에 대한 코치의 피드백을 듣고 싶다고 말하기도 한다. 이럴 때 노련한 코치는 "정말 중요한 부분입니다. 코칭받을 주제를 찾는 것을 코칭 주제로 할 수 있습니다."라고 하면서 고객과 함께 고객이 원하는 코칭 주제를 개발하는 코칭을 진행하도록 한다.

4. 수준별 역량

다음에 소개하는 각 수준별 내용은 ICF에서 제시한 자격 인증 기준이다. 이 내용은 전문코치로 성장하기 위해 어떤 자격이 필요한지, 자격을 갖추기 위한 교육과 실습은 어떻게 준비하면 되는지에 대한 기준을 제공하고 있다.

〈참고〉 **국제코치연맹(ICF)의 인증코치 자격 요건**

국제코치연맹(ICF)의 코치 자격은 ACC, PCC, MCC 세 가지이다. 주요 요건은 다음과 같다.

○인증코치(ACC, Associate Certified Coach): 코칭 교육 60시간, 실습 100시간

○전문코치(PCC, Professional Certified Coach): 코칭 교육 125시간, 실습 500시간

○마스터코치(MCC, Master Certified Coach): 코칭 교육 200시간, 실습 2,500시간

가. '코칭 합의하기' 역량에서 요구되는 최소 기술

ICF 홈페이지에는 코칭 세션 기록에 따라 각 역량을 평가하는 기준인 '최소 기술 요구 사항(minimum skills requirement)'이 수록되어 있다. 이는 코치가 각 자격 수준을 인정받으려면 최소한 이 정도의 기술은 갖추어야 한다는 것을 의미한다. 이 항목들은 인증코치(ACC), 전문코치(PCC) 및 마스터코치(MCC)를 평가할 때 모두 공통적으로 적용되는 기준이며, 자세한 내용은 ICF의 http://coachfederation.org/msr를 참고하면 된다. 다음은 '코칭 합의하기' 역량의 평가 대상 핵심 기술이다.

① 세션을 위한 합의를 얼마나 깊이 있게 도출해 내는가?
② 코치가 고객과 파트너가 되어 합의를 이루어 내고, 성공의 척도 및 다뤄야 할 주제를 찾기 위해 얼마나 깊이 고객과 협력할 수 있는가?

각 수준별 요건을 정리해 보면 다음과 같다.

03 마스터코치(MCC)
• 코치는 세션을 통해 고객이 원하는 것이 무엇인지를 충분히 탐구하고, 세션에서 고객의 성공 기준을 확실히 정하며, 고객과 코치 모두 코칭의 목적을 분명히 한다.
• 코치는 코칭이 고객의 코칭 목적에 기여하는 방향으로 가고 있는지를 주기적으로 점검하고, 고객의 피드백에 따라 필요하다면 방향을 조정한다.

02 전문코치(PCC)
• 코치는 고객이 다루고 싶다고 말하는 내용을 받아들인다.
• 의제에 주의를 기울이며 세션별 주제의 성공 기준에 대해 조금 더 탐구한다.

01 인증코치(ACC)
• 코치는 고객이 다루고 싶다고 말하는 내용을 표면적인 수준에서 받아들인다.
• 고객의 의제에 주의를 기울이지만 더 깊은 탐구는 거의 이루어지지 않는다.

나. '코칭 합의하기' 역량 향상하기

1) 인증코치(ACC) 수준

코칭 합의하기 역량을 더 잘 이해하기 위해 수준별 평가 요소와 불합격 처리 요소를 함께 살펴보기로 한다.

가) 핵심 역량 평가 수준

- 코치는 고객이 다루고 싶다고 말하는 내용을 표면적인 수준에서 받아들인다.
- 고객의 의제에 주의를 기울이지만 더 깊은 탐구는 거의 이루어지지 않는다.

나) 불합격 요인

- 코치가 고객을 위해 주제를 선정하는 경우
- 코치가 고객이 선정한 주제에 대해 코칭하지 않는 경우

인증코치(ACC)는 고객이 다루고자 하는 것이 무엇인지를 묻고 코칭을 하는 동안 지속적으로 그 의제에 주의를 기울인다. 이 수준의 코치는 고객이 제시한 내용을 말한 그대로 받아들이고 표면적인 수준에서 해결하는 정도의 수준에 머물고 있으며 고객 내면에 대한 탐구는 잘하지 못한다. 만약 코치가 주제를 선택하거나 고객이 선택한 주제에 대해 코칭하지 않은 경우 코치는 인증코치(ACC) 평가에서 합격하지 못한다.

사례

코치: 오늘 30분 동안 어떤 주제로 코칭받기를 원하세요?

고객: 다이어트를 하고 싶어요. 한 5킬로만 빠졌으면 좋겠어요.

코치: 아, 몸무게 5킬로를 빼고 싶으시군요. 그간 어떤 시도를 해 보셨어요?

고객: …… 등을 해 보았습니다.

코치: 참 많은 시도를 해 보셨군요. 그러면서 배운 점이 있다면 무엇인가요?

고객: 그 많은 방법이 다 실패한 것을 보면 뭔가 다른 방법을 찾아봐야 할 것 같습니다.

코치: 그렇군요. 그러면 5킬로를 빼기 위해 앞으로 어떻게 해 보시겠어요?

코치는 고객이 말한 다이어트에 대해 초점을 맞추고 있다. 다이어트의 목표치나 그동안 어떤 시도를 했는지, 배운 점은 무엇인지 물어보지만 내면의 욕구나 의미 찾기 등 깊은 탐구는 거의 이루어지지 못한 채 곧바로 해결 방안을 찾으려 한다.

2) 전문코치(PCC) 수준

가) 핵심 역량 평가 수준
- 코치는 고객이 다루고 싶다고 말하는 내용을 받아들인다.
- 의제에 주의를 기울이며 세션별 주제의 성공 기준에 대해 조금 더 탐구한다.

나) 불합격 요인
- 코치가 고객이 선정한 주제에 대해 코칭하지 않는 경우
- 코치가 고객과 함께 각 주제별 성공 기준과 정의에 대해 더 탐구하려고 하지 않을 때
- 코치가 결과나 의제의 성과와 관련된 근본적인 쟁점에 대해 탐구하지 않거나 또는 세션에서 고객이 원했던 방향으로 제대로 나아가는지 여부를 고객과 함께 점검하지 않을 때

사례

고객: 다이어트를 하고 싶어요. 한 5킬로만 빼고 싶어요.

코치: 다이어트를 하고 싶으시군요. 그렇게 살을 빼고 싶어 하는 이유는 뭔가요?

고객: 남들 앞에 설 때 자신감을 갖고 싶어요. 지금은 너무 뚱뚱해서 사진도 찍을 수가 없어요.

코치: 아, 자신감을 갖고 싶다는 거군요. 사진 찍을 때도 그렇고, 마음이 많이 불편하셨겠어요.

고객: 그럼요. 그 불편함은 겪어 본 사람이 아니면 알 수 없어요. 어떤 때는 창피하고, 어떤 때는 예전에 날렵하던 때가 그립기도 합니다.

코치: 불편하고 창피하기도 하고 예전의 날렵하던 때가 그립고……. 그러면 다이어트에 성공한다면 어떤 모습이 될 수 있을까요?

고객: 그렇게 된다면 가볍고 날씬해진 몸으로 멋진 사진을 남길 수 있겠지요. 그동안 뚱뚱해 보여서 못 입던 밝은 색깔 옷도 입을 수 있고요.

코치: 멋진 사진을 남긴다는 것은 어떤 의미가 있나요?

고객: 음……. 제 어릴 적 꿈이 탤런트가 되는 것이었어요. 지금은 포기한 꿈이지만 멋진 사진을 통해서 예전의 꿈을 조금이라도 되살릴 수 있을 것 같아요.

코치: 그렇군요. 그런 꿈이 있었군요. 탤런트가 되고 싶었던 이유는 뭔가요?

고객: 나는 어릴 때 참 가난하게 살았어요. 그런 내게 TV에서 보는 탤런트는 화려하고 풍요로운 삶의 상징이었지요. 멋진 로맨스물의 주인공이 되고 싶었어요. 아름다운 여주인공과 사랑에 빠지고 행복하게 사는 꿈이 있었지요. 수많은 팬으로부터 선망의 눈초리도 받고 싶었고요.

코치: 아, 다이어트를 통해서 어릴 적 꿈인 화려하고 풍요로운 탤런트의 꿈을 살려 보고 싶은 것이로군요. 그리고 그 구체적인 모습이 멋진 사진인 것이군요.

고객: 네, 맞아요!

전문코치(PCC)는 인증코치(ACC)와 조금 다르게 접근한다. 고객이 말하는 내용을 좀 더 깊게 탐구하고 그 안에 숨은 의미를 파악하고 고객의 상황적인 맥락을 이해하려는 시도를 한다. 코치는 고객이 말한 의제만을 다루는 데서 벗어나 고객이 말하는 성공이란 무엇인지, 그 기준은 무엇인지 등 의제와 관련된 고객의 내면을 탐구한다. 그리고 새로운 관점에서 의미를 찾고 성공을 위한 수단을 조금 더 탐색할 수 있도록 지원한다.

3) 마스터코치(MCC) 수준

가) 핵심 역량 평가 수준
- 코치는 세션을 통해 고객이 원하는 것이 무엇인지를 충분히 탐구하고, 세션에서 고객의 성공 기준을 확실히 정하며, 고객과 코치 모두 코칭의 목적을 분명히 한다.
- 코치는 코칭이 고객의 코칭 목적에 기여하는 방향으로 가고 있는지를 주기적으로 점검하고, 고객의 피드백에 따라 필요하다면 방향을 조정한다.

나) 불합격 요인
- 코치가 고객을 위해 주제를 선정하는 경우
- 코치가 고객이 선정한 주제에 대해 코칭하지 않는 경우
- 코치가 세션에서의 고객의 의도나 방향이 분명해질 때까지 각 주제의 성공 기준 또는 척도에 대해 고객과 함께 탐구하지 않을 때
- 코치가 고객이 언급한 세션의 목표와 관련하여 토론되어야 할 사항을 고객이 충분히 말하도록 허용하지 않을 때
- 코치가 세션에서 고객이 원했던 방향으로 제대로 나아가고 있는 여부를 고객과 함께 점검하지 않을 때

사례

고객: 다이어트를 하고 싶어요. 한 5킬로만 살을 뺐으면 좋겠어요.

코치: 몸무게를 빼고 싶어 하는 이유는 뭔가요?

고객: 남들 앞에 설 때 자신감을 갖고 싶어요. 지금은 너무 뚱뚱해서 사진도 찍을 수가 없어요.

코치: 아, 남들 앞에서 설 때 자신감을 갖고 싶다는 거군요. 사진 찍을 때도 그렇고, 마음이 많이 불편하시겠어요. 무엇이 자신감을 갖는 데 가장 큰 요인이 되고 있나요?

고객: (잠시 침묵) 그 질문을 받고 보니, 체중만은 아니네요. 물론 체중 감량도 중요하고요.

코치: 어떻게 되었으면 좋겠어요?

고객: 사실 살펴보면 남들이 보는 시선이 불편했어요. 그런데 그게 체중이라고 생각했고요.

코치: 금방 생각의 전환을 가져오셨네요. 정말 원하는 상태는 어떤 것인가요?

고객: 물론 체중 조절도 해야겠지요. 그런데 그보다 더 큰 것은 남들의 시선에서 자유스러워지는 당당함이네요. 미국에 가 보니까 저는 비교도 안 될 만큼 체중이 많이 나가는 사람들이 많지만 당당했어요. 체중 조절을 위해 정말 다양한 방법을 해 봤어요. 하지만 오랫동안 성공한 것은 아무 것도 없었어요. 그간 괜히 체중 조절 문제로 위축되어 있었어요. 물론 체중 조절에 대해 신경은 써야겠지만 그것과 일단 관계없이 나 자신에 대해 어떻게 당당할 수 있을까에 대해 먼저 이야기하고 싶네요.

코치: 생각의 전환을 통한 알아차림에 대해 축하드리겠습니다. 그러면 나중에 체중 조절에 대한 이야기도 하겠지만 오늘은 일단 '남들의 시선에 관계없이 어떻게 하면 나 자신에 대해 당당할 수 있을까'에 대해 먼저 이야기하고 싶다는 말씀이신가요?

고객: 네. 바로 그거예요.

(중략. 초점이 맞춰진 주제로 코칭이 진행되어 실행 계획 이전 단계까지 진행되고 있다. 여기까지의 대화를 통해서 고객이 원하는 성공의 기준은 처음에 말한 체중 감량만이 아님은 분명해졌다. 고객의 안에 있는 성공이란 '나 자신에 대한 당당함'이다. 앞으로 코치와 고객은 그 주제를 함께 탐구하면서 당당해지기 위한 기준을 설정하는 것이 앞으로의 코칭에서 다룰 과제가 되었다.)

코치: 지금까지 여러 가지 이야기를 했는데 우리가 처음에 합의한 주제인 '남들의 시선에 관계없이 어떻게 하면 나 자신에 대해 당당할 수 있을까?'에 대해 초점이 맞춰진 내용이 어떻게 진행되고 있는지요?

고객: 네. 원하는 대로 가고 있습니다. '남늘의 시선에서 자유로워지는 것'에 대한 여러 가지 측면의 질문을 받고 대답하다 보니 그것이 정말 내게 중요하다는 느낌이 들어요.

코치: 정말 원하고 있는 방향으로 나아가고 있음에 축하드립니다. 그럼 지금부터 좀 더 구체적인 부분에 대해 초점을 맞춰 볼까요?

　마스터코치(MCC) 수준에서는 고객이 제시한 주제를 탐색함에 있어 주제와 관련된 고객의 목표, 목적, 성공 기준을 확인해야 한다. 그리고 주제 점검 과정에서 고객의 말과 의도하는 방향이 일치하지 않는다는 것을 직관적으로 감지했다면 그것을 고객이 알 수 있도록 객관적으로 말해 주어야 한다. 앞에서 언급했듯이 진행과정에 대한 고객의 피드백에 따라 방향을 변화시켜야 함은 당연하다.

5. 핵심 요약

○ 코칭 합의는 코칭 관계의 시작이다.

○ 코칭 합의하기에는 두 가지 요소가 있다.

   첫째는 잠재 고객 및 신규 고객과의 계약을 통한 합의 과정이다.

   – 윤리 지침과 코칭 관계의 특정 요인(예: 장소와 음식 등의 물류 제공, 코칭 비용, 일정, 다른 사항 포함 여부 등)을 고객과 효과적으로 의견을 나눈다.

   – 무엇이 적절하고 무엇이 적절치 않은지, 그리고 고객과 코치의 책임에 관한 합의에 도달한다.

   – 코치의 코칭 방식과 잠재 고객의 니즈가 일치하는지 여부를 확인한다.

   – 코칭 시작 전에 코칭 합의에 따른 코칭 동의서를 교환하는 것이 바람직하다.

   둘째는 진행되는 코칭 세션에서 코칭 흐름에서 다룰 주제에 따른 초점을 맞추는 것이다. 여기에는 다음의 요소들이 포함되어야 한다.

   – 오늘 고객이 원하는 목표는 무엇인가?

   – 이번 세션 중에 가장 가치 있는 목적은 무엇인가?

   – 이번 코칭의 초점이 맞춰진 주제는 무엇인가?

○ 코칭 대화의 초점을 맞추는 것이 코칭 흐름에 큰 영향을 미친다. 코칭 초점은 시작할 때 한 번만 맞추는 것이 아니라 중간중간에 성공 척도에 맞게 가고 있는지 점검하는 것이 중요하고, 고객의 피드백에 따라 주제를 변경할 수도 있다.

○ 코칭 초점을 맞추는 과정 중에는 지속적인 깊은 탐색이 필요하다. 고객의 목적, 가치, 욕구 등은 물론 더 나아가 코치는 어떤 사람이 되고자 하는 존재의 부분까지도 탐색이 이뤄져야 초점이 제대로 맞춰진다.

6. 자기 개발을 위한 성찰 및 연습(S-A-C)

○잠시 멈추고 바라보기(Stop)

　정지하고 한 걸음 떨어져 코칭의 진행 상황을 바라본다.

○알아차리기(Aware)

　– 나는 세션 중에 고객이 다루고 싶어 하는 주제에 초점을 맞추는가?

　– 나는 고객이 코칭을 통하여 성취하고자 하는 '성공의 척도'를 확인하
　　였는가?

　– 나는 고객이 말한 주제를 자신의 말로 정의하도록 하는가?

　– 나는 세션 중에 고객이 원하는 방향대로 진행되고 있는지 수시로 점
　　검하는가?

○도전(Challenge)

　– 만약 대화가 초기에 제시한 주제에서 벗어나면, 고객에게 그 사실을
　　피드백해 주고 원래의 주제로 돌아가든지 주제를 바꾸든지 선택하라.

　– 주제에 대한 코칭 흐름이 애매하게 흐를 때는 '정말 원하는 것이 무엇
　　인가'를 주저하지 말고 물어보라.

신뢰와 친밀감 쌓기

Establishing Trust and Intimacy with the Client

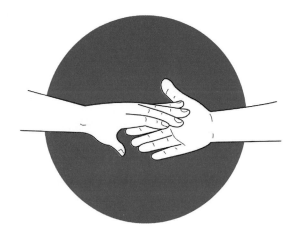

1. '신뢰와 친밀감 쌓기' 역량 이해를 위한 사전 질문

가. 코칭에서 신뢰와 친밀감 형성이 꼭 필요한 이유는 무엇인가?

나. 코칭 관계에서 신뢰와 친밀감의 역할은 무엇인가?

다. 코칭이 가능한 공간이 커짐에 따라 코칭 관계는 어떻게 변화하는가?

라. '좋은 코치'라는 이미지의 환상이란 무엇인가?

마. 코치가 '알지 못함'의 상태에 편안하게 있을 수 있는 이유는 무엇인가?

2. 어떻게 고객과 연결되는가

가. 인간에 대한 고찰

1) 인간은 어떤 존재인가

코치는 인간에 대한 이해를 가지고 고객을 만난다. 고객을 이해하고 고객과 잘 연결되기 위해서는 먼저 인간이 어떤 존재인가를 이해할 필요가 있다. 동양 철학에서는 인간을 하늘과 하나로 연결되어 있는 존재로 본다. 인간(人)의 완성은 초인간적인 천(天)과의 일치에 있다는 천인합일(天人合一) 시각으로 바라본다. 고전적 서양 철학도 우리 인간을 신성을 지닌 온전하고 위대한 존재로 본다. 우리가 마주하고 있는 고객은 천성적 영혼과 지혜를 가지고 있는 존재이기 때문에 그를 통해 신의 표현이 인간의 행동으로 이 세상에 드러

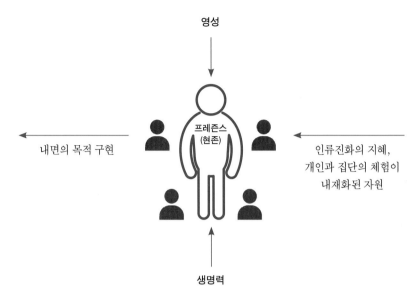

영성

내면의 목적 구현

프레즌스
(현존)

인류진화의 지혜,
개인과 집단의 체험이
내재화된 자원

생명력

[그림 3-1] 고객은 어떤 존재인가

난다는 것이다. 과거 인류의 진화이론으로 보면 인간은 수십억 년 전부터 진화해서 지금의 호모사피엔스가 되기까지 수많은 진화 리소스가 축적되어 있는 존재이다. 한편, 미래적인 측면에서 인간은 어떤 사람인가? 조각가 알베르토 자코메티는 '걸어가는 사람'이라는 조각품을 통해 많은 사람에게 영감을 주었다. 부서질 듯 허약하지만 인간은 그래도 자기의 존재를 구현하기 위해서 끊임없이 걸어가는 위대한 존재라는 것을 표현하였다.

이를 정리하면 인간은 하늘과 연결된 존재, 신성을 지닌 존재, 진화되면서 축적된 리소스가 내재된 존재 그리고 자기존재를 구현하려는 존재이다. 코칭에서 코치는 코칭의 철학에 기반하여 고객을 전인적인, 자원이 풍부한, 창의적인 존재로서 바라보고 대한다. 코칭하는 코치 스스로도 자신에 대해 그러한 시각을 갖고 대하여야 할 것이다.

이러한 인간에 대한 이해는 코치가 고객을 만날 때 필요한 가장 기본적인 철학이자 인간관이다. 하지만 그것만으로는 모든 고객을 이해할 수는 없다.

지금 만나고 있는 고객을 이해하고 코칭 관계를 더 돈독히 하기 위해서는 '사람들은 공통점이 있다'는 원칙을 항상 상기해야 한다. 그 공통점이란 사람들은 누구나 사랑받고 이해받고 존중받고 신뢰받고 싶어 하며, 위로받고 축하받고 격려받고 싶어 한다는 것이다. 이러한 것을 이해하고 고객과 대화하면 고객을 평가나 판단 또는 가르치려 하기보다 공감하고 이해하고 존중하는 마음이 우러나오게 된다.

더 나아가 나의 고객이 누구인지를 더 집중적으로 이해하기 위해 '고객 한 사람'을 이해하는 노력이 필요하다. 고객이 누구인지, 고객이 무엇을 하는지, 장차 어떻게 하기를 원하는지에 대해 코치는 '고객 한 사람'의 입장과 관점, 상황에서 이해함으로써 고객과 긴밀히 연결된 코칭 관계를 형성할 수 있다. 실제로 코치가 만나는 고객은 그의 일, 관계, 삶에서 뭔가를 해결하기 위해 코치를 찾는다. 고객은 이전과 다른 새로운 역할을 잘 수행해야 하거나, 근무 환경이 바뀌었거나, 이직을 고려하거나, 새로운 인생을 설계해야 하거나, 심각한 스트레스 상황에 놓여 있거나, 도전받고 있거나, 새로운 사업을 구상하려 하는 등 고객 수만큼이나 다양한 이유로 코칭을 받는다. 또한 코칭을 받고자 하는 고객인 기업 임원, 세일즈맨, 전문가, 교사나 교수, 학부모, 청소년 등 그 입장에 따라 코칭 주제 또한 다양하다. 그러므로 코치는 고객 존재와 함께 고객의 상황적 맥락 및 고객의 개별성을 이해하고 그들이 코칭 관계에서 해소하기를 기대하는 욕구 또한 다양함을 잘 이해해야만 효과적으로 코칭 관계를 형성할 수 있다.

이상과 같이 코치가 고객을 이해하기 위해서 크게는 인간에 대한 이해, 작게는 고객의 상황 맥락과 개별성에 대한 이해가 필요하다. 이러한 이해 속에서 고객을 대하고 코칭 세션을 진행한다면 코치는 효과적으로 고객과 연결되고 한층 더 깊은 상호작용을 할 수 있을 것이다.

2) 고객을 무조건적 긍정적 시각으로 바라보라

코칭에서 코치는 고객을 자기 문제에 관한 전문가이자 고객 자신의 문제를 해결할 가능성과 잠재력을 지닌 존재로서 바라보고, 어떤 상황에서든 고객을 긍정적으로 대해야 한다. 인본주의 심리학자 칼 로저스(1957)는 '무조건적 긍정적인 시각(unconditional positive regard)으로 바라보라.'고 했다. 그가 말하는 무조건적인 긍정적인 시각은 두 개의 핵심요소로 이해할 수 있다.

첫째, '무조건적'이란 조건 없이 수용한다는 뜻으로 고객을 평가하거나 배제하지 않는다는 것이다. 또한 고객의 특별한 행동, 감정 및 성향에 부정하거나 비판하지 않음을 뜻한다. 즉, '나는 그 사람을 좋아할 수 없다.' 또는 '나는 그들이 한 일에 대해 결코 찬성하지 않을 것'이라는 태도를 갖지 않는 것이다.

둘째, '긍정적'이란 개인은 자신 또는 자기 자신의 개념, 태도 및 자기 주도적 행동을 변화시키기 위해 자기 자신의 방대한 자원을 가지고 있다고 믿는 것이다. 그 사람을 자신의 상황에 대처하는 방법을 선택하고 행동할 수 있는 인간으로서 존중하고 그들이 최선을 다하고 있다는 것을 결코 의심하지 말아야 한다.

코치가 고객을 문제를 가진 대상으로 보는 것이 아니라 고객이 문제의 발견과 해결 주체로 보는 만큼 긍정적 시각으로 고객을 바라보고 그의 능력을 믿는 것은 대단히 중요하다. 또한 고객이 느끼는 감정들(혼란, 분노, 두려움, 노여움, 용기, 사랑, 자존심 등)을 있는 그대로 표현하도록 허용하고, 그것을 무조건적이고 긍정적이며 수용적인 태도로 대할 때 고객의 변화와 성장 가능성은 더욱 커진다.

3) 코칭 관계를 형성하기 위한 신뢰와 친밀감

1장에서 살펴본 것처럼 코치는 탐구, 탐험, 탐색에 기반하여야 한다. 탐구는 코치가 고객의 주제나 고객 존재 및 고객의 삶에 관하여 관심을 가지고 궁금히 여겨 깊은 호기심으로 다가가는 것을 말한다. 특히 코치가 고객 중심의 코칭 관계를 만들어 가기 위해서는 신뢰와 친밀감이 바탕을 이루어야 한다. 신뢰란 고객과의 관계에서 솔직하고 정직하면서 상호 개방되어 있다는 것을 뜻하며, 상호 신뢰의 기반 위에 고객과 코치가 의사소통하는 것을 말한다. 신뢰를 쌓는 방법

신뢰   친밀감

은 고객이 잘못한 것을 판단하거나 비난하지 않는 것이다. 또 상대의 눈을 편안하게 보면서 대화하고, 진실한 표정과 몸짓으로 대하는 것도 신뢰받을 만한 행동이라 할 수 있다. 고객의 실수가 보일 때 지금은 잘못하지만 앞으로 잘할 수 있다고 믿어 주는 데서도 신뢰는 쌓일 수 있다. 반대로 신뢰를 잃는 경우는 상대방의 말을 듣지만 옳고 그름을 판단하고 있거나 자기 생각을 전하기 위해 들을 때이다.

신뢰는 형성하는 것 이상으로 지속적으로 신뢰를 쌓는 것이 중요하다. 코칭 합의하기에서 논의한 대로 고객을 지원하지 못하거나 약속한 것을 지키지 않거나 고객에게 민감하게 반응하지 않거나 자신의 성과에만 관심을 기울이는 모습을 한다면 신뢰에 빨간 불이 켜진다. 빨간 불이 켜진 것을 의식하지 못하고 계속할 경우 고객은 코칭 관계를 불편해하고 코칭을 회피하는 모습을 보일 것이다. 마치 음정 조율기에 음이 정확하면 파란 불, 맞지 않으면 빨간 불이 켜지듯이 상대가 믿을 만하면 파란 불이 켜지고 믿을 만하지 못하면 빨간 불이 켜지는 것이다. 코치는 신뢰를 쌓기 위해서 이 음정 조율기에 계속 파란 불이 켜지도록 신뢰의 걸림돌을 관리하여야 할 것이다.

코칭 관계에서는 앞에서 말한 신뢰감에 더하여 상대가 따뜻하고 가깝게 느껴지는 정서적 친밀감도 있어야 한다. 코치에게 하는 고객의 말과 행동, 태도

는 고객이 어떤 사람이란 것을 알 수 있는 정보가 된다. 이렇게 고객이 알려 주는 것에 대해 코치가 진정성 있게 반응할 때 고객은 친밀감을 느끼게 될 것이다. 심적 고통을 공감해 줄 때, 말하는 것에 관심을 가지고 들어 줄 때, 하고 싶은 말을 상대가 이해해 줄 때, 친절함을 느낄 때, 진심으로 자신을 위한다고 느낄 때, 말하지 않아도 상대방이 무슨 말과 행동을 하려 하는지 느낄 때 친밀감을 크게 느낀다. 더 나아가 내가 좀처럼 말 못했던 깊은 속내를 상대가 진심으로 공감해 줄 때 역시 친밀감을 느낀다. 또한 신체적으로 따뜻하고 다정한 악수, 친근한 미소, 기타 격려와 위로 등의 표현을 하는 스킨십에서도 친밀감을 느낄 수 있다. 특히 코치가 전문적 용어가 아닌 고객이 사용하는 언어를 고객과 같은 관점에서 이해하고 사용할 때 친밀감은 더 커진다.

　주의할 것은 '코칭하기 위해서' 신뢰와 친밀감을 드러낸다면 고객은 코치의 진정성을 의심하고 친밀감 대신 거리감을 느껴서 코칭 관계를 회피하는 모습을 보일 수 있다는 것이다. 코치는 이것을 염두에 두고 고객과의 거리감을 좁히기 위해 시도하여야 할 것이다. 만약 코칭 진행 과정에서 신뢰와 친밀감을 체크해 보고 싶을 때는 다음과 같은 질문을 할 수도 있다.

"우리 코칭 관계에 대해 어떤 느낌이 드세요?"

"우리가 더 깊이 솔직해지는 데에 어떤 것이 방해가 되는지요?

"우리가 함께 이 문제를 어떻게 다루면 좋을까요?"

　〈표 3-1〉에 코치의 신뢰와 친밀감과 관련된 핵심어를 소개한다. 먼저, 핵심어와 그 정의를 읽고, 현재 관심 수준을 표시하고 키워 가면서 역량을 발휘하는 데에 참고가 되기를 바란다.

〈표 3-1〉 신뢰와 친밀감 점검

신뢰와 친밀감	1	2	3	4	5
자기개방: 나는 사회적 가면을 내려놓고, 진정성을 가지고 고객을 파트너로 대한다.					
호기심: 나는 대화 중에 고객이 보내는 신호를 호기심을 가지고 질문한다.					
호감: 나는 열린 태도, 제스처 등 호감을 가지고 사람을 대한다.					
연결: 나는 사람들과 연결되기 위해 자신 있게 미소 짓고 악수하고 눈 맞춤을 한다.					
친절: 나는 친절하고 상대에 대한 배려를 잘한다.					
인사: 나는 내가 만드는 나의 첫인상을 알기 때문에 반갑고 다정한 인사를 한다.					
감사와 즐김: 나는 고객과의 만남에 감사하고 그 만남을 즐긴다. 고객도 나를 즐긴다.					
유머: 나는 가벼운 농담이나 유머를 통해 분위기를 가볍게 해 준다.					
활기: 내가 고객을 대하는 표정이나 말이 부드럽고 활력이 있다.					
존중: 코칭 내용과 관계없이 나는 고객을 전인적인 존재로 존중한다.					
솔직함: 고객이 자기 알아차림이 되도록 생각과 느낌을 솔직하게 전달한다.					
공감ㆍ수용: 고객의 감정이나 느낌을 수용하고 서로 나눌 수 있는 안전한 분위기를 만든다.					
비공식적 관계: 나와 상대방의 숨겨진 얘기, 또는 가족들의 얘기도 한다.					
맞장구: 나는 고객의 말에 가벼운 맞장구를 잘 친다. 쉽게 다가가는 느낌이 든다.					
침묵: 나는 때로는 말하고 때로는 침묵하면서 소통한다. 침묵하는 동안의 느낌도 공유한다.					
겸손: 나는 잘난 체하지 않고 겸손하다. 또 나의 취약한 부분을 말하는 데 주저하지 않는다.					
인정, 칭찬 및 격려: 나는 고객을 고무시키기 위해 지속적으로 인정, 칭찬 및 격려를 해 준다.					
끌어당김: 나는 순수한 에너지의 발산을 통해 다른 사람을 끌어당긴다.					
자유로움: 나는 고객을 일부러 코칭하려 애쓰지 않고 고객과의 대화에 자유롭다.					
관계의 지속성: 나는 코칭 시작, 진행 과정, 코칭 후에도 편한 관계를 유지한다.					

나. 코칭 관계 형성 과정

경험이 풍부한 코치들의 말을 빌리면 코칭의 효과는 코칭 역량을 전체적으로 발휘할 때 나타난다고 한다. 코칭 역량은 코치와 고객이 함께하는 코칭 관계(coaching relationship)라는 스페이스(space)를 만들고 키우는 것이 중요하다. 이 스페이스는 코치와 고객의 만남, 코칭 합의하기, 신뢰와 친밀감 형성을 거쳐 코칭을 가능하게 하는 공간을 형성하는 단계를 통해 만들어진다. 이러한 코칭 관계 형성 단계를 그림으로 표현하면 [그림 3-2]와 같다.

1) 코치와 고객 연결

코치 ———————————●——————————— 고객

[그림 3-2] 코치와 고객 연결

2) 코치와 고객 합의

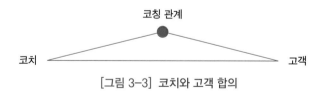

[그림 3-3] 코치와 고객 합의

3) 신뢰와 친밀감 형성

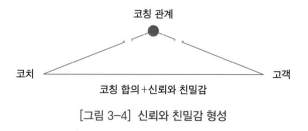

[그림 3-4] 신뢰와 친밀감 형성

4) 코칭이 가능한 공간 형성

첫 단계는 코치와 고객이 만나는 단계로 공간(space, 스페이스)이 생성되지 않은 직선으로 연결된 상태에서 서로를 탐색하는 단계이다. 서로에 대한 신뢰나 친밀감이 형성되기 전이다. 두 번째는 고객이 코칭을 통해 기대하는 목표를 정하고 코칭 합의하기의 과정에서 코칭 관계가 생성되는 단계이다. 그리고 세 번째는 코치가 고객을 신뢰하고 친밀하게 다가가면서 적극적 경청을 통해 고객의 목표나 고객의 관점과 상황적 맥락을 이해하는 대화의 과정이다. 이 단계에서 고객 역시 코치에 대한 신뢰와 친밀감을 느끼게 되고 공간은 더 커진다.

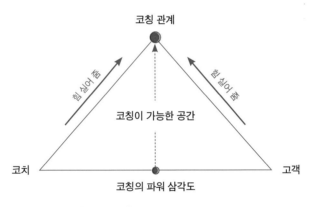

[그림 3-5] 코칭이 가능한 공간 형성

이 공간이 충분히 더 커져서 코칭이 가능한 공간(enabling space)으로 발전한다. 이때 코치의 '신뢰와 친밀감 쌓기' 역량을 발휘하며 코치가 고객과 함께하려는 진정성이 고객에게 전달된다. 고객이 어떤 말을 해도 비밀이 보장되고 안전하다고 느끼고, 코치가 자신을 특정한 틀에 맞추어 유도하지 않고 자신을 있는 그대로 존중하고 자신의 일과 삶에 관심을 기울이며 대하는 것에 친밀감을 느낀다. 이 공간에서 상호작용과 커뮤니케이션이 원활해진다.

잘 형성된 코칭 관계는 그 과정에서 코치가 고객을 코칭하는 것이 아니라 형성된 공간이 코칭할 수 있는 여건을 마련하는 것과 같다. [그림 3-5]에서 보듯이 코치와 고객은 비록 역할은 다르지만 서로 대등한 관계를 이루며 두 개의 꼭짓점을 이룬다. 이 두 개의 꼭짓점은 또 하나의 꼭짓점인 코칭관계와 함께 '코칭의 파워 삼각도'를 이룬다. 그 안에서 코칭이 가능한 공간이 형성되며 코치와 고객은 서로 대화하고 배우고 학습하는 창조적 파트너 관계로 맺어질 수 있다. 이 파트너십은 11가지 핵심 역량 전반에 걸쳐서 강조되는데 그 이유는 코칭의 정의에서도 강조하듯이 파트너십이 코칭 관계의 바탕을 이루기 때문이다.

다. 코칭 관계와 코칭 공간의 파워

코칭의 파워(power) 삼각도 안에서 코치와 고객은 함께 창조하고 협력하는 관계이다. 코치와 고객은 관계에 의하여 코칭이 가능한 공간을 형성하게 되는데, 관계가 코칭하게 되고 공간이 코칭을 가능하게 한다. 이렇게 코칭 관계가 형성되고 공간이 만들어지면 이 공간 안에서의 모든 파워는 고객을 위해 존재한다. 다르게 표현하면 코칭의 결과는 강력한 파워를 가진 코치에 의해 만들어지는 것이 아니라 코치와 고객이 만든 코칭 공간이 있고, 이 공간이 고객을 위해 사용될 때 고객은 코칭의 가치를 느끼게 되고 코칭의 파워를 경험하게 된다고 말할 수 있다.

이제 코칭 공간의 파워에 대해 알아보기로 하자. 코칭 공간은 고객이 삶의 깅애물을 극복하기 위해 필요한 에너지를 재충전하는 공간으로 비유할 수 있다. 그 공간의 에너지 레벨이 낮으면 고객은 에너지를 충전할 수 없다. 그 에너지의 원천인 파워는 고객과 코치의 에너지가 융합될 때 나타난다. 고객이 가진 욕구와 동기로부터 나오는 에너지와 코치의 인간 변화에 대한 이해와 스킬, 헌신에서 나온 에너지가 합해져서 시너지를 낸다(Kimsey-House, Kimsey-House, & Sandahl, 2016).

코칭 관계를 작동하게 하는 요소 중 하나는 충분한 여유 공간이다. 이 공간은 고객이 숨 쉬고 씨름하고 꿈을 꾸고 제한 없이 도전하는 그런 장소이다. 그것은 눈을 크게 뜨고 꿈을 꾸게 하는 다른 세상이고 고객이 분노, 걱정거리, 원한, 불공평 같은 감정과 생각을 배출할 수 있는 공간이다. 또 실패가 학습 수단으로 인정되는 장소이고 반드시 그래야 한다는 절대 규정이 없는 장소이다.

코치에게도 이 공간은 여유로움을 준다. 이 공간에서 코치는 고객이 이루고자 하는 결과나 특정한 일련의 행동에 완전히 얽매이지 않고 떨어져 있을 수 있다. 코치가 고객 어젠다에 얽매이지 않고 고객이 원하는 결과를 향해 앞으로 나아가는 한 그들이 어느 길로 가야 하고 어떤 속도를 내야 하며 언제 방향을 바꿔야 할지에 대해서는 신경을 쓰지 않아도 된다. 코칭은 코치가 무엇을 도와주고 해결해 주는가에 관한 것이 아니라 고객이 스스로 무엇을 창조하느냐에 관한 것이기 때문이다. 그래서 높은 수준의 코칭에서 코치는 고객과 완전히 연결된 관찰자이다. 관찰자는 떨어져서 볼 수 있는 공간을 마련할 수 있고 그 공간을 통해 객관적으로 바라보면서 알아차릴 수 있으며 그 결과를 중립적으로 고객에게 비추어 줄 수 있는 것이다. 지금까지 언급한 코칭 관계에 대한 것은 코칭 프레즌스에서 다시 한번 다룰 것이다.

3. '신뢰와 친밀감 쌓기' 역량 정의 및 실행 지침

가. 정의

'신뢰와 친밀감 쌓기'란 지속적인 상호 존중과 신뢰를 유지할 수 있는 안전하고 지지적인 환경을 만들어 내는 능력을 말한다.

나. 실행 지침

신뢰와 친밀감을 형성하는 ICF의 실행 지침 및 역량 스킬에는 다음과 같은 것이 있다.

① 고객의 안녕과 미래에 대한 진정한 관심을 보여 준다.
② 지속적으로 개인적인 성실성, 정직성 및 진실성을 보여 준다.
③ 명확한 계약을 맺고 약속을 지킨다([그림 2-1] 코칭 동의서 참조).
④ 고객의 인식, 학습 스타일, 개인적 존재에 대한 존중을 표시한다.
⑤ 실패의 두려움과 위험을 감수하는 새로운 태도와 행동을 지속적으로 지원하고 격려한다.
⑥ 민감하거나 새로운 분야의 코칭은 고객의 승인을 요청한다.

1) 고객이 안녕과 미래에 대한 진정한 관심을 보여 준다

지금 눈앞에 있는 고객은 욕구와 희망을 품은 존재이고 때로는 실수도 하고 때로는 기쁨을 느끼기도 하는 사람이다. 고객을 소중한 존재로 보고 존중하며 진정성 있게 대하는 코치의 태도는 코칭 세션 전반의 흐름에 커다란 영향을 미친다. 코칭의 스페이스도 더 넓어지고 신뢰와 친밀감 또한 커진다.

고객에게 진정한 관심을 표시하고 친밀감을 높일 수 있는 기술적인 방법은 미소, 눈 맞추기, 끄덕여 주기, 열린 제스처, 고객의 말을 되돌려 주는 백트래킹(back tracking), 고객의 보조에 맞춰 주는 페이싱(pacing), 공통점 나누기, 관심 보이기 등이다.

> "당신이 진정 바라는 미래는 어떤 것인가요?"
>
> "지금은 어떠신가요?"
>
> "정말 걱정되거나 관심이 가는 것은 어떤 부분인가요?"

2) 지속적으로 개인적인 성실성, 정직성 및 진실성을 보여 준다

관계에서의 성실함이란 당신의 행동이 당신이 지킨다고 말하는 가치와 늘 일치하는 것을 말한다(Benett & Payne, 2005). 코치는 합의사항을 지키고 고객이 이루고자 하는 일을 지원하기 위한 성실성과 진실성을 가지고 있어야 한다.

사례

코치: 벌써 코칭을 시작한지 3개월이 지났네요. 오늘이 마지막 세션입니다. 그동안 가장 기억에 남는 변화는 무엇입니까?

고객: 처음 코칭을 시작할 때 제 대인관계가 개선됐으면 좋겠다고 말했지요. 그리고 매일 경험과 성찰에 관한 짧은 글을 써서 코치님께 보냈지요. 코치님은 제 글을 보고 지지와 격려를 보내 주셨어요. 때로는 제가 못 보는 측면을 볼 수 있게 해 주기도 했지요. 특히나 코치님의 글을 읽으면서 코치님이 제게 보내 주시는 진실성을 읽을 수 있었어요.

코치: 아, 그러셨군요. 저의 모습을 그렇게 보아 주셨다니 감사합니다. 저 또한 이사님에 대

해 인상적이었던 점이 많습니다. 말씀드려도 좋을까요?

고객: 그럼요. 듣고 싶습니다.

코치: 이사님은 처음에는 늘 얼굴 표정이 굳어 있었는데 지금은 한결 여유로워지고 많이 웃
기도 하십니다. 말씀하실 때는 진실하시고 말씀하신 것은 성실히 해내셨습니다. 눈에
띄게 팀원들 간의 관계도 부드러워진 것을 알 수 있었는데 이사님 덕분이라고 직원
이 귀띔해 주었습니다.

이 사례는 코칭 과정에서 코치와 고객은 서로를 신뢰하고 있었다는 것을
보여 준다. 고객의 말을 통해서 우리는 코치와 고객이 지난 3개월 동안 지속
적이고 진정성 있는 성찰의 내용과 지지를 주고받았음을 알 수 있다. 이렇게
쌓인 신뢰의 경험을 바탕으로 하여 고객의 마음이 편해지고 원하던 인간관계
의 개선에까지 이르게 되었다.

4. 수준별 역량

가. '신뢰와 친밀감 쌓기' 역량에서 요구되는 최소 기술

다음은 ICF의 자격 인증을 위한 최소 기술 요구 사항(minimum skills
requirements) 중 역량 3 '신뢰와 친밀감 쌓기'에 관한 평가 대상 핵심 기술(key
skills evaluated)이다.

① 코치는 고객과 얼마나 깊게 연결되어 있는가?
② 코치가 고객을 얼마나 믿는지를 보여 주는가? 그리고 고객이 사고하고
창조해 내는 과정을 얼마나 깊이 있게 믿는지를 보여 주는가?

③ 코치는 진정성을 가지고 고객을 온전히 편안하게 대하고자 하는가?

신뢰와 친밀감 쌓기의 각 수준별 요건을 간략하게 정리해 보면 다음과 같다.

03 ▶ 마스터코치(MCC)

- 코치는 오직 서로 연결된 대화의 순간에만 일어날 수 있는 새롭고 상호적인 깨달음의 상태가 있다는 것에 대한 완전한 신뢰를 갖고 있다.
- 코치는 알지 못함(not knowing)의 상태에 편안하게 있을 수 있다. 알지 못함은 인식을 확장하기 위한 최고의 상태 중 하나이기 때문이다.
- 코치는 기꺼이 고객에게 취약함을 보일 수 있고, 고객도 코치에게 취약함을 보이도록 한다.
- 코치는 자기 자신, 코칭 과정 그리고 고객에 대한 완전한 파트너로서 자신감을 가진다.
- 대화에서 완전한 편안하고 자연스러운 감각을 보인다. 코치가 '코칭'하기 위해 일부러 애쓰지 않는다.

02 ▶ 전문코치(PCC)

- 코치는 고객과의 신뢰와 유대감을 어느 정도 갖고 있다.
- 코치는 '좋은 코치'라는 이미지를 보여 주려 하기 때문에, 코치 자신이나 고객, 또는 코칭 관계에서의 완전한 신뢰와 친밀감을 방해하는 것이 무엇인지를 알지 못하거나 군이 그것을 알아내려는 시도를 하려 하지 않는다.

01 ▶ 인증코치(ACC)

- 코치가 고객의 의제에 주의를 기울이지만 코치 자신의 성과에 집착한다.
- 신뢰와 친밀감은 가장 강력한 역량으로 되지 못한다.

나. '신뢰와 친밀감 쌓기' 역량 향상하기

1) 인증코치(ACC) 수준

> ○ 코치가 고객의 의제에 주의를 기울이지만 그것은 코치 자신의 성과에 집착한다. 따라서 '신뢰와 친밀감'은 가장 강력한 역량으로 되지 못한다.

사례

코치: 오늘 어떤 이야기를 했으면 좋겠습니까?

고객: 네, 제 상사인 김 부장과 잘 지냈으면 좋겠습니다.

코치: 네, 상사와 잘 지내는 게 직장 생활에서 중요하죠. 상사와 잘 지내려면 어떤 점이 가장 중요한가요?

고객: 음, 말이 안 통해요. 제가 말을 해도 그는 알아듣지 못해요.

코치: 어떤 점을 개선하면 좋은 결과가 나올까요?

이 사례에서 코치는 상사와 잘 지내고 싶다는 고객의 말에 대해 곧바로 코칭 흐름에 따라 프로세스를 진행하려 하고 있다. 좀 더 능숙한 코치라면 고객은 지금 어떤 심정인지, 현재 상황을 어떻게 생각하고 있는지, 상사와의 관계 개선은 어떤 의미가 있는지, 고객은 상사와의 관계 개선을 통해 어떤 목표에 이르고 싶은지 등을 질문할 수 있을 것이다.

2) 전문코치(PCC) 수준

○ 코치는 고객에 대한 신뢰와 연결된 유대감을 어느 정도 갖고 있다.

○ 코치는 '좋은 코치'라는 이미지를 보여 주려 하기 때문에, 코치 자신이나 고객, 또는 코칭 관계에서의 완전한 신뢰와 친밀감을 방해하는 것이 무엇인지를 알지 못하거나 굳이 그것을 알아내려는 시도를 하려 하지 않는다.

코치와 고객이 신뢰관계로 완전히 연결되지 못한 이유는 무엇일까? 그것은 '좋은 코치'가 되어야 한다는 생각 때문이다. 좋은 코치가 된다는 것이 왜 문제가 되는 것일까?

첫째, '좋은 코치'가 되려는 생각을 하는 순간 함정에 빠질 수 있다. 내가 좋은 코치라는 생각에 빠지는 순간 코치의 에고가 작동되기 시작한다. 신뢰와 친밀감에서 가장 중요한 요소 중 하나가 자기개방인데 '좋은 코치'라는 이미지를 갖고 싶다고 생각한 순간 에고가 작동되어 안전지대 안에서 코칭을 하게 되고 실험적 도전을 하지 않게 된다.

둘째, 코칭이 잘못되었을 때 코치가 그 코칭에 대해 책임을 지는 것을 두려워하는 경우이다. 모든 코칭이 성공적일 수는 없다. 만약 코치가 코칭의 결과가 자기 탓으로 돌아오는 것을 두려워한다면 코치는 코칭의 성과에 집착하게 되며 코칭 관계로부터 자유로워지기 어렵다.

> **코치**: 오늘 비가 그치고 하늘이 맑아졌어요. 이렇게 맑은 하늘을 보면 어떤 느낌이 드세요?
>
> **고객**: 네, 제 마음도 이렇게 맑아졌으면 좋겠다는 생각이 들어요. 하하.
>
> **코치**: 하하. 우리 과장님 마음에 조금의 먹구름이 있나 봐요. 언제 걷히게 되나요?
>
> **고객**: 글쎄요. 제 상사인 김 부장과 잘 지내게 되면 그렇게 될 것 같네요. 으음, 보통 직장에서 상사와 갈등이 있는 것, 일상적인 것 아닌가요? (침묵, 멈칫거림-사실은 이 얘기를 하려고 한 것은 아닌데 맑음과 먹구름이란 말이 나오면서 툭 튀어나온 얘기)
>
> **코치**: 아직, 아직은 제게 솔직하게 얘기하고 싶은 단계는 아닌 모양이네요. 나중에 천천히 하시죠. 혹시 우리가 코치와 고객으로 연결되는 데 방해되는 요인이 있으면 알려 주시고요. (신뢰와 친밀감 정도가 낮아서 열어 놓지 못하는 듯한 느낌에 대해 알아내고자 하는 위험부담을 지는 데 관계치 않는다.)
>
> **고객**: 그런 것 없는데요. (음, _____. 멈칫거림)
>
> **코치**: 제가 어떤 점을 개선하면 우리 사이가 열린 관계로 발전할 수 있을까요?
>
> **고객**: 사실은 그 분이 한 사람만 건네면 코치님이 아는 사람이라_____.
>
> **코치**: 아, 그게 염려되는군요. 제가 철저하게 비밀을 지키는 것에 대한 다짐을 아직은 믿지 않으시군요. 나중에 여건이 조성되면 천천히 말씀하시죠.

이렇게 신뢰와 친밀감의 장애요인을 가로막는 요인이 있으면 고객이 마음을 터놓고 이야기하지 못하도록 하는 원인이 되기도 한다. 만약 고객이 비밀 보장을 우려하여 마음을 터놓지 못하는 상황이 계속된다면 코치는 다른 코치로부터 코칭을 받도록 제안할 수도 있다.

3) 마스터코치(MCC) 수준

> ○ 코치는 오직 서로 연결된 대화 순간에만 일어날 수 있는 새롭고 상호적인 깨달음의 상태가 있다는 것에 대한 완전한 신뢰를 갖고 있다.
>
> ○ 코치는 알지 못함(not knowing)의 상태에 편안하게 있을 수 있다. 알지 못함은 인식을 확장하기 위한 최고의 상태 중 하나이기 때문이다.
>
> ○ 코치는 기꺼이 고객에게 취약성을 보일 수 있고, 고객도 코치에게 취약성을 보이도록 한다.
>
> ○ 코치는 자기 자신, 코칭 과정 그리고 고객에 대한 완전한 파트너로서 자신감을 가진다.
>
> ○ 대화에서 완전한 편안하고 자연스러운 감각을 보인다. 코치가 '코칭'하기 위해 일부러 애쓰지 않는다.

가) 코치는 오직 서로 연결된 대화 순간에만 일어날 수 있는 새롭고 상호적인 깨달음의 상태가 있다는 것에 대한 완전한 신뢰를 갖고 있다

연결된 대화(joint conversation)란 코치가 진정한 파트너가 되어 대화를 나누는 상태를 말한다. 즉, 코치나 고객 중 어느 한쪽이 상위에 있거나 대화를 주도해 가는 것이 아니라 함께 탐구해 가는 과정으로 대화를 해 나가는 것을 말한다. 그리고 오로지 이렇게 연결된 대화를 통해서만 얻을 수 있는 상호적인 깨달음의 상태가 있다. 이것은 혼자서 얻는 깨달음과 다른 독특한 것이다. 고객은 자신의 이슈에 대해 말을 하다가 우연히 불쑥 튀어나온 단서를 통해 이전에

전혀 의식하지 못했던 깨달음을 얻을 수 있다. 코치는 그 깨달음을 확인하도록 하고 공감하면서 그것을 더 발전시킬 수 있도록 생각을 자극해 준다.

이렇게 연결된 대화를 통한 상호 깨달음의 상태는 고객과 코치가 각자 깨달음을 얻는 것이 아니라 상호적으로 깨달음을 얻는다는 점에서 앞서 설명한 '코칭 관계'의 삼각 구도 개념과 상통한다. 마스터코치는 이러한 상호 깨달음이 있다는 것에 대해 완전한 믿음을 가지고 있다.

나) 코치는 알지 못함(not knowing)의 상태에 편안하게 있을 수 있다. 알지 못함은 인식을 확장하기 위한 최고의 상태 중 하나이기 때문이다

"내가 알고 있는 유일한 것은 내가 아무 것도 모른다는 것이다." 이는 소크라테스의 말이다. 소크라테스의 유명한 '무지의 지(無知의 知)'는 소크라테스의 철학을 특징짓는 말이다. 무지(無知: 알지 못함)를 자각하는 것이 다름 아닌 진실한 지(知: 앎)에의 문을 열게 되며, 이러한 자각을 자기의 본질적 계기로 하였을 때에 비로소 사리에 어두워 갈피를 잡지 못하고 헤매는 상태를 밝혀 주어 진실한 지혜의 문을 열게 된다는 것이다(네이버 두산백과).

> **소크라테스**: 자네 기분이 어떠한가?
>
> **트라시마코스**: 우울합니다.
>
> **소크라테스**: 우울하다는 것은 무엇인가?
>
> **트라시마코스**: 침울하다는 것입니다.
>
> **소크라테스**: 침울하다는 것은 무엇인가?
>
> **트라시마코스**: 기분이 더럽단 것입니다.
>
> **소크라테스**: 기분이 더럽다? 그것은 무엇인가?
>
> **트라시마코스**: 모르겠습니다.
>
> **소크라테스**: 그래. 자넨 그래도 낫네. 자네가 모른다는 것을 알고 있지 않은가?

이런 식으로 소크라테스는 대화를 통해 그리고 문답을 통해 스스로 자신이 무엇을 알고 모르는지를 알려 주었다.

모든 깨달음은 자신이 알지 못한다는 인식으로부터 출발한다. 마스터코치는 상호적인 깨달음을 상태에 도달하기 위하여 자신이 알지 못함을 당연한 것으로 여기고 자신을 비운다. 이것은 에고리스(ego-less), 즉 '에고에서 자유로운' 상태이며 새로운 알아차림을 위한 스페이스를 만든다.

'알지 못한다'는 상태는 무엇인가? 그것은 거꾸로 말하면 새로 알아야 할 것이 있다는 것으로 알기 위해 탐구, 탐험하여 알아 간다는 것을 뜻한다. 고객이 자신의 이슈를 해결하기 위해 코치를 찾을 때, 코치는 먼저 그가 누구이며 이슈를 어떻게 해결하기를 바라는지 그 이슈의 의미와 왜 그것이 중요한 것인지 알기 위해 궁금증과 호기심을 가지고 고객과 함께 탐구·탐험한다. 그것은 고객 자신도 잘 알지 못하는 부분일 수도 있기 때문에 코치는 더욱 알 수 없는 것이다.

이렇게 코치도 고객도 모르는 영역을 함께 탐구해 나가기 위해 중요한 것은 함께 생각하는 파트너가 되는 것이다. 이를 위해 '지금, 여기'에 충실해야 한다. 코치와 고객은 함께 만들어 내는 공간 속에서의 분위기를 중요하게 느끼고, 그 순간에 몰입한다. 사소한 움직임이나 감정 표현, 직감을 모두 동원하여 순간에 집중한다. 코치는 고객에게 영감을 불러일으키고 생각을 자극한다. 그러면 고객은 코치와 함께 그 이슈에 몰입하고 새로운 관점으로 전에 못 보던 것을 발견할 수 있게 된다. 이때 코치는 기꺼이 '알지 못함'의 상태에 편안할 수 있어야 한다. 그래야만 고객도 편안하게 자기 내부를 탐색할 수 있게 된다.

다) 대화에서 완전한 편안하고 자연스러운 감각을 보인다. 코치가 '코칭'하기 위해 일부러 애쓰지 않는다

고객과 코치가 수평적인 관계에서 터놓고 대화할 때 때로는 부끄러운 일

이나 잘못한 일을 드러낼 수도 있다. 고객은 코치에게 어떤 이야기라도 할 수 있고, 자신의 모든 것을 다 알고 이해하는 존재인 것이다. 완전한 파트너십은 이와 같이 상대에 대한 깊은 신뢰 상태에서 이루어지는 편안하고 자연스러운 대화를 하게 한다. 그리고 코치는 굳이 '코칭'을 하려 애쓰거나 가르치려 들지 않는다.

다음은 코칭 관계 과정에서 코치가 고객을 대하는 태도를 통해 고객이 영감을 얻고 그것을 적용하여 좋은 결과를 얻고 있는 사례이다. 코칭 관계에서 코치가 보여 주는 태도나 대화는 그 자체로도 가치가 있음을 알 수 있다.

사례

코치: 코칭 이후 칭찬문화와 더불어 실적에도 좋은 결과가 있었다고 하셨는데 어떤 이야기
인가요?

고객: 저는 '전략적 칭찬문화 만들기'를 위해서 어떻게 해야 할까 고민하다가 코치님이 대
화에서 저를 대해 준 것에서 아이디어를 얻고 그것을 모델링하기로 했습니다.

코치: (호호) 그렇게까지……. 그게 뭔데요?

고객: 코치님은 저를 대할 때 한 번도 잘 안 되는 이유를 묻지 않았습니다. "어떻게 하셨는
데요? 어떻게 하실 건데요? 어떻게 하면 조금이라도 좋아질까요?"라고 가능성을 위
주로 대화를 해 나가셨어요.

코치: 그랬어요? 그런 점을 유념하셨다가 실제 적용하셨군요. 순간순간 일어나는 것에 대한
알아차림이 크신 것 같고요. 좀 구체적으로 얘기해 보시면 어떻게 적용하셨는데요?

고객: 사실 저는 부하직원의 장점이나 잘한 것보다는 단점이나 잘못한 점이 정말 잘 보여
요. 제 고질병이죠. 그런데 코치님은 저의 그런 부분에 대해서는 한 번도 언급을 안
했어요. 처음에는 잘 몰랐는데 한두 번 사용해 보았더니 효과가 있더라고요. 그런 모
습을 보니 저도 기분이 좋아지고 묘하게 친근한 느낌도 생겨나더라고요. 평소 불편
한 관계에 있었던 부하직원과의 관계 개선의 기미도 실마리가 보이기 시작했어요.

코치: 오, 축하드려요. 어떻게 지점 운영에 접목을 하셨는지 궁금합니다.

고객: 네, 과거에는 아침 조회를 지점장인 제가 주관했죠. 경험에 비추어 제가 다 아는 척했고, 하나하나 지시를 했어요. 언젠가 코치님께 제가 어떤 질문을 했을 때 "그 부분은 잘 모르겠어요."라고 자연스럽게 말하시더군요. 그때 "모르는 것을 모른다."라고 솔직하게 하지 못하고 너무 아는 체를 많이 하고 있었구나 하는 반성을 했어요. 그래서 요즈음은 중요한 메시지만 간단하게 전달하고, '우리 지점의 영웅'이라는 코너를 만들어서 좋은 실적을 낸 팀원에게 성공 스토리를 이야기하게 하고 스스로 칭찬 인정 시간을 갖도록 했어요. 횟수를 거듭하면서 자신들의 영업 노하우를 발표해 주었고, 상대적으로 부진한 팀원들도 분발하는 모습도 보이고, 그야말로 아침 잔치마당 같습니다.

코치: 축하합니다! (목소리톤 높여서) 멋지게 해내셨군요! 깨달은 것을 조직에 제대로 활용하고 계십니다. 대단하세요. 참 지혜롭게 팀원들을 모두 움직여서 시스템적으로 전략적인 칭찬문화를 만드셨네요. 축하드립니다.

5. 핵심 요약

o 신뢰와 친밀감 형성이란 지속적인 상호 존중과 신뢰를 유지할 수 있는 안전하고 지지적인 환경을 만들어 내는 능력을 말한다.

o 코치는 인간 이해에 대한 철학을 바탕으로 고객을 이해하고 연결되기 위해서는 먼저 인간이 어떤 존재인가를 이해할 필요가 있다. 그러한 바탕이 코칭 역량과 연결되고 코칭에 적용될 때 고객에 대한 깊은 신뢰감과 연결될 수 있다.

o 코치와 고객은 관계에 의하여 코칭이 가능한 공간(enabling space)을 형성하게 된다. 다시 말하면 관계가 코칭을 하게 되고 공간이 코칭을 가능하게 하는 코칭 관계가 형성되는 것이다.

o 코치가 고객을 '무조건적 긍정적인 시각으로 바라보는 것'은 고객이 어떤 상태에 놓여 있든 그가 느끼는 감정(혼란, 분노, 두려움, 노여움, 용기, 사랑, 자존심 등)을 있는 그대로 표현하도록 허용하며 무조건적이고, 긍정적이고, 수용적인 태도로 대하라는 것이다.

o 코치가 '좋은 코치'가 되려는 생각을 하는 순간 빠질 수 있는 함정은, 첫째, 고객의 이슈를 확실하게 해결할 수 있도록 해 주어야 한다는 생각 때문에 안전지대 안에서 답을 찾는다는 점이고, 둘째, 코칭이 잘못되었을 때 그 책임을 코치가 지려 한다는 점이다.

o 수준 높은 코치는 오직 고객과 연결된 대화의 순간에만 일어날 수 있는 깨달음에 대한 확고한 믿음이 있기 때문에 '알지 못함'의 상태에서 편안하게 있을 수 있다.

6. 자기 개발을 위한 성찰 및 연습(S-A-C)

○ 잠시 멈추고 바라보기(Stop)

한 걸음 떨어져서 코칭하고 있는 자신을 객관적으로 바라본다.

○ 알아차리기(Aware)

- 나는 어느 부분에서 고객에게 신뢰감과 친밀감을 주지 못하는가?
- 나는 코칭 과정 중에 애써 구축한 코칭 관계가 어떻게 작용하고 있는지 정기적으로 점검하는가?
- 나는 고객을 인간 존재 자체로 존중하는가?
- 나는 코치로서 뭔가 하려는 의도를 내려놓고, 그냥 파트너가 되어 줌으로써 고객에게 안전감을 주는가?
- 나는 내가 코칭하려고 애쓰고 있는지 수시로 확인하고 '모르고 있다'는 것에 편안하게 느끼고 있는지를 확인하는가?

○ 도전(Challenge)

- 코칭 관계에서 안전한 환경 조성에 저해되는 요인을 발견하고 과감히 제거하라.
- 코칭이 가능한 공간(enabling space)을 형성하는 데 저해되는 요소에 대해 고객의 솔직한 의견을 들어 보라.

코칭 프레즌스

Coaching Presence

1. '코칭 프레즌스' 역량을 이해하기 위한 사전 질문

가. 코칭 프레즌스란 무엇인가?

나. 코칭 관계에서 코칭 프레즌스는 어떤 역할을 하는가?

다. 코칭 프레즌스에서 'Dancing in the moment'가 중요한 이유는 무엇인가?

라. 직관/직감이란 무엇이고 코칭에서 어떻게 활용할 수 있는가?

마. 어떻게 하면 고객과 온전히 연결될 수 있는가?

2. 코칭을 현존하게 하는 '코칭 프레즌스'

ICF에서는 코칭 프레즌스를 '충분히 의식(또는 지각)하며 개방적이고 유연하며 자신감 있게 고객과의 자연스러운 관계를 만드는 능력'으로 정의한다. ICF에서 말하는 코칭 프레즌스의 뜻을 이해하기 위해 먼저 '프레즌스'의 의미를 생각해 볼 필요가 있다.

사전적으로 '프레즌스(presence)'는 사람이 (특정한 곳에) 있음, 존재(함), 참석해 있음이라는 뜻으로 사람이나 물체가 '지금 여기에 존재한다'는 것을 의미한다(naver 사전 및 HRD 사전). 학문적으로 프레즌스의 개념에 대한 논의는 처음에 미디어와 가상 현실에서 시작되었다. 프레즌스는 미디어나 온라인 및 가상현실 관련 부분에서 실제적으로는 멀리 있지만 미디어를 통해 타인과 함께 존재한다고 느끼는 사회적 현존감의 의미로 사용되어 왔고

(Gunawardena & Zittle, 1997), 심리학 부분에서는 자신의 진정한 생각이나 느낌, 가치 그리고 잠재력을 최고로 이끌어 낼 수 있도록 조정된 심리 상태(Cuddy, 2015)를 표현하는 것으로 사용되어 왔다. 자신이 가진 내적 신념과 일치한 상태로 존재함으로써 내면의 심리적 정렬을 이룬 사람이 있다면 그는 있음 자체로 지금-여기에서 존재감을 뿜어낸다는 의미에서 심리학에서는 존재감에 초점을 맞추어 왔다.

프레즌스가 어떤 의미로 사용되든지 간에 프레즌스는 이 순간에 존재가 실체로 드러난다는 의미에서 현존감 혹은 현재성이 인식되는 용어로 '현재'라는 시간과 '여기'라는 공간에 '사람 혹은 그 무엇이 있다.'는 것을 보거나 느낀다는 지각된 인식을 담고 있다. 프레즌스는 특히 나의 존재에 대한 인식은 물론 타인의 존재에 대한 인식을 지각하는 것으로 프레즌스가 형성되기 위해 반드시 필요한 것은 상호작용(interaction)이다. 나의 존재와 타인의 존재와의 상호작용을 통해서 함께 존재한다고 느끼는 심리적 존재감이 형성되기 때문이다.

'코칭 프레즌스(coaching presence)'에서 프레즌스는 어떤 의미를 가지고 있는지 생각해 보자. 앞에서 본 것처럼 ICF는 코칭 프레즌스를 코칭 관계를 만드는 역량이라는 범주에 두었고, '코치가 온전히 깨어 있는 상태에서 개방적이고 유연하며 자신감 있는 태도로 고객과 자발적인 관계를 만들어 내는 능력'이라고 정의하고 있다. 이러한 정의는 코칭 관계에서 코치의 존재방식과 상호작용 방식이 어떠해야 하는지를 포함하고 있다. 코치의 존재방식도 중요하지만 코칭 프레즌스에서 더 강조되어야 할 것은 코치가 고객의 의제와 고객이라는 존재에 완전히 초점을 맞춤으로써 '지금' '여기'에 '코칭이 존재하고 있다는 것'을 드러내는 코치의 상호작용 방식이다. 그런 의미에서 코칭 프레즌스는 코치가 어떤 방식으로 얼마나 깊이 있게 고객과 상호작용하여야 하는지를 포함하는 개념이라 할 수 있다.

이제까지 코칭 현장에서 많은 코치들은 '코칭 프레즌스'를 코치의 태도로 설명해 온 경향이 있다. 하지만 코칭 프레즌스는 실질적으로 코칭의 현존, 혹은 코칭의 존재감이 포함되어야 한다는 점에서 코치의 태도만을 의미하지 않는다. 코치의 태도 이외에 어떻게 코칭이 존재해야 하는지를 포함하는 개념이기 때문에 코칭 프레즌스는 코칭의 현존을 드러내는 코치의 역량을 의미한다. 코칭을 현존하게 하는 코치의 존재 방식은 매 순간 개방적이고 유연하며 자신감 있는 태도로 고객과 상호작용하는 모습으로 나타난다. 완전히 고객과 연결된 관찰자로 존재하는 존재방식을 통해 견고한 코칭 관계를 만들어내고 그러한 코칭 관계가 코칭을 현존하게 한다.

코칭 프레즌스 역량을 잘 발휘하는 구체적인 방법은 '지금-여기에' 공속적인 공간에서 함께 존재하며 메타 인지로 바라보면서 코칭 관계를 만드는 것이다.

가. '지금-여기에' 존재하기

코치가 고객과 함께 '지금-여기'에 존재하기 위해 어떤 방식으로 고객과 상호작용해야 하는지 살펴보자. '지금-여기'에 존재하는 코치는 다음과 같이 행동한다.

첫째, 코치는 고객이 자신의 내면에 진정한 생각, 느낌, 가치, 잠재성을 가진 존재라는 굳건한 믿음을 가지고 있어야 한다. 고객에 대한 그러한 시각을 바탕으로 고객을 위해 그리고 고객과 함께하기 위해 매 순간 인식하는 상태로 자신을 개방하고 깊이 경청하는 태도를 보여야 한다.

둘째, 코치는 고객과 함께 일하는 많은 방식을 알고 그 순간에 가장 효과적인 방식을 선택할 수 있도록 존재하여야 한다. 코치는 고객의 개인적 목표나 직업적 목표, 혹은 원하는 성과 달성을 용이하게 하는 존재로 고객과 '서로 함께 있는' 방식으로 존재하여야 한다. 그럼으로써 고객이 자신의 무한한 가치를 탐색하는 것을 돕고 고객 스스로 더 크고 포괄적인 삶을 살아가는 기회를 얻어 낼 수 있도록 지원한다.

셋째, 코치는 무언가 시도해 보고 싶은 욕구라든가 코칭에서 얻고자 하는 성과를 고려하는 것을 내려놓고 에고를 버린 상태에서 고객에게 온전히 집중함으로써 고객과 연결되는 방식으로 존재한다.

코치가 이와 같은 방식으로 존재할 때 코치는 매 순간 춤추듯이 고객과 연결되고 자연스럽고 물 흐르듯 코칭 대화를 할 수 있다. 코칭 대화는 준비된 각본이 아니다. 고객이 관심사를 정하였다고 해서 그 결과가 정해진 것은 아니다. 코칭 대화는 고객의 가치관과 정체성에 따라 고유한 방식으로 지속적으로 변화하고 발전되어야 한다. 이렇게 할 때 자신과 고객을 제외한 다른 모든 것이 사라지는 느낌이 든다(Hall, 2017). 이것이 바로 프레즌스의 순간이다. 코치의 '지금-여기에' 존재하는 방식이 코칭을 현존하게 한다.

나. 공속적인 공간에서의 코칭 관계

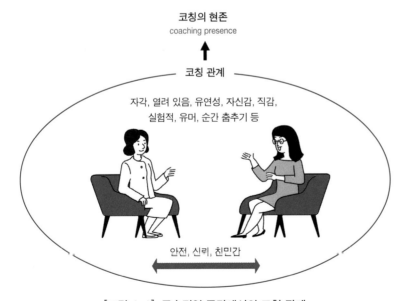

[그림 4-1] 공속적인 공간에서의 코칭 관계

코칭 프레즌스는 앞에서 언급한 바와 같이 코칭 역량 중 관계를 만들어 내는 범주에 속해 있다. 코칭의 현존을 위해 가장 우선적으로 요구되는 기술은 신뢰와 친밀감을 만들어 냄으로써 고객과 코칭 관계를 형성하는 것이다([그림 3-4] 참조). 코치와 고객 사이에 형성된 코칭 관계는 공간을 활성화함으로써 효과적인 코칭을 가능하게 한다. 신뢰와 친밀감이 잘 형성된 경우에 코치는 코칭을 하기 위해 따로 애쓸 필요가 없다. 고객이 코칭 세션 동안 충분히 신뢰하고 온전한 친밀감을 느껴 상호 관계 안에서 안전하다고 느끼면 그 둘 사이에는 이미 하나의 공간이 마련된 것이고, 이 공간 안에서 고객은 자유롭게 자신을 탐색하고 성찰하며 사고나 인식의 경계를 확장할 수 있기 때문이다. 이 공간에서 코치는 깨어 있어 자신이 의식하고 있는지 아닌지, 고객과 현재 어떻게 연결되고 있는지 알아차림으로써 코칭 프레즌스를 만들어 낸다. 결국 코칭 프레즌스는 신뢰와 친밀감을 기반으로 한 코칭 관계 속에서 코치의 역량이 잘 발휘될 때 비로소 그 실체가 드러난다.

코칭 관계란 코치와 고객이 서로를 요청하는 관계이다. 하이데거식으로 표현하면 '서로가 서로에게 속하는'(Heidegger, 1969) 공속적 관계(belonging together)라 하겠다. 공속적 관계란 '서로 구분되는 것들이 서로를 필요로 하면서 상생상성(相生相成)하는 가운데 각기 고유한 상태로 정립되는'(엄태동, 2016) 관계이다.

코칭 관계가 공속적 관계이기 때문에 코칭을 함에 있어 코치는 고객이 목표하거나 목적하는 것을 성공적으로 이룰 수 있도록 존재하고, 또 고객이 원하는 성장을 지원하는 상태로 존재함으로써 코치의 역할을 담당한다. 그리고 고객은 코치의 질문에 답을 하는 과정을 통해 새로운 발견을 하는 상태로 존재한다. 이렇게 서로가 서로를 필요로 하는 공속적 관계 속에서 코치는 고객이 나타내 보이는 변화를 민감하게 알아차리고 반응하면서 자신이 알게 된 것을 고객과 공유한다. 고객은 코치가 공유해 준 것과 코치의 질문을 통해 발견과 통찰을 얻게 되며, 코치는 고객의 모습을 인정하고 지지한다. 코치가 유연하고, 자신을 존중해 주며, 진정성 있게 자신을 지원하는 모습을 보게 되면 고객은 코칭에 더 집중하게 된다. 이렇듯 코치와 고객은 서로에게 집중하는 상호작용을 통해 코칭 관계를 탄탄히 다지게 된다.

이러한 공속성이 눈에 보이지 않는 공명(진동)을 일으킨다. 공명은 진동계가 그 고유진동수와 같은 진동수를 가진 외력(外力)을 주기적으로 받아 진폭이 뚜렷하게 증가하는 현상이다. 순우리말로 순화한 물리학 용어에서는 겨울림이라고도 한다. 소리굽쇠 근처에 일정 주파수의 소리를 주면 소리굽쇠를 건드리지 않아도 소리굽쇠가 떠는 것이 이 원리이다(https://namu.wiki/w/공명).

코칭 관계에서 나타나는 공명은 코치가 고객의 관심사나 고객이라는 존재에 관심을 기울이고 집중할 때 일어난다. 고객이 하는 말과 행동에서 미묘한 변화가 나타난 순간, 고객이 원하는 것에 대해 혹은 자신과 관련이 있는 중요한 정보를 알려 준 순간에 코치가 반응할 때 공명이 일어난다. 고객이 코치에게 알려 주고 있는 것이 무엇인지 경청하기 위해서는 고객이 보여 주는 그 순간에 '무슨 일이 일어나고 있는지' 깊은 호기심을 가지고 있어야 한다. 바로 그 때 코치는 질문을 하고, 질문 이후엔 고객이 말할 수 있는 공간을 만들어 주기 위해 침묵하며 편안하게 기다린다. 코치가 침묵할 때 고객은 안심하고 편안하게 말을 하게 되고, 스스로 자신의 내면의 소리를 경청하게 된다. 코치의 침묵은 고객으로 하여금 성찰할 수 있는 시간과 공간을 마련해 준다.

코치가 이런 방식으로 존재하면 고객은 코치를 신뢰하게 되어 안심하고 말하면서 창의적으로 탐구하게 된다. 자신의 잠재력을 믿고 발휘하며 자신을 제한하는 것에서 벗어나 새로운 시도를 할 수 있게 된다. 전문가로서 코치는 감정, 생각, 신체언어와 행동 표정, 행동 등 사아의 다양한 요소가 코칭 철학과 내적으로 정렬된 상태로 '지금-여기'에 존재함으로써 진정 코치다운 태도를 뿜어낼 수 있다. 코치의 존재 방식이 코칭 관계를 형성하고, 코칭 관계는 가능한 공간에 매 순간 함께 있음으로써 코칭을 현존하게 한다.

다. 메타 인지로 바라보기

코치의 메타 인지(meta-cognition)는 코칭을 현존하게 하는 또 하나의 중요
한 역량이다. 메타 인지란 주체에서 떨어져 나와 자신을 바라보는 것으로 자
신을 마치 다른 객체인 것처럼 바라보고 살피는 것을 의미한다. 자신의 생각
속에서 빠져나와 자신이 어떤 생각을 하고 있는지 제3의 관점에서 살펴봄으
로써 자신의 생각과 감정을 객관적으로 바라보고 인식의 폭을 넓힐 수 있다.
코치가 메타 인지를 발휘하는 이유는 고객과 완전히 연결되어 관찰자로 존재
하기 위해서이다. 코치는 코칭 중에 고객의 말과 행동에 집중할 뿐 아니라 고
객에게 집중하고 있는 자기 자신도 인식한다. 동시에 현재 코칭이 고객이 원
하는 것에 초점이 맞춰지고 나아가고 있는지에 대해서도 깨어 있어 물 흐르
듯 유연하게 코칭하게 된다.

탁월한 코치는 고객이 누구인지, 고객이 어떻게 학습하는지, 고객이 코치

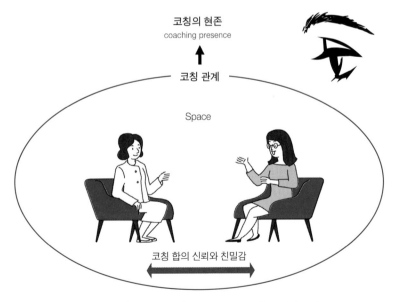

[그림 4-2] 메타 인지(meta-cognition)로 바라보기

에게 알려 주는 정보는 무엇인지, 코치가 알아야 할 고객에 관한 정보는 어떤 것인지를 알기 위해 온전히 집중함으로써 고객과 완전히 연결된 관찰자(completely connected observer)로 존재한다.

이와 동시에 코치는 객관적으로 존재하는 관찰자이다. 관찰자는 코칭 관계에서 고객이 드러내 보이거나 말하는 것에 대해 옳고 그름을 판단하거나, 짐작하거나, 예단하거나 가르치려 들지 않는다. 그저 고객이 변화(감정, 사고, 관점 및 행동 등)를 보일 때 이를 알아차리고 비추어 줌으로써 고객을 위한 거울이 된다. 이때 고객은 미처 보지 못했던 자신의 내면을 보게 되고 자신의 관심사와 자기 자신에 관하여 더 깊고 넓게 인지하게 된다. 코치가 이러한 기회를 자주 제공할 때 고객은 코칭관계에 더 적극적으로 참여하게 된다. 이런 의미에서 코치의 메타 인지는 코칭 프레즌스를 발휘하는 데 필수요소가 된다. 코칭 중에 다음의 질문을 떠올리고 답해 본다면 완전히 연결된 관찰자로서의 코칭 프레즌스를 발휘하는 데 도움이 될 것이다.

'고객은 어떤 사람인가?'

'고객이 말하지 않은 진실은 무엇인가?'

'지금 고객에게 어떤 변화가 일어나고 있는가?'

3. '코칭 프레즌스' 역량 정의 및 실행 지침

가. 정의

'코칭 프레즌스'란 코치가 충분히 깨어 있고, 개방적이고, 유연하며 자신감 있는 태도로 고객과 자발적인 관계를 만들어 내는 능력을 말한다.

나. 실행 지침

> ① 현재에 깨어 있고 코칭 과정에서 유연한 태도로 매 순간마다 춤춘다.
>
> ② 자신의 직관을 활용하고 내면의 앎을 신뢰한다. – '직감을 따른다.'
>
> ③ '알지 못함'에 대해 열려 있고 위험을 감수한다.
>
> ④ 고객과 함께 작업하는 여러 가지 방법을 찾고 지금 가장 효과적인 것을 선택한다.
>
> ⑤ 경쾌함과 에너지를 만들기 위해 유머를 효과적으로 사용한다.
>
> ⑥ 코치는 새로운 가능성을 위해 자신 있게 시각을 전환하고 실험한다.
>
> ⑦ 강렬한 감정을 나타내는 고객을 대할 때는 자신 있는 태도를 보임으로써 고객의 감정에 압도되거나 그 감정에 빠지지 않고 스스로 조절할 수 있다.

1) 현재에 깨어 있고 코칭 과정에서 유연한 태도로 매 순간마다 춤춘다

코칭 대화는 고객마다 고유성을 지니고 있기 때문에 대화의 주제나 맥락이 매 순간 상이하다. 동일한 직업과 역할을 하고 있을지라도, 또한 코칭 주제가 유사할지라도 결코 동일하지는 않다. 어느 한 가지 스타일에는 맞을 수 있지만 다른 스타일에는 맞지 않을 수 있다. 따라서 코치는 코칭의 매 순간마다 항상 새로워야 한다. 한 번도 만나 보지 못한 사람이나 한 번도 다루어 보지 않았던 주제와 상황을 가진 고객과 함께하려면 코치는  현재에 깨어 있어야 하며 유연한 태도로 매 순간 춤추듯이 존재해야 한다. 그렇게 존재할 때 물 흐르듯 막힘없이 흘러가는 대화를 할 수 있다.

그러려면 코치는 매 순간 고객의 언어적 · 비언어적 변화에 민감하며 유연하게 대응하여야 한다. 또한 코치는 고객의 에너지 수준과 흐름, 신념, 생각, 정서 등에서 나타나는 변화나 흐르는 방향을 관찰할 수 있어야 한다. 코치 자

신의 생각과 신념, 그리고 어젠다를 내려놓고 고객과 완전히 연결된 상태가
되기 위해 노력하여야 한다.

2) 자신의 직관을 활용하고 내면의 앎을 신뢰한다–'직감을 따른다'

일반적으로 '직관(intuition)'이란 판단, 추리 등의 간접 수단에 따르지 않고
사물의 본질이나 알고자 하는 대상을 직접 파악하는 일 또는 그 작용으로 정
의된다. 직관에 따른다는 것(accesses own intuition)
은 바로 지금 발생하고 있는 것에 반응하기 위해서
자신의 본능에 따라 행동하는 것이다. 인간의 두뇌
는 어떤 종류의 결정을 내릴 때 논리와 감정의 조합
을 사용하지만 감각이나 경험, 연상이나 추리 등의
사유 작용을 거치지 않고 대상을 직접적으로 파악
하는 능력, 곧 직관적 지능도 소유하고 있다. 직감

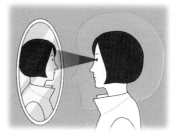

(gut feeling)은 설명이나 증명을 거치지 않고 사물을 접촉할 때 즉각적으로 느
껴지는 감각이라 할 수 있다. 직관과 직감이 특별히 구별된 의미를 가지고 있
는 것은 아니며 실제로 두 단어는 모두 본능에 따른다는 점에서 같은 의미로
사용되고 있다.

코칭에서 직관은 언제나 귀를 기울일 가치가 있다. 직관은 개발이 가능하
다. 직관은 예감, 시각적 이미지, 감정이나 에너지의 갑작스러운 전환, 코칭
질문 등 예상치 못한 다양한 방식으로 나타날 수 있다. 코치는 직관이 이끄는
대로 말하고 설명하지 않아도 된다. 직관은 '정답'에 관한 것이 아니기에 코치
의 예감이 꼭 옳을 필요는 없다. 코칭에서 고객의 감정, 에너지, 관점 등 내적
긴장이나 변화에 주파수를 예민하게 맞추고 직관한 것을 솔직하고 대담하게
말하는 것이 중요하다. 이때 코치와 고객에게 나타난 것이 무엇이든 간에 그
것과 함께 춤을 춘다. 고객과 함께 춤을 춘다는 것은 내면의 앎(inner knowing)
을 신뢰하는 것이고 자신의 직감을 신뢰하는 것이다. 직감을 신뢰하는 코치

는 알지 못함(not knowing)에 대해 개방될 수 있고 위험을 감수하며 직감을 통해 질문의 구조를 만들어 낼 수 있다. 예를 들어, 고객이 표면적으로는 말하고 있지만 실제로는 말하지 않았거나 다르게 표현하고 있는 것을 감지할 경우 코치는 다음과 같이 말할 수 있다.

> "내 직관에 의하면 당신이 말하는 것과 원하는 것은 다른 것 같습니다. 그것은 무엇인가요?"

이러한 질문 외에 때로는 은유나 이미지의 형태로 직관을 표현할 수도 있다.

> "문이 열려 있는 것 같습니다. 당신을 위해 저 문 반대편에 무엇이 있을까요?"

직관에 열려 있는 코치는 자신과 고객 혹은 둘 모두에게 불편한 질문을 두려워하지 않는다. 코칭 대화에 중요한 정보이지만 고객이 무언가 감추고 싶어 한다고 느꼈을 때 "당신이 말하려 하지 않는 것은 무엇입니까?" "당신이 피하는 것은 무엇입니까?"라고 물을 수 있다.

또 고객이 적극적으로 대화에 참여하면서 많은 말을 쉬지 않고 말하는 경우, "당신은 혹시 우리의 대화에 불편한 점이 있습니까?"라고 물을 수 있고, "당신이 정말 말하고 싶은 것은 무엇인가요?"라고 질문할 수도 있다.

또 코치로부터 인정받을 때 크게 흥분하고 기뻐하는 고객의 경우 그는 코치의 제안을 모두 수용하며 하겠다고 많은 약속을 한다. 이때 코치는 "당신이 정말 원하는 걸 하시는 겁니까? 누군가로부터 인정받기 위해서 노력하시는 겁니까?"라고 물어볼 수도 있다.

이렇게 불편하지만 직관적 질문을 받은 고객은 자신이 진정 원하는 것을 발견하고 성장을 위한 사고와 행동의 전환을 일으킬 수 있다. 코치 중에 자신의 직관을 신뢰하지 못하는 경우를 종종 목격한다. 공통적으로 그들은 '이게 맞을까?' '틀리면 나를 불신하게 되지는 않을까?' '어떻게 적절히 표현해야 하는지 몰라서' 직관을 발휘할 순간도, 기회도 놓친다고 한다. 그 생각을 비우지 못해 경청이 잘 안 되고, 코칭 대화는 평이하게 흐른다는 것이다. 왜 그런가? 분명한 것만 말하거나, 자신의 직관을 믿지 않거나, 너무 신중하여 그 순간을 놓치기 때문이다. 직관은 타이밍이 대단히 중요하다.

한편, 때로는 코치의 직관이 고객에게 아무 의미가 없을 수도 있다. 고객이 고객의 직관적 언어를 들은 뒤 "그건 아닌 것 같은데요…….'라고 답할지라도 당황하지 않고, "아 그렇군요.'라고 가벼이 반응하면서 코칭 대화를 이어 가고 흐르도록 하면 된다. 그럴 수 있다. 직관을 발휘하는 이유는 고객의 성장을 기대하며 고객 안에 있는 씨를 뿌리는 것이다. 따라서 코치의 개인적인 성향이나 스타일로 자신의 직관을 통제하지 않아야 한다. 고객을 신뢰하듯 코치 자신의 직관을 믿고 발휘하도록 한다. 직관은 연습을 통해 연마할 수 있다.

3) '알지 못함'에 대해 열려 있고 위험을 감수한다

코칭에서 코치의 호기심은 중요하다. 호기심은 '알지 못함' 상태, 즉 고객의 말을 짐작하거나 전제하지 않고 가정하지 않은 상태로 듣고 이해하는 것이다. 호기심을 가지고 알지 못한 상태가 유지됨으로써 알지 못한 것이 무엇인지를 알게 되는 새로운 발견과 깨달음이 일어난다. 고객이 가지고 온 문제를 가장 잘 알고 있는 사람은 고객 자신이기 때문에 코치가 알지 못한다는 것에 대해 두려워할 필요가 없다.

코치가 고객에 대해 알지 못한다는 것을 알고 있다는 것은 고객에 대해 새롭게 알아야 할 것이 있다는 것을 뜻한다. 먼저, 그가 누구이며 이슈를 어떻게 해결하기를 바라는지를 알아야 한다. 또 그 이슈의 의미와 왜 그것이 중요한 것인지도 알아야 한다. 코치는 고객이 가지고 있지만 스스로 인식하지 못하는 답을 찾기 위해 함께 탐구해 나갈 뿐이다. 노련한 코치들은 아는 척하고 전제하고 조언하기보다 마치 '처음 듣는 것처럼' 고객의 관점을 있는 그대로 이해하려고 한다. '알지 못함'의 상태에서 호기심을 가지고 탐구한다. 그래서 다음과 같이 깊은 호기심으로 질문한 후 충분히 기다리고 침묵한다.

> "당신은 어떤 사람입니까?" (침묵)
>
> "당신이 정말 원하는 것은 무엇입니까?" (침묵)
>
> "당신의 성공에는 무엇이 들어 있습니까?" (침묵)

4) 고객과 함께 작업하는 여러 가지 방법을 찾고 지금 가장 효과적인 것을 선택한다

코칭 관계에 합의한 이후 코칭 세션에서도 코치는 고객을 위한 가장 효과적인 방법을 고객과 함께 선택하여야 한다. 이 과정에서 코치는 고객이 목표하거나 목적하는 것을 성취할 수 있는 방법을 다각도로 고려할 수 있게 한다. 지금 당장 필요한 것과 필요하지 않은 것, 우선적으로 선택해야 할 것과 과감히 버릴 것, 한 번도 시도해 보지 않은 것과 시도해 보았지만 새롭게 더 시도해 볼 것에 대해 충분히 생각하게 하고, 가장 효과적으로 생각되는 것을 선택할 수 있도록 지원한다. 그러나 이 과정에서도 코치는 여전히 코칭 과정보다 고객과 함께 존재하는 것에 집중해야 할 것이다. 다음은 고객과 함께하는 방법을 찾는 질문들이다.

> "당신이 코칭에 더 집중하려면 코치로서 어떤 점을 알아야 합니까?"
>
> "질문을 받는 것이 어색하다는 말씀이시죠. 어떤 대화방식을 하면 더 흥미롭습니까?"

5) 경쾌함과 에너지를 만들기 위해 유머를 효과적으로 사용한다

고객은 문제 혹은 토픽에 눌려 헤매고 감정적으로 지쳐 있곤 한다. 코치의 유머는 분위기를 밝게 하고 긍정적 정서를 자아냄으로써 고객이 원하는 것으로 관점을 가지도록 에너지를 바꾸어 준다. 일상생활에서 유머를 사용하

면 삶이 가벼워지고 기분이 좋아진다. 그렇듯
이 코치가 유머를 사용하면 문제에 매몰된 고
객의 긴장 상태를 가볍게 할 수 있다. 위축되
고 제한되었던 사고를 새로운 관점으로 볼 수
있게 하고 새로운 아이디어를 떠올려 웃을 수
있는 여유와 에너지를 얻는 효과가 있다. 빅터

프랭클(Frankl, 2005)은 역설적 의도로 유머를 사용하는 것이 웃음을 자아내
고 자기 이탈을 가능하게 하여 자신에 대해 농담하고 웃을 수 있게 할 뿐 아
니라 사고와 행동을 제한하는 부정적인 감정을 스스로 비웃을 수 있게 하는
효과를 나타낸다고 하였다.

분위기를 경쾌하고 활기차게 만들고 있는 다음의 코칭 사례를 보자.

> **고객**: 사람들이 저를 섹시하다고 말하면 굉장히 불쾌해요. 전문가로서 갔는데 나를 여자로
> 봐서 그랬는지 자존심 상하고 기분이 정말 나빴어요.
>
> **코치**: 저런. 그들은 매력 있다는 말을 섹시하다고 했군요. 어휘 공부부터 하고 오라고 해야
> 겠군요.
>
> **고객**: 하하, 그런가요?

또 다음의 예를 들 수 있다.

> **고객**: 코치님, 저는 실행계획은 잘 세우는데, 끝까지 하지는 못해요. 작심삼일. 그게 딱 제
> 모습입니다. 잊어버리고 맙니다. 그래서 자신이 없어요.
>
> **코치**: 오, 그래요? 그럼 나시 작심하면 되겠군요! 하하하!

이렇게 말해 주면 어떤가? 고객들은 걱정하고, 상심하고, 심각하여 마치
늪에 빠져 허우적거리다 기운 빠진 상태로부터 헤쳐 나오길 바라는데 혼자는

쉽지 않다고 한다. 이때 유머를 사용하여, '별거 아니구나.'와 같이 가볍게 느끼고 웃을 수 있게 한다면 고객은 다시 생기를 찾고 에너지가 생기면서 코칭 대화에 더 참여하고 싶은 동기가 생긴다.

6) 코치는 새로운 가능성을 위해 자신 있게 시각을 전환하고 실험한다

전환은 개인의 핵심 부분에서 일어나는 내적 움직임으로 사고방식, 접근방식, 이해, 의식수준, 믿음에 큰 변화가 일어나는 것이다(Coach U, 2016). 관점 전환은 즉각적이든 점진적이고 신중하든 획기적인 변화를 일으키는 원동력이 되기 때문에(Covey, 2017) 코치는 자신 있게 시각 전환을 할 수 있어야 한다.

어떻게 전환을 시도할 수 있을까? 코치는 은유와 비유를 사용하고, 직면하게 하며 도전[1]을 요청하는 등 다양한 도구와 기법을 활용하여 자신 있게 시각을 전환하게 한다. 이때 중요한 것은 고객이 다양한 채널을 통해 자신의 당면 과제를 탐험하고, 다르게 생각하고, 스스로 탐험할 수 있도록 도와야 한다는 것이다. 마치 실험하듯이 말이다.

코치는 실험실에서 새로운 것을 발견하기 위해 실험하는 것처럼 고객이 놓치고 있는 측면을 부각시키고, 표현되지 않은 이슈를 떠올리게 하며, 고객 자신의 제한이나 장벽을 넘나들게 할 수 있다. 또한 확신 있게 관점을 전환하고, 자신의 행동에 대해 새로운 가능성을 찾아보게 할 수 있다(Bennett & Payne, 2016).

고객이 부정적인 면을 말하면 긍정적인 면을 찾도록 하고, 표면적인 능력

---

1) 도전하기는 직접적으로 도전하기, 근원에 도전하기, 문제에 도전하기, 행동중단 도전하기, 행동 도전하기, 내면에 도전하기, 존재에 도전하기, 존재와 행동에 도전하기, 환경에 도전하기 등 다양한 것이 있다. 상세한 내용은 Couch U(2016)의 333-336을 참조하라.

을 말하면 내면의 숨겨진 힘을 찾도록 질문한다. 그리고 고객이 과거의 딜레마에 초점을 맞추면 미래를 창조하는 질문을 함으로써 새로운 실험을 할 수 있도록 촉진할 수 있다. 예를 들어, 다음과 같이 질문할 수 있다.

"부족한 것을 메우기 위한 시도를 말씀하셨는데, 당신에게 이미 충분히 있는 것은 어떤 것입니까?

"당신은 성공하고 싶다고 했습니다. 실패하지 않기 위한 방법들을 찾았다면 성공하기 위한 방법을 찾아볼까요?

"단점을 말씀하셨는데, 자신의 장점과 강점은 어떤 것이 있습니까?"

이와 같이 고객이 원하는 것과 현재 하고 있는 행동이나 시도가 일치하지 않는다는 것을 깨닫게 할 때 고객을 자신이 원하는 곳으로 또한 새로운 사고의 경지로 데려갈 수 있다. 코치는 고객에게 고칠 점, 단점, 약점을 개선하기보다 탁월한 측면을 더 많이 사용할 것을 장려한다. 이와 같이 고객의 알아차림을 강화함으로써 새로운 시도를 탐색하게 한다.

7) 강렬한 감정을 나타내는 고객을 대할 때는 자신 있는 태도를 보임으로써 고객의 감정에 압도되거나 그 감정에 빠지지 않고 스스로 조절할 수 있다

고객: 제가 실행력이 떨어진다고 해요. 저는 인정할 수 없어요.

코치: 그 말씀 듣고 많이 아쉬웠군요. 또 어떤 심정인가요?

고객: 화가 납니다. 그들이 나를 잘 모르고 하는 말이에요.

코치: 또 어떤 감정이 느껴지세요?

고객: 서글프다. 슬프다. 외롭다……. 이런 게 느껴지네요.

코치: 아, 서글프다. 슬프다. 외롭다……. ○○ 님. 또 다른 감

정에 대해 더 말씀해 주시겠어요?

고객: 네, 저를 너무 몰라주는구나, 나 혼자 애쓰고 있었구나, 그런 게 있네요.

코치: 여러 가지 감정이 있었네요. 그렇게 자기감정을 표현하면서 어떤 것을 아셨어요?

고객: 처음엔 그들의 피드백을 수용하기가 정말 어려웠고 싫었습니다. 그런데 여러 가지 제 감정을 이야기하다 보니, 내가 뭘 하고 있는지 그들이 알아주기를 바라고 있다는 것을 알았습니다. 앞으로 어떻게 하면 될까요?

코치는 고객이 강렬한 감정을 나타낼 때 시각 전환의 기회로 만들 수 있다. 자기감정에 몰입해 있던 상태로부터 감정을 관찰할 수 있는 위치로 시각을 전환하면 자신의 감정의 본질, 자신이 원하는 것을 인지하게 되면서 스스로 다음 단계로 자연스럽게 나아가게 된다.

4. 수준별 역량

가. '코칭 프레즌스' 역량에서 요구되는 최소 기술

다음은 ICF의 자격 인증을 위한 최소 기술 요구 사항(minimum skills requirements) 중 4번 '코칭 프레즌스'에 관한 평가 대상 핵심 기술(key skills evaluated)이다.

① 코치는 고객과 얼마나 깊이 있게 파트너 관계를 이루고 있는가?
② 코치는 과정 중 전체적인 고객의 모습을 얼마나 깊이 있게 관찰하고 적용하는가?

'코칭 프레즌스'의 각 수준별 요건을 간략하게 정리해 보면 다음과 같다.

03 **마스터코치(MCC)**

- 코치는 고객에게 완전히 연결된 관찰자이다.
- 이 연결이란 고객이 정말 누구인지, 고객이 어떻게 학습하는지, 고객이 코치에게 알려 줘야 하는 것은 무엇인지에 관한 모든 것을 의미한다.
- 코치는 고객으로부터 감동받을 준비가 되어 있고, 코치와 고객 양자에게 모두 울림을 줄 수 있는 신호가 보이면 이를 환영한다.
- 코치는 성과의 필요성 때문에 희석되지 않는 온전한 호기심을 보여 준다.
- 코치는 고객과 완전한 파트너가 되어 대화한다.
- 코치는 가치를 창조할 필요가 있다고 믿기보다는 코칭 과정 안에 가치가 내재되어 있다고 믿는다.

02 **전문코치(PCC)**

- 코치는 고객의 의제에 주의하지만 코칭과 도구 선택을 주도한다.
- 코치는 객관적 혹은 주관적 관점을 취하지만 양쪽을 동시에 취하는 경우는 드물다.
- 코치는 고객에게 해결방법을 줄 것인지 단순히 고객과 함께할 것인지의 방향을 분명히 한다.
- 코치는 코칭을 어떻게 진행할지를 코치 자신이 선택하는 방법과 고객이 코치에게 알려 준 방법 중 하나를 선택한다.
- 파트너십은 존재하지만 전문가이며 고객보다 뛰어난 존재로서의 코치와 혼재되어 있다.
- 코치가 고객에게 가치를 제공하는지 혹은 얼마나 많은 가치를 더해 주는지로 존재감을 보여 준다.

01 **인증코치(ACC)**

- 코치는 고객의 의제에 주의하지만 코치 자신의 성과에 집착한다. 따라서 코치 자신에 대한 관심 때문에 프레즌스가 희석된다.
- 코치는 고객에 대해 프레즌스와 민감성을 보이는 대신 생각하고 분석하는 데 많은 시간을 소비한다.

나. '코칭 프레즌스' 역량 향상하기

1) 인증코치(ACC) 수준

> ○ 코치는 고객의 의제에 주의하지만 코치 자신의 성과에 집착한다. 따라서 코치 자신에 대한 관심 때문에 프레즌스가 희석된다.
>
> ○ 코치는 고객에 대해 프레즌스와 민감성을 보이는 대신 생각하고 분석하는 데 많은 시간을 소비한다.

사례

고객: 팀원들의 실적이 저조해요. 그래서 크게 고민입니다.

코치: 네~ 그렇군요. 코칭을 통해 어떤 결과를 얻고 싶습니까?

고객: 예. 팀원들의 실적 향상을 지원하는 방법을 찾고 싶어요.

코치: 그렇다면 현재의 상황은 어떤가요?

고객: 지금도 지원하고 있지만 체계적이거나 실제 결과는 미흡합니다.

코치: 새로운 시도를 한다면 어떤 것이 가능하겠습니까?

고객: 예. 시스템적으로 지원하게 하면 실적이 올라갈 것 같아요.

코치: 그럼 현재의 상황을 10점 만점 중 몇 점으로 보시나요?

고객: 지금은 약 5점 정도 되는 것 같아요.

코치: 코칭이 끝나면 몇 점 정도로 올리고 싶으신가요?

고객: 한 8점 정도 되면 좋겠어요.

코치: 네~ 그렇군요. 5점에서 8점으로 올리기 위해선 무엇을 해야 할까요?

고객: 글쎄요. 먼저 팀원들의 역할을 설명하고요. 면담을 해서 체크해야 할 것 같아요.

코치: 네~ 그러면 무엇을 먼저 하시겠어요?

고객: 먼저 팀원들 역할을 설명해야겠네요.

코치: 언제 하시겠어요?

고객: 다음 주 수요일에 하겠습니다.

코치: 제가, 고객님이 하신 것을 어떻게 알 수 있을까요?

고객: 문자나 e-mail로 확인드리겠습니다.

코치: 하시는 데 장애가 있다면 어떤 것이 있습니까?

고객: 팀원들이 자신의 업무량이 적절하다고 느낄 수 있어야 할 것 같은데 걱정이네요.

코치: 제가 도울 일은 어떤 것입니까?

인증코치(ACC) 수준에서는 고객의 의제를 중심으로 문제 해결에 집중함으로써 성과에 집착하거나 코칭 대화 프로세스에 따라 진행되는 코칭하는 모습을 볼 수 있다.

2) 전문코치(PCC) 수준

○ 코치는 고객의 의제에 주의하지만 코칭과 도구 선택을 주도한다.

○ 코치는 객관적 혹은 주관적 관점을 취하지만 양쪽을 동시에 취하는 경우는 드물다.

○ 코치는 고객에게 해결방법을 줄 것인지 단순히 고객과 함께할 것인지의 방향을 분명히 한다.

○ 코치는 코칭을 어떻게 진행할지를 코치 자신이 선택하는 방법과 고객이 코치에게 알려 준 방법 중 하나를 선택한다.

○ 파트너십은 존재하지만 전문가이며 고객보다 뛰어난 존재로서의 코치가 혼재되어 있다.

○ 코치가 고객에게 가치를 제공하는지 혹은 얼마나 많은 가치를 더해 주는지로 존재감은 보여 준다.

사례

고객: 팀원들의 실적이 저조해요. 그래서 크게 고민입니다.

코치: 팀원들의 실적을 많이 염려하고 계시군요.

고객: 네. 어떤 팀원은 괜찮은데, 어떤 팀원은 저조해서 위기예요. 위기.

코치: 위기라고까지 느끼고 계시군요. 코칭을 통해 어떤 결과를 얻고 싶습니까?

고객: 예. 그래서 저조한 실적 향상을 지원하는 방법을 찾고 싶어요.

코치: 코칭 주제로 삼게 된 구체적인 배경이 있다면 어떤 것이 있는지요?

고객: 네. 사실은 최근 인사이동과 관련하여 저성과자에 대해서는 기한을 두고 퇴사를 권
유하는 것으로 방침이 내려왔습니다. 저희 팀에도 해당자가 있어서, 그 팀원을 보는
것이 안타깝고 팀 분위기도 침체되고……. 팀원 모두에게 영향이 미치는 상황이라
서…….

코치: 그런 상황이라면 팀장으로서 고민이 크시겠습니다. 그래도 팀 내의 저성과자를 보는
것이 안타깝다고 하는 말씀은 팀장님이 팀원을 어떻게 보고 있는지를 알려 주시네
요. 그래서 지금 하시고자 하는 것은 무엇입니까?

고객: 아직은 생각이 안 납니다. 그래서 조바심도 나고 어떻게든 방법을 찾아야겠기에…….

코치: 그렇군요. 지금까지의 경험을 바탕으로 저성과자의 실적향상을 돕기 위해 우선적으
로 제일 쉽게 접근할 수 있는 방법은 어떤 것일까요?

고객: 제일 쉬운 것은 상황을 공유하고 내가 진심으로 도와줄 사항이 무엇인지 물어보고 의
견을 듣도록 하겠습니다.

코치: 역시 사람으로부터 출발하시네요. 또 어떤 것이 있습니까?

… (후략) …

전문코치(PCC) 수준에서는 코칭 과정 중에 파트너십을 발휘하여 고객과
함께하는 비중이 커진다. 고객의 가치를 인정해 주고 고객이 하려고 하는 것
에도 가치를 부여한다. 그리고 진정성 있는 공감과 인정을 통하여 고객 스스

로 어떻게 나아갈지를 고민하고 선택하도록 한다.

3) 마스터코치(MCC) 수준

○ 코치는 고객에게 완전히 연결된 관찰자이다.

○ 이 연결이란 고객이 정말 누구인지, 고객이 어떻게 학습하는지, 고객이 코치에게 알려 주어야 하는 것은 무엇인지에 관한 모든 것을 의미한다.

○ 코치는 고객으로부터 감동받을 준비가 되어 있고, 코치와 고객 양자에게 모두 울림을 줄 수 있는 신호가 보이면 이를 환영한다.

○ 코치는 성과의 필요성 때문에 희석되지 않는 온전한 호기심을 보여 준다.

○ 코치는 고객과 완전한 파트너가 되어 대화한다.

○ 코치는 가치를 창조할 필요가 있다고 믿기 보다는 코칭 과정 안에 가치가 내재되어 있다고 믿는다.

사례

고객: 팀원들의 실적이 저조해요. 그래서 크게 고민입니다.

코치: 팀원들의 실적을 많이 염려하고 계시군요.

고객: 네. 어떤 팀원은 괜찮은데, 어떤 팀원은 저조해서 위기예요. 위기.

코치: 위기라고까지 느끼고 계시군요. 코칭을 통해 어떤 결과를 얻고 싶습니까?

고객: 예. 그래서 저조한 실적 향상을 지원하는 방법을 찾고 싶어요.

코치: 코칭 주제로 삼게 된 구체적인 배경이 있다면 어떤 것이 있는지요?

고객: 네. 사실은 최근 인사이동과 관련하여 저성과자에 대해서는 기한을 두고 퇴사를 권유하는 것으로 방침이 내려왔습니다. 저희 팀에도 해당자가 있어서, 그 팀원을 보는 것이 안타깝고 팀 분위기도 침체되고……. 팀원 모두에게 영향이 미치는 상황이라서…….

코치: 그런 상황이라면 팀장으로서 고민이 크시겠습니다. 그래도 팀 내의 저성과자를 보는 것이 안타깝다고 하는 말씀은 팀장님이 팀원을 어떻게 보고 있는지를 알려 주시네요. 이 위기를 성공적으로 넘어가는 것은 팀장님께 얼마나 중요한 일인가요? (질문 후 편안한 침묵)

고객: 음……. 사실 우리가 일을 하면서 성과나 실적도 중요하지만, 그들이 회사에 성실했던 팀원들인 만큼 실적만 가지고 평가하고 퇴사시키는 것은 엄청난 실수예요. 그래서 그러한 방침이 재차 내려오지 않도록 저희 팀원들은 결코 퇴출자가 없게 하는 것에 책임을 다하고 싶은 겁니다.

코치: 팀원의 실적에 대한 책임을 넘어 팀원 존재에 대한 책임감을 간직하고 계시군요. 팀장님의 리더십을 팀원들이 높게 평가하고 있는 이유를 충분히 알겠습니다.

고객: 하, 그 정도는 아닌데……. 인정받으니 기분이 업 되네요. 하하하.

… (중략) …

코치: 팀장님께서 팀원들의 실적 향상을 성공적으로 도울 방안은 어떤 것이 있습니까?

고객: 네. 제가 팀원 시절에 이와 같은 위기가 있었는데, 그때 좋은 경험이 있습니다. 그걸 우리 팀원들이 활용할 수 있도록 이번에 공유해야겠습니다.

코치: 옛날의 경험을 공유하고, 또 어떤 것을 할 수 있겠습니까?

고객: 시스템적으로 지원을 해야겠습니다. 네, 그들의 심정이 지금 말이 아닐 겁니다. 그래서 저와 팀원들이 얼마나 서로를 아끼고 신뢰하는지, 끝까지 같이 가려는 저의 마음을 잘 전달하면서 이 상황을 같이 돌파해 나가도록 격려의 말을 꼭 해야겠습니다.

코치: (팀장의 목소리 어조가 높고 빨라진 것을 알아차리고) 팀장님. 지금 말씀하시면서 어떤 것을 느끼고 계신가요?

고객: 저야말로 침체되어 우울했었는데, 이 말을 하니 제가 에너지가 생기고 당장 가서 팀원들에게 이 말을 꼭 해 줘야겠다는 다짐이 저절로 되네요. 상황에 오락가락하면서 정작 당장 할 수 있는 것은 안 하고 있었네요. 감사합니다.

마스터코치(MCC) 수준에서는 고객 존재와 연결된 상태에서 코칭 대화를

한다. 코치는 매 순간 고객에 관한 중요한 가치나 가치관, 목적 및 존재 방식
에 대해 관찰한 것을 고객이 알 수 있게 공유한다. 고객이 어떻게 존재하며,
무엇을 중요히 여기는지, 고객의 언어적·비언어적 변화나 에너지 흐름에 변
화가 일어나고 있는 것이 해당한다. 이로써 고객은 충분히 자기 내면의 목소
리에 귀 기울이고 자신과 연결되게 한다.

코칭 프레즌스는 인증코치(ACC) 수준에서는 코칭을 수행하는 것에, 전문
코치(PCC) 수준에서는 고객의 코칭 의제를 성공적으로 지원하는 것에 중점
을 두는 것으로서 나타난다. 마스터코치(MCC) 수준에서는 고객 존재와의 완
전한 연결에 중점을 두며 코칭 관계가 코칭을 가능하게 한다는 가치를 이해
하고 고객과의 연결된 상태에 의식을 집중한다.

5. 핵심 요약

○ 코칭 프레즌스란 코치와 고객이 함께 존재하는 공속성의 관계로 만들어 내는 코치의 존재 방식이다.

○ 코칭 프레즌스는 고객이 충분히 자신의 생각과 감정을 성찰하고 표현할 수 있도록 공간을 만들어 줌으로써 고객의 새로운 탐색을 가능하게 하는 코치의 역량이다.

○ '현재에 있다'는 의식을 개발하기 위하여 꾸준한 알아차림 훈련을 해야 한다.

○ 코칭의 매 순간마다 유연하고 시기적절하게 고객의 말과 감정에 반응하며 호흡을 맞추어 고객과 춤추듯이 존재해야 한다.

○ 코치는 객관적인 관찰자로 존재함으로써 자신이 알아차린 것을 고객과 공유하며 고객의 관찰자가 된다. 코치가 공유해 준 것을 고객이 알아차리게 될 때 고객은 자기 자신과 연결될 수 있다.

○ 고객에게 온전히 몰입한 연결된 관찰자로 존재하기 위해서 코치는 부단히 자신의 시각이 메타 인지(meta-cognition)적인지에 대해 성찰을 하여야 한다.

○ 코치는 직관적 사고를 개발함으로써 고객의 사고를 확장시켜야 한다. 코치는 자신의 본능에 따라 행동하고 직감(gut feeling)을 따를 필요가 있다. 코치의 직감은 고객으로 하여금 행동이나 더 깊은 학습에 이르게 할 때 가치가 있다.

○ 코치는 유머를 사용하여 위축되고 제한되어 있던 사고와 관점을 변화시킴으로써 새로운 시각으로 아이디어를 떠올리고 웃을 수 있는 여유와 에너지를 만든다.

○ 코치는 새로운 가능성을 위해 자신 있게 시각을 전환하고 실험한다.

6. 자기 개발을 위한 성찰 및 연습(S-A-C)

○ 잠시 멈추고 바라보기(Stop)

정지하고 한 걸음 떨어져 코칭의 진행 상황을 바라본다.

○ 알아차리기(Aware)

- 코치는 '지금-여기'에 존재하는 방식을 선택하고 있는가?
- 고객이 더 깊고, 더 자유롭게 사유할 수 있도록 충분한 공간을 만들어 내고 있는가?
- 고객과 함께 춤추고 있는가 아니면 문제 해결 중심 혹은 성과 중심으로 코칭하는가?
- 고객과의 공명이 일어나고 있는가?

○ 도전(Challenge)

- 직관을 과감히 사용하라.
- 유머를 활용하라.
- 고객과 완전히 연결된 관찰자로서 코칭하라.

적극적 경청
Active Listening

1. '적극적 경청' 역량을 이해하기 위한 사전 질문

가. 적극적 경청이란 무엇인가?

나. 적극적 경청의 유형은 어떤 것들이 있는가?

다. 적극적 경청자가 되기 위한 6가지 요소는 무엇인가?

라. 코치가 완벽한 학습자의 입장에서 경청할 때 기대 효과는 무엇인가?

마. 코칭 중에 나를 경청한다는 것은 무엇인가?

2. 듣기는 '함께 있어 주는 것'이다

서문에서 코칭은 연민(compassion)이라고 풀이했었다. 따로 떼어 풀이하면 com은 함께(together)라는 뜻이고 passion은 수난, 고통 혹은 열정, 사랑이라는 뜻이다. 이 두 단어가 합쳐져서 고통, 고난을 함께 나누고 기쁨을 함께 나누는 자비 · 연민의 뜻이 된다. 코칭은 '함께 문제를 풀어 나가는 것(doing together)'이라는 행위적인 의미도 있지만 연민의 마음으로 '함께 있어 주는 것(being with)'으로서의 관계적인 의미가 더욱 중요하다. M. 스캇 펙(Peck, 2011)도 '고통을 받고 있는 사람들에게 가장 필요한 것은 고통을 없애려고 시도하는 것보다 옆에 있어 주면서 고통을 함께하

는 것이다.'라는 메시지를 전하고 있다.

　코칭에서 함께 있어 주는 구체적 방법이 적극적 경청을 하는 것이다. 적극적 경청을 한다는 것은 그냥 듣는 것이 아니라 진심으로 깊이 듣는 것이다. 코치는 적극적 경청을 함으로써 고객과 함께한다. 적극적 경청은 수동적 경청과는 차원이 다른 듣기 방식이다. 수동적 경청은 내가 듣고자 주의를 기울이거나 에너지 집중 없이 상대방의 말을 건성으로 듣는 것이다. 반면, 적극적 경청은 상대가 무엇을 말하고 있고, 무엇을 말하지 않고 있는지에 온전히 초점을 맞추고, 상대가 말한 것의 의미를 상대의 욕구 맥락에서 이해하며, 상대의 자기 표현을 지지하면서 듣는 것이다. 그래서 상대의 말이나 눈빛, 제스처, 표정, 몸짓, 말로써 적극적으로 반응하면서 듣는다. 그러면 '적극적 경청하기'를 위해 코치는 어떻게 할 것인가?

가. 다양한 유형의 경청

　적극적 경청은 관점에 따라 다음과 같이 여러 가지 명칭과 의미로 사용된다. 감정은 물론 표현하지 않은 감정까지 공감하며 듣는 공감적 경청(empathic listening), 사실 감정 의도 그 너머에 내포된 중요한 의미를 듣는 직관적 경청(intuitive listening), 말하는 사람의 생각과 느낌을 재구성하여 상대에게 전달하고 확인하는 반영적 경청(reflective listening), 내용의 흐름과 표현된 말의 연관을 유의하며 전체 맥락을 이해하고 듣는 맥락적 경청(contextual listening), 공명의 스페이스가 만들어지면 그 공간에서 울려오는 에너지로 고객을 경청하는 스페이스 경청(space listening)(박창규, 2017) 등이다.

　이 모든 듣기의 핵심은 상대가 전달하고자 하는 메시지의 내용과 감정, 마음을 이해하고 상대의 내면 깊은 곳에서 원하는 것을 가장 적절한 언어와 행동으로 표현할 수 있도록 듣는 것이다. 사람과의 관계에서 어떤 말보다 상대에게 귀를 기울이는 '듣기'는 사람 간의 심리적인 거리를 좁히고 신뢰를 쌓는 비결이 된다. 온몸으로 듣기를 하면 상대와의 경험이 서로 다르더라도 기쁨이나 슬픔, 고통 같은 감정 어딘가에서 공명하는 부분을 찾고, 교집합을 발견하게 되어 그 사람을 더 깊이 이해할 수 있게 된다(아가와 사와코, 2013). 그래서 들은 자와 말한 자 사이에는 다른 사람들이 모르는 묘한 기류가 흐르고 서로가 통했다는 교감, 서로 충만한 감정이 든다(정용실, 2018). '듣기'는 사람을 움직인다. 상대방의 마음을 헤아리는 지혜인 동시에 말없이 사람을 움직이는 힘이다. 코칭에서도 코치가 해야 할 가장 중요한 일은 상대의 말을 마음을 기울여 진심으로 깊이 듣는 것이다.

나. 적극적 경청자가 되기 위한 6가지 요소: L.I.S.T.E.N.

적극적 경청자가 되기 위해 필요한 요소를 L.I.S.T.E.N.의 단어에 맞춰 살펴보면 [그림 5-1]과 같다.

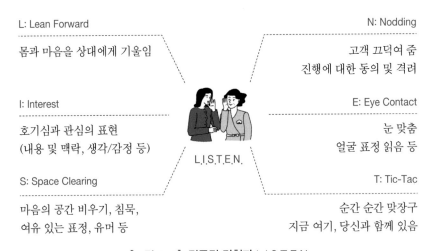

L: Lean Forward
몸과 마음을 상대에게 기울임

I: Interest
호기심과 관심의 표현
(내용 및 맥락, 생각/감정 등)

S: Space Clearing
마음의 공간 비우기, 침묵,
여유 있는 표정, 유머 등

N: Nodding
고객 끄덕여 줌
진행에 대한 동의 및 격려

E: Eye Contact
눈 맞춤
얼굴 표정 읽음 등

T: Tic-Tac
순간 순간 맞장구
지금 여기, 당신과 함께 있음

L.I.S.T.E.N.

[그림 5-1] 적극적 경청과 L.I.S.T.E.N

L(lean forward): 코치가 상대의 말에 관심이 있다는 의미로 상대에게 귀도 기울이고 몸과 마음도 기울인 상태에서 듣는 것이다. 그렇게 하는 것은 '창의적이고, 자원이 풍부하며, 전인적인 존재'인 고객에게 관심을 기울이고 있다는 것을 표현하는 코치의 비언어적 표현이다.

I(interest): 관심과 호기심을 가지고 듣는 것이다. 마치 좋아하는 사람이 담장 너머에서 무엇을 하는지 궁금한 나머지 그냥 앉아 있지 않고 가까이 가서 보려고 하는 모습이다. 또 중요한 것, 진실을 발견하기 위해 과학자들이 여러 해를 거쳐 조바심 내지 않고 계속 관심을 유지하며 호기심을 가지고 더 깊이 탐구하는 것이다. 호기심을 가진 탐구와 탐색은 코칭의 가장 근간이다. 호기심을 가진다는 것은 고객이 누구이고 정말 원하는 것이 무엇인지 그리고 무엇이 필요한지 호기심을 가지고 탐색을 해 나가라는 뜻이다. 고객의 말을 듣고 호기심 어린 질문으로 반응하고 고객이 말한 내용을 반복하거나 다른 말로 바꾸어 표현(paraphrasing)하고 내용과 감정을 말로 표현해(reflecting) 주며 생각, 감정, 내용 등을 요약 정리해서 명료화(clarification)하도록 한다. 아울러 고객의 생각과 느낌을 질문하여 호기심과 관심을 강화한다.

S(space clearing): 심리학, 예술 부분에서 사용하는 용어로서 'Space Clearing'[1]이란 말이 있다. 스페이스 클리어링은 한 번에 한 층씩, 부정적인 스트레스 패턴의 중첩과 순환을 깨고 공간을 비우는 방법이다. 공간이 비어지면 그렇게 빈 공간에서 사람은 자기 자신과 완벽하게 연결될 수 있고 가장

---

1) space clearing(공간 청소하기)이란 매우 깊은 수준의 공간에서 에너지의 흐름을 조화시키고 균형을 유지하는 특별한 형태의 정력적인 청소를 의미한다.

넓은 자기를 경험할 수 있는 새로운 가능성을 마주하게 된다. 스페이스 클리어링을 코칭에 적용하면 '경청하기 위해 빈 공간을 마련하고 코치 내면의 에고까지 정리'하는 것이다. 코치가 코칭 시작 전에 명상이나 만트라를 통해 코치의 마음이 입고 있는 갑옷을 벗어 내는 ritual(의식)을 하는 것이 좋다. 스페이스 클리어링이 되면 마음에서 여유의 공간이 생기고 자연적으로 미소(smile)와 가벼운 유머(soft touch)도 가능하게 된다. 또 고객이 얘기하는 중에 온전히 경청함으로써 코치가 말을 적게 하는 효과도 있다. 스페이스 클리어링을 하게 되면 고객의 어떤 얘기도 들을 수 있는 순수 공간이 마련된다. 이 공간에서 고객은 진정 표현하고자 하는 말을 저 밑 근저에서부터 서서히 의식의 차원으로 끌어내게 된다. 그래서 고객이 말하려는 핵심을 코치가 판단하지 않고 이해하게 되고, 고객 존재가 누구인지를 투명하게 바라보게 되며 긴밀히 연결된 상태에서 대화할 수 있게 된다.

T(Tic-Tac): 시계의 똑딱 소리를 표현한 것이다. 국악 연주에서 가수가 노래를 부르는 동안에 고수가 수시로 적절한 시기에 장구를 치면서 '좋~고, 얼씨구' 하고 반응을 해 주는 것과 같다. 코칭에서도 고객이 말하면 적절한 시기

에 맞장구를 치듯이 계속 고객의 말에 관심을 가지고 경청하고 있다는 것을 표현해 주는 것이다. "그랬구나." "그런 일이 있었구나." "그래서?" "아하, 응~" 등으로, 때로는 "좀 더 설명해 줄래요?" 하고 반응해 주는 것이다. 짧은 표현이지만 이러한 표현은 고객의 말과 관점에 대한 공감이 되기도 하고 더 많이 얘기해도 좋다는 격려도 된다. '나와 함께 하고 있구나.' '내 말을 잘 듣고 있구나.' 하는 느낌이 든다. 더 자연스럽게, 순간순간 고객의 표현에 '같이 춤추듯이(dancing in the moment)' 대화하는 표현방식이다.

E(Eye Contact): 눈 맞춤(eye contact)과 공감(empathy)을 담고 있으며 다음 그림처럼 고객과 함께 춤추는 것(dancing with eye)과 같다.

눈 맞춤은 상대의 눈과 지속적으로 접촉을 유지하는 것이다. 누군가를 유심히 본다는 것은 그 대상을 이해 하려는 마음을 함께 갖고 있는 것이다. 몸 언어는 눈 언 어의 표현과 함께 작용한다. 기쁨의 표현, 슬픔의 표현, 분노의 표현 등이 눈에서부터 표현된다. 몸 언어를 잘 표현하지 않는 사람일 지라도 눈 표현은 솔직하게 한다. 코칭 중에 고객의 말을 노트에 적는 경우 가 있는데 이때도 상대방의 눈 표현을 놓쳐서는 안 될 것이다. 눈 맞춤은 눈 만 보는 게 아니라 얼굴 표정, 좀 더 세밀히 볼 수 있으면 얼굴 근육의 움직임 까지도 보는 것이다. 단순히 눈을 쳐다보는 게 아니라 상대 얼굴 표정에 대한 온전한 집중(focus complete attention)을 하는 것을 의미한다. 코치는 고객에 게 집중해서 지금 여기에 당신과 함께하며(stay in the moment) 대화하고 있다 는 것을 느끼게 한다.

N(Nodding): 고객을 끄덕여 주는 것이다. 진지하게 듣고 있다는 것을 비언 어적으로 전달하는 것이다. 이것은 단순히 신체적으로 끄덕여 주는 것이라 기보다 그 안에 '그래요(yes)' '알겠어요(I see)' '계속하세요(go on)' 등의 공감, 이해, 그리고 더 표현하도록 격려하면서 고개를 끄덕여 주는 것이다. 이러한 끄덕임은 일종의 응답과 같다. 코칭에서 고객이 무엇인가 얘기를 하고 나면 고객은 코치의 반응을 기다리고 있다. 감 성을 얘기하면 감정을 읽어 주고, 말하고  싶은 내용을 얘기하면 이해하고 격려해 주어야 한다. 또한 공감, 관심, 동의 등 고 객이 보내는 신호에 그 순간에, 시각적으

로 알 수 있게 명민하게 반응하여야 한다. 이 또한 코칭 대화에서 고객이 코칭 대화에 참여하고 싶은 마음을 불러일으키는 코치의 표현이다.

적극적 경청의 요소를 이렇게 L.I.S.T.E.N.으로 이해해 보았다. 하지만 이것들로 적극적 경청이 완성되는 것은 아니다. 코칭 상황에 맞도록 작용되어야 적극적 경청이 완성된다.

3. '적극적 경청' 역량 정의 및 실행 지침

가. 정의

'적극적 경청'이란 고객이 무엇을 말하고 무엇을 말하지 않는지에 온전히 초점을 맞추고, 고객이 말한 것의 의미를 고객이 원하는 것의 맥락에서 이해하며, 고객의 자기표현을 지지하는 능력을 말한다.

나. 실행 지침

① 고객과 고객의 어젠다(의제)에 따르고 고객에 대한 코치의 어젠다는 드러내지 않는다.

② 가능한 것과 가능하지 않은 것에 대한 고객의 관심사, 목표, 가치 및 믿음에 대해 듣는다.

③ 단어, 음성의 톤 및 신체 언어를 구별한다.

④ 명확한 이해를 위하여 고객이 말한 내용을 요약하고, 바꿔 말하고, 반복하고, 거울처럼 되돌려 준다.

⑤ 고객이 감정, 지각, 관심사, 신념, 제안 등을 표현하는 것을 격려하고 수용하고 탐구하고 강화한다.

⑥ 고객의 아이디어와 제안을 통합하고 그 기반 위에서 만들어 낸다.

⑦ 고객의 대화 핵심을 요약하거나 본질을 이해하고, 고객이 길고 장황한 설명으로부터 벗어나서 본질에 도달하도록 돕는다.

⑧ 다음 단계로 넘어가기 위해 고객이 자기 나름대로의 판단이나 집착 없이 상황을 풀거나 '종결'시킬 수 있도록 한다.

1) 고객과 고객의 어젠다에 따르고 고객에 대한 코치의 어젠다는 드러내지 않는다

역량 2에서 자세히 설명한 바와 같다. 고객이 중심이기 때문에 고객의 어젠다에 따르는 것은 너무나 당연하다.

2) 가능한 것과 가능하지 않은 것에 대한 고객의 관심사, 목표, 가치 및 믿음에 대해 듣는다

고객이 관심을 가지고 있거나 염려 또는 기대하는 것, 고객의 일과 삶 속에서 주어지거나 달성해야 하는 목표, 고객의 비전과 삶의 목적, 고객에게 중요한 가치와 욕구 및 가치관들 그리고 고객이 경험을 통해 가능하다고 확신하는 것과 가능하지 않다고 전제하는 것들에 대해 귀 기울여 듣는 것이다. 코치가 이 모두를 온전히 듣게 되면 고객이 원하는 것과 원하지 않는 것, 그의 신념과 그 신념의 가능성, 생각하는 방식(신념을 제한하는 생각, 완결된 것과 미완의 것), 인식의 시제(과거, 현재, 미래), 인식의 형태, 의도, 정서와 감정까지 알아차릴 수 있게 된다. 이것이 가능하려면 코치는 모든 감각을 열어 놓아야 한다. 그리고 말하지 않거나 드러내지 않은 비언어적 메시지와 행동까지 주목해야 한다. 그때 상호 교환하는 가치의 양이 극적으로 증가되며 코치는 고객과 더 많은 가치를 주고받게 된다. 나아가서 고객의 소망, 욕구, 열정, 가능성과 그의 개인적인 독특성은 물론 그가 직면하고 있는 문제와 그가 마주하고 있는 장애물까지 들을 수 있다(Coach U, 2016).

이러한 듣기는 가슴과 마음으로 듣고 시각, 촉각, 지각, 느낌 등 종합적인 감각으로 들을 때 가능하다.

> **고객:** 살아가면서 내가 어디에 있는지 잘 모르겠어요.
>
> **코치:** 더 말씀해 주시겠어요?
>
> **고객:** 솔직히 열심히 살고는 있는데, 내가 지금 무얼 위해 노력하는지 그걸 잘 모르겠어요.
>
> **코치:** 그것을 알게 되면 그 다음엔 무얼 하고 싶은가요?
>
> **고객:** 알고 나면, 내가 제대로 살고 있는지 확신을 갖게 될 것 같아요. 지금은 제대로 살고 있는 건지 모르겠어요. 저는 분명한 게 좋거든요.
>
> **코치:** 아, 자신의 삶에 대해 열심히 살면서도 확신을 갖기를 바라시는군요. 자신이 어디에서 무얼 하며 살고 있는지 분명히 하고 싶다는 말씀이고요.
>
> **고객:** 네, 맞아요. 저는 현재 제 삶에 대해 확신이 필요해요. 그래야 자신감이 생기거든요.

3) 단어, 음성의 톤 및 신체 언어를 구별한다

사람들은 언어적 표현뿐 아니라 목소리 톤, 몸의 자세, 얼굴 표정, 눈빛 등 전반적인 신체적 반응 등 비언어적 표현을 호환적으로 사용하여 자신의 생각과 감정을 전달한다. 따라서 상대방과 충분히 의사소통을 하기 위해서는 이 모두를 집중하여 듣고 반응해야 한다. 톤과 보디랭귀지에는 무의식의 소리가 들어 있기 때문에 고객의 단어, 음성의 톤, 신체 언어 사이의 차이나 변화를 민감하게 구별하여 들을 필요가 있다.

코치는 고객의 음성이나 고객의 몸짓의 변화를 알 수 있는 시각적 요소를 살피고, 그것 간의 일치 또는 불일치를 알아차리는 경청을 한다. 메시지(verbal), 음성(voice), 시각 요소(visual) 등 이 3V가 일치하지 않으면 사람들은

혼란스러워한다. 다음 예시에 나타난 고객의 말, 고객의 시선에 대한 표현들을 천천히 따라가면서, 마치 고객이 된 것처럼 고객의 느낌을 따라가면서 읽어 보도록 한다.

> **고객**: 저는 지금 회사에서 굉장히 중요한 프로젝트를 성공시켰어요. 그래서 굉장히 만족스러워요. 저는 성취했을 때 즐거움을 느껴요.

이때 고객의 시선은 아래를 향하고, 목소리엔 힘이 없으며, 그다지 즐거운 표정을 하지 않고 말하고 있다는 것을 코치가 알아차렸다. 그럴 때 코치는 다음과 같이 고객에게 말할 수 있다.

> **코치**: ○○ 님. 지금 말씀하실 적에 굉장히 중요한 프로젝트를 성공시켰고, 만족스럽다고 말씀하시고, '회사에서 주어진 일을 성취했을 때 즐거움을 느낀다고 했는데' 목소리와 표정은 만족스럽거나 즐거워 보이지 않네요. 제가 본 것에 대해 ○○ 님은 실제 어떤 상태인가요?
> 정말 말하고 싶은 것은 무엇인가요?
> **고객**: ……(침묵), 사실은요…….

이처럼 고객이 하는 말과 목소리 어조, 신체적 언어 등 코치가 전체적으로 들은 것에 대해 고객에게 공유해 줌으로써 고객이 말하지 않았던 진실, 표현하지 않았던 감정이나 느낌, 원하는 것에 대해 표현하게 하는 촉매가 된다. 이와 같이 듣기 위해서는 경청의 수준을 높일 필요가 있다.

Kimsey-House 등(2016)은 코치가 지녀야 할 경청의 3단계 수준을 말해 준다. 1단계 수준은 상대방과 대화하면서 상대방의 이야기에 귀 기울이기보다 자신이라면 어떻게 달리했을까라거나 그 이야기를 들으면서 떠오른 자신의 삶의 이야기들을 생각하면서 듣는 것이다. 다른 사람의 말을 듣지만 주로 자신의 의견, 이야기, 판단을 생각하면서 듣는 것이다. 2단계 수준은 코치가 고객에게 강한 집중을 하며 모든 관심을 기울여 듣는다. 마치 사랑하는 연인들이 상대에게 온전히 집중하여 듣는 것처럼 코치도 고객에게 온전히 몰입한다. 3단계 수준은 모든 것을 포함하여 부드럽게 집중한다. 3단계 수준은 상대방과의 사이에 있는 에너지의 흐름은 물론 에너지의 변화까지 깨달으면서 듣는 것이다. 슬픔, 경쾌함, 태도의 변화를 알아차리며, 그 환경 속에서 어떤 일이 일어나고 있는지, 감춰진 기분, 말투, 대화의 효과를 인식한다. 코치들은 2단계, 3단계 수준에서 주로 경청하며 이러한 경청을 할 때 효과적인 코칭 대화가 된다.

4) 명확한 이해를 위하여 고객이 말한 내용을 요약하고, 바꿔 말하고, 반복하고, 거울처럼 되돌려 준다

고객이 자기 자신과 코칭 주제에 관하여 말한 내용을 명료히 하기 위해 코치는 요약하고 바꿔 말하며 고객이 한 말을 그대로 복창하기도 한다. 또한 고객에게서 본 것을 미러링해 줌으로써 고객에게 되돌려 주는 방식으로 적극적 경청하기를 할 수도 있다. 다음 사례는 내용 요약을 사용한 적극적 경청이다.

> **고객:** (15분여 동안 힘든 얘기를 전개했다.)
>
> **코치:** 제가 이해한 바로는 업무 협조를 잘해 주지 않은 이웃 팀장으로 인해 인간관계에서 거부당하는 느낌이 들고 때론 상대에게 화풀이 보복성 발언도 하신 것 같네요. 업무 협조를 하기 위해서는 소통능력이 중요하기 때문에 업무협조에 필요한 소통능력을 갖추면 팀장 리더십을 발휘할 수 있겠다고 생각하신 것으로 이해했습니다. 제가 맞게 이해했나요?
>
> **고객:** 네. 그래요. 팀장 리더십을 제대로 발휘할 수 있는 소통능력. 그렇습니다.

이 사례가 보여 주듯이 고객이 표출하였던 감정과 말하고 싶어 하는 것을

잘 들은 후에 코치는 그 내용을 요약하고, 바꿔 말함으로써 고객에게 되돌려
준다.

5) 고객이 감정, 지각, 관심사, 신념, 제안 등을 표현하는 것을 격려하고 수용하고 탐구하고 강화한다

코치가 고객의 감정 표현을 격려하고 강화하는 적극적 경청을 하면 고객은
말하지 않았던 새로운 사실을 알게 되거나 새로운 관점을 가지게 됨으로써
그와 관련된 표현을 할 수 있게 된다.

> **고객**: 지금 몹시 혼란스러워요. 그때 일을 떠올리면 내가 왜 그랬나 모르겠어요.
>
> **코치**: 그때 일을 떠올리면 또 어떤 감정이 올라와요?
>
> **고객**: 그저 허탈해요.
>
> **코치**: 허탈하고, 또요?
>
> **고객**: 아프고, 한심하고.
>
> **코치**: 아프고 한심하고……. 그것은 몸의 어디에서 느껴지세요?
>
> **고객**: 가슴이요.
>
> **코치**: 그 가슴이 뭐라고 말하나요?
>
> **고객**: ……. '그래도 어려운 것을 정말 잘 해냈어. 그건 네가 옳았어. 그러니까 어깨 펴!'라고
> 하네요.

코치는 고객이 말하는 감정에 대해 계속적으로 더 표현하도록 하였으며, 그
후에 실제 말하고 싶은 것을 표현할 수 있도록 "그 가슴이 뭐라고 말하나요?"
와 같이 실문하고 있다. 그래서 고객은 자기 내면의 소리에 귀 기울이고 탐구
할 수 있었다. 이렇게 감정 표현을 격려하는 것 외에도 고객이 지각하는 것이
나 관심사, 신념 및 제안 등에 대해서도 이와 같은 방식으로 접근할 수 있다.

6) 고객의 아이디어와 제안을 통합하고 그 기반 위에서 만들어 낸다

코치는 고객이 말한 것들을 통합하고 고객이 생각하고 제안하는 것에 기반하여 고객이 말하고자 하는 것과 고객이 원하는 것을 표현하도록 한다.

> **고객**: 네. A 문제를 해결하기 위한 방법을 찾기 위해 여러 가지 아이디어를 생각해 보았어요. 제가 그런데 펼쳐는 놓았는데 통합해서 수렴이 잘 안 돼요. 어떻게 해야 하죠?
>
> **코치**: (호기심 가지고) 평소에는 어떻게 하세요?
>
> **고객**: 그때그때 느낌에 따라 결정했던 것 같아요. 그런데 이번에는 매우 중요한 과제이기 때문에 그럴 수 없는 것 같아요.
>
> **코치**: 아, 그랬군요. 그럼 중요한 일일수록 어디에 중심을 맞추어야 하는 건가요?
>
> **고객**: 우선은 제가 하고 싶어 하는 것, 그리고 제 비전이나 가치관요. 아, 알겠어요. 이번에는 제 강점을 잘 발휘할 수 있는 것부터 해야 할 것 같아요.
>
> **코치**: ○○ 님. 지금까지 말씀하시면서 어떤 것을 새롭게 알게 되셨어요?
>
> **고객**: 네. 제가 저의 강점을 발휘하면 해낼 수 있다는 것을 알게 되었어요.
>
> **코치**: 축하합니다. 지금부터 어떤 얘기를 하면 더 의미 있는 코칭이 되겠어요?
>
> **고객**: 네. 저의 강점들을 얘기하면서, A 문제에 대해 어떻게 접근할지 정하면 좋겠습니다.

7) 고객의 대화 핵심을 요약하거나 본질을 이해하고, 고객이 길고 장황한 설명으로부터 벗어나서 본질에 도달하도록 돕는다

고객은 자신과 자신이 관심을 가지고 있는 것들에 대해 생각한 것을 말한다. 코치는 고객이 말하는 것 자체보다는 그 말에 담긴 본질, 진실, 궁극적으로 원하는 것, 근원적으로 해소하고 싶은 욕구 등을 표현할 수 있도록 질문을 활용하여 적극적 경청을 한다.

> **고객**: (10분간 여러 가지 얘기를 펼쳐 놓는다. 좀 맥락이 잘 안 맞는다.)
>
> **코치**: 그러셨군요. 지금까지 여러 가지 얘기를 통해 사업을 잘하고 싶다고 말씀하셨는데 진

짜 말하고 싶은 것은 무엇인가요?

코치: (침묵하며 충분히 기다림)

고객: 진짜 말하고 싶은 것이라? (침묵) 지금까지 펼친 사업을 어떻게 접고 새로운 사업을 할까 하는 거예요.

코치가 사용할 수 있는 질문으로는 "○○ 님이 정말로 원하는 것은 무엇입니까?" "궁극적으로 바라시는 상태는 어떤 모습입니까?" "어떤 존재가 되고 싶습니까?" "어떤 사람(삶)이 되기를 바랍니까?" 등이 있다. 코치의 역할은 고객이 본질적이고 근원적인 것에 대해 탐구하여 고객이 말할 수 있도록 하는 것이다.

8) 다음 단계로 넘어가기 위해 고객이 자기 나름대로의 판단이나 집착 없이 상황을 풀거나 '종결'시킬 수 있도록 한다

코치: 지금까지 여러 가지 얘기를 하셨는데 무엇을 알게 되었어요?

고객: 지금까지 제 억울한 얘기를 펼쳐 놓았는데 그 얘기를 하면서 제가 원하는 것이 무엇인지 알았어요. 이제는 가정에서의 '소확행(작지만 확실한 행복)'에 대해서 구체적으로 얘기하고 싶어요.

코치: 가정에서의 소확행에 대해서 얘기하기를 바라시는군요. ○○ 님이 생각하는 소확행의 어떤 부분에 대해 더 얘기하면 좋겠습니까?

고객: 이야기하다 보니 새로운 느낌이 와닿았어요. 소확행이라기보다는 '집에서 아내와 대화하는 스킬'에 대해 이야기하고 싶어요. 집에서 아내와의 불화 때문에 밖에 나와서도 영향을 미치는 것 같아요. 어떻게 하면 아내와 대화를 잘할 수 있죠?

고객의 말을 잘 들어 주고 반응해 주면 처음 낸 주제는 저절로 풀리고 다음 단계로 넘어가기 위한 주제로 갈 확률이 높아진다. 그렇게 되기 위해서는 코치가 비움의 상태가 됨으로써 어떤 전제, 판단, 가정, 짐작 등이 작용하지 않는 상태에서 들어야 한다. 그럴 때 고객은 더 안심하고 자유롭게 근원적이고 본질적으로 접근하게 되며, 지금까지의 이야기를 나름대로의 판단이나 집착 없이 상황을 풀거나 '종결'시킬 수 있다.

4. 수준별 역량

가. '적극적 경청' 역량에서 요구되는 최소 기술

다음은 ICF의 자격 인증을 위한 최소 기술 요구 사항(minimum skills requirements) 중 역량 5 '적극적 경청'에 관한 평가 대상 핵심 기술(key skills evaluated)이다.

① 코치는 어젠다와 관련하여 고객이 말하는 내용을 얼마나 깊이 있게 듣는가?
② 코치는 고객의 말에 담긴 감정적 내용과 실질적 내용 모두를 아우르는 수준에서 경청하는 능력을 갖추고 있는가?
③ 코치는 고객의 언어, 감정 및 행동의 부조화에서 일어나는 고객의 저변에 깔린 신념, 생각, 창조 및 배움을 듣고, 인식하는 코치의 능력을 갖추고 있는가?
④ 코치는 고객의 언어를 듣고, 고객이 더 깊게 언어 표현을 하도록 용기를 북돋우는 능력을 갖추고 있는가?

다음으로 '적극적 경청'의 각 수준별 요건을 간략하게 정리해 보면 다음과 같다.

03   마스터코치(MCC)

- 코치는 완벽한 학습자의 입장에서 경청하며, 경청은 논리적, 정서적, 유기적으로 동시에 일어난다.
- 경청은 선형적, 비선형적인 방법으로 모두 이루어지며, 코치가 여러 단계로 고객에 관해 알게 된 내용은 코치의 반응을 통해 확인할 수 있다.
- 코치는 고객이 중요한 것을 말할 때나, 고객에게 새로운 성장이 일어날 때 그리고 고객에게 더욱 강력한 자아감이 일어날 때에 코치와 고객 모두는 직관적이고 에너지 넘치는 인식을 할 수 있다는 점을 이해한다.
- 코치는 현재 시점에서 경청하지만 동시에 고객의 미래 발전을 위해서 듣는다.
- 코치는 고객의 탁월함과 재능을 총체적으로 듣는 것뿐 아니라, 고객을 제한하는 신념과 패턴도 경청한다.
- 코치의 경청은 각각의 세션을 통하여 이루어지고 또한 한 세션에서 다른 세션으로 진행되면서 누적된다.

02   전문코치(PCC)

- 코치는 매우 높은 의식 수준에서(= 주의 깊게) 경청한다.
- 고객의 의제에 집중하여 경청하며, 만약 고객이 방향을 전환하면 경청의 방향도 바꿀 수 있다.
- 그 방향 전환은 해당 주제에 당장 최선이 될 수도 있고 아닐 수도 있다.
- 코치는 고객이 하는 말에도 초점을 맞추지만, 코치의 특정 도구나 발견 모델에 맞는 정보를 수집하려는 데에 더 집중한다.
- 직선적으로 경청하는 경향이 있으며 말 자체의 내용에 집중하여 경청한다.
- 코치는 질문에 대한 대답을 듣거나 다음 질문을 하기 위해 경청한다. 혹은 자신이 들은 바를 기준으로 무엇을 해야 할지를 결정하거나 자신이 알고 있는 모델에 들은 내용을 적용하려고 노력한다.
- 코치는 종종 고객의 모델에 반응하기보다는 자신의 모델을 기준으로 반응한다.
- 상당히 깊이 있는 경청을 하지만 종종 마스터 수준의 코치가 잡아내는 미묘한 핵심을 놓친다.
- 경청이 각 세션별로만 이루어지고 전체에 걸쳐 누적적으로 이루어지지는 못하는 경향이 있다.

01   인증코치(ACC)

- 코치는 표면적인 수준에서만 고객의 말을 듣고 반응한다.
- 일반적으로, 코치는 "문제가 뭐죠?" "이를 해결하는 데 제가 어떻게 도와드릴까요?" 그리고 "문제를 해결할 때 제가 어떻게 도움이 되는 가치를 부여해 드릴까요?" 등에 집착한다.

나. '적극적 경청' 역량 향상하기

1) 인증코치(ACC) 수준

> ○ 코치는 표면적인 수준에서만 고객의 말을 듣고 반응한다.
>
> ○ 일반적으로, 코치는 "문제가 뭐죠?" "이를 해결하는 데 제가 어떻게 도와 드릴까요?" 그리고 "문제를 해결할 때 제가 어떻게 도움이 되는 가치를 부여해 드릴까요?" 등에 집착한다.

사례

코치: 오늘 어떤 이야기를 하고 싶으세요?

고객: 학과에 적응이 안 되어서 학과에 적응을 잘하기 위한 방법을 찾고 싶어요.

코치: 학과에 적응을 잘한다. 네. 좋아요. 학과에 잘 적응하기 위한 방법에 대해 이야기하면 될까요?

고객: 네. 그러면 좋겠어요.

코치: 네. 좋아요. 그동안 학과에 적응하기 위해 어떤 시도를 했어요?

고객: 친구도 사귀려고 노력했고, 수업도 열심히 듣기도 하고요. 사실은 학과가 저에게 맞는지도 잘 모르겠어요.

코치: 그럼 학과에 잘 적응하기 위해 어떤 새로운 노력을 할 수 있을까요?

고객: 글쎄요. 적응 잘하는 친구가 있는데, 한번 물어봐야겠어요.

코치: 좋네요.

인증코치(ACC) 수준에서는 고객의 말을 중심으로 고객의 문제를 다루려 한다. 고객이 말한 이슈에 대해 적극적인 해결 방법을 얻기 위한 코칭에 집중하며 고객이 말한 결과를 얻는 것을 가치 있게 생각한다. 코치는 문제 해결에 초점을 맞추고, 코칭 프로세스를 전개하는 것에 집중한다.

2) 전문코치(PCC) 수준

○ 코치는 매우 높은 의식 수준에서(= 주의 깊게) 경청한다.

○ 고객의 의제에 집중하여 경청하며, 만약 고객이 방향을 전환하면 경청의 방향도 바꿀 수 있다.

○ 그 방향 전환은 해당 주제에 당장 최선이 될 수도 있고 아닐 수도 있다.

○ 코치는 고객이 하는 말에도 초점을 맞추지만, 코치의 특정 도구나 발견 모델에 맞는 정보를 수집하려는 데에 더 집중한다.

○ 직선적으로 경청하는 경향이 있으며 말 자체의 내용에 집중하여 경청한다.

○ 코치는 질문에 대한 대답을 듣거나 다음 질문을 하기 위해 경청한다. 혹은 자신이 들은 바를 기준으로 무엇을 해야 할지를 결정하거나 자신이 알고 있는 모델에 들은 내용을 적용하려고 노력한다.

○ 코치는 종종 고객의 모델에 반응하기보다는 자신의 모델을 기준으로 반응한다.

○ 상당히 깊이 있는 경청을 하지만 종종 마스터 수준의 코치가 잡아내는 미묘한 핵심을 놓친다.

○ 경청이 각 세션별로만 이루어지고 전체에 걸쳐 누적적으로 이루어지지는 못하는 경향이 있다.

사례

코치: 당신은 "~했으면 ~ 했을 텐데"라는 말과 "당연히 ~해야 한다."는 말을 되풀이하여 사용하셨어요.

고객: 제가 그랬나요?

코치: 두 가지 말 뉘앙스가 다른데 아직 말하지 않은 것은 무엇입니까?

고객: 사실은, 제가 뭔가를 하고 싶은데 망설이고 있는 것 같아요.

코치: 무엇이 당신을 망설이게 하나요?

고객: _____

코치: 제가 어떻게 해 드리면 좋을까요?

고객: 아뇨. 코치님이 어떻게 해 주시는 게 중요한 게 아니라 사실은 제가 어떻게 할지 모르는 게 문제입니다.

코치: 어떻게 할지 모른다는 게 무슨 뜻인지요?

고객: 제가 좀 공상가적인 면이 있어요. 그래서 '이러면 좋겠다 저러면 좋겠다. ~했으면 ~했을 텐데.'에서 머물고 있어요.

코치: 아, 네. 공상가적인 면을 벗어나고 싶다는 이야기인가요?

고객: 네, 그러면 좋겠어요.

전문코치(PCC) 수준에서는 직선적으로 경청하는 경향이 있으며 말의 내용에 집중하여 문제를 해결하는 경향이 있다. 코치가 공상가적인 면의 공간을 넓혀 주면 고객은 이 공간에서 자신에게 펼쳐지는 기회를 허용하기도 하고, 자기 스스로를 세워 보기도 한다. 코치는 한 사람의 자아와 세계가 서로 관계하는 방식을 결정하는 데 영향을 미침으로써(원경림, 2017) 고객 스스로 자기 생각을 표현하게 할 수 있다. 이 사례에서는 고객이 표현하는 미묘한 핵심을 놓친 아쉬움이 있다.

3) 마스터코치(MCC) 수준

○ 코치는 완벽한 학습자의 입장에서 경청하며, 경청은 논리적, 정서적, 유기적으로 동시에 일어난다.

○ 경청은 선형적, 비선형적인 방법으로 모두 이루어지며, 코치가 여러 단계로 고객에 관해 알게 된 내용은 코치의 반응을 통해 확인할 수 있다.

○ 코치는 고객이 중요한 것을 말할 때나, 고객에게 새로운 성장이 일어날 때 그리고 고객에게 더욱 강력한 자아감이 일어날 때에 코치와 고객 모두는 직관적이고 에너지 넘치는 인식을 할 수 있다는 점을 이해한다.

○ 코치는 현재 시점에서 경청하지만 동시에 고객의 미래 발전을 위해서 듣는다.

○ 코치는 고객의 탁월함과 재능을 총체적으로 듣는 것뿐 아니라, 고객을 제한하는 신념과 패턴도 경청한다.

○ 코치의 경청은 각각의 세션을 통하여 이루어지고 또한 한 세션에서 다른 세션으로 진행되면서 누적된다.

가) 코치는 완벽한 학습자의 입장에서 경청하며, 경청은 논리적, 정서적, 유기적으로 동시에 일어난다

완전한 학습자의 입장이라는 것은 고객으로부터 배우는 학습자의 태도로 듣는다는 것을 의미한다. 코치는 배움을 얻고자 하는 학습자처럼 그저 경청해야 한다. '이 가정이 맞나…….' '그런 관점을 가지면 안 될 텐데…….'라는 방식으로 생각하지 않고 일단 수용하는 것이 중요하다. 또한 경청할 때는 한 부분만 듣기보다는 상대의 표현을 통합된 전체로 들어야 하며 동시에 서로 연결된 유기적 관계로 이해해야 한다.

나) 경청은 선형적, 비선형적인 방법으로 모두 이루어지며, 코치가 여러 단계로 고객에 관해 알게 된 내용은 코치의 반응을 통해 확인할 수 있다

경청은 선형적, 비선형적인 방법으로 이루어진다. 선형적 사고(線形的 思考)란 어떤 사물이나 사건의 인과관계를 연결지어 판단하는 것으로 말 그대로 일직선처럼 단순하게 생각한다는 뜻이다. 선형적 의사소통은 말한 것을 그대로 받아들이는 직선적이고 단순한 의사소통이다. 마찬가지로 선형적 경청은 의식 표면에서 일어나는 말에 대해서만 경청하는 것이다. "나는 당신과 함께 가고 싶지 않다."고 하는 말을 액면 그대로 받아들이면 선형적 경청을

하는 것이고 "나는 지금은 가고 싶지 않다." 또는 "나는 거기에 함께 가고 싶지 않다."라는 말로 받아들이면 비선형적 경청을 하는 것이다. 코칭에서 자주 이루어지는 알아차림은 선형적 표현 뒤에 있는 비선형적 의미를 알아차릴 때 가능해진다. 선형적인 커뮤니케이션의 경우 주로 의식 위에서 흐름이 이루어져 직접적 표현이 위주가 되지만 비선형일 경우에는 의식과 무의식을 넘나드는 곡선형 대화의 흐름이 가능하다.

다) 코치는 현재 시점에서 경청하지만 동시에 고객의 미래 발전을 위해서 듣는다

코치는 고객이 가고자 하는 곳이 어떤 곳인지, 거기에서 무엇을 하고 싶은지, 그것이 이루어지면 또 다른 무엇이 가능해지는지 등을 주의 깊게 듣는다. 그리고 고객의 말에 비추어 현재의 상태는 어떤지, 고객에게 그것은 어떤 의미인지, 미래의 거기로 가기 위해 무엇이 중요한지, 가로막는 요소는 무엇인지에 대해 들어야 한다. 또한 고객을 가로막고 있는 끈을 가위로 자르면 어떻게 되는지, 어떤 기분인지, 또 어디를 향해 날아가는지 등을 질문하여 고객의 생각이 앞으로 나아갈 수 있도록 도와야 한다.

라) 코치는 고객의 탁월함과 재능을 총체적으로 듣는 것뿐 아니라, 고객을 제한하는 신념과 패턴도 경청한다

코칭의 기본 믿음은 인간은 온전한 존재이며 무한한 자원이 있다는 것이다. 고객이 어떤 한계를 느낀다고 한다면 그가 가진 무의식적 전제나 가정이 무엇인지를 들을 필요가 있다. Seligman과 Meier가 지적한 것처럼 그가 학습된 무기력에 빠진 것은 아닌지 살펴볼 필요가 있다. 스스로 한계를 정해 놓고 그 이상은 절대로 넘을 수 없다고 생각하여 시도도 하지 않는 것이 있다면 무엇인지 살펴보아야 한다. 만약 고객이 어떤 사람에게 짓눌리는 느낌이 든다고 하거나, 상황에서 도저히 벗어날 수 없다고 말한다면 그의 무의식 속에 있는 전제와 가정은 무엇인지 관찰하고 경청해야 한다. 직장 상사로부터 벗어

나고 싶은데 직장을 그만두자니 돈을 벌 길이 없다고 가정하는 것일 수도 있고, 상사가 도대체 종잡을 수 없고 나를 괴롭히기만 하는 사람이라고 생각하고 있을 수도 있으며, 사회생활을 하고 싶은데 육아와 살림살이 때문에 사회진출이 불가능하다고 생각하는 것일 수도 있다. 이때 코치는 고객을 제한하는 신념이 무엇인지를 경청하고 들은 내용을 고객에게 다시 반복하고 요약하여 되돌려 줌으로써 그 가정을 인식하도록 해야 한다.

마) 코치의 경청은 각각의 세션을 통하여 이루어지고 또한 한 세션에서 다른 세션으로 진행되면서 누적된다

코치는 고객과 연결된 관찰자로 모든 것을 총체적으로 바라보아야 한다. 매번의 세션이 의미하는 것은 무엇인지, 그 주제와 행동 변화의 흐름은 어디를 향해 가고 있는 것인지, 고객의 행동 패턴은 어떻게 변화하고 있는지 그리고 고객은 어떤 존재로 변해 가고 있는지 등을 고객과 함께 탐구하면서 점점 더 명확하게 파악할 수 있어야 한다.

사례

코치: 당신은 다음과 같은 말을 몇 번 되풀이해서 사용했습니다. "~했으면 ~ 했을 텐데."
　　라는 말을 사용하면서 "당연히 ~해야 한다."는 말을 하셨어요.

고객: 제가 그랬나요?

코치: 두 가지 말 뉘앙스가 다른데 아직 말하지 않은 것은 무엇입니까?

고객: 사실, 제가 뭔가를 하고 싶은데 망설이고 있는 것 같아요.

코치: 무엇이 당신을 망설이게 하나요?

고객: _____

코치: 제가 어떻게 해 드리면 좋을까요?

고객: 아뇨, 코치님이 어떻게 해 주시는 게 중요한 게 아니라 사실은 제가 어떻게 할지 모르

는 게 문제입니다.

코치: 어떻게 할지 모른다는 게 무슨 뜻인지요?

고객: 제가 좀 공상가적인 면이 있어요. 그래서 '이러면 좋겠다 저러면 좋겠다. ~했으면 ~ 했을 텐데.'에서 머물고 있어요.

코치: 아, 네. 공상가적인 면. 좋네요. 그런데 그 공상가적인 면을 벗어나고 싶다는 이야기인가요?

고객: 네, 그러면 좋겠어요.

코치: 그런데 제 느낌은 고객님이 처음에 한참 이야기할 때 "~했으면 ~ 했을 텐데, 당연히 ~해야 한다."라는 말을 하실 때 에너지가 높았어요. 그것은 무슨 의미였을까요?

고객: 제가 그랬나요? 치밀도 하시네요.

코치: 그런가요. 그때 표정은 간절히 원하는 표정이었고 무언가에 대한 의지마저 전해졌습니다. 어떤가요?

고객: 사실 지금 회사가 힘듭니다. 힘든 중에 직원들이 이기적인 행동이나 말에 제가 화가 많이 났어요. 그들을 이해하는 마음도 있고, 그렇게라도 저 자신에게 말하면서 저를 진정시키거나 제가 흐트러지지 않고 중심을 잡으려는 거였어요.

코치: 그러셨구나. 그런데 그렇게 말씀하실 때는 전혀 공상가답지 않고 현실가다우시네요. 아무리 공상가라도 현실적인 문제가 중요하니 우선 현실적으로 접근하시죠.

고객: 하하. 그렇죠. 그게 제 문제예요. 그런 것을 구분하지 못하는 것. 네. 현실적으로 어떻게 접근하면 좋겠습니까?

코치: 고객님은 이미 그 답을 제시했습니다.

고객: 네? 언제요?

코치: 처음에 "~했으면 ~ 했을 텐데, 당연히 ~ 해야 한다."라고 여러 번 방향을 제시했습니다. 지금부터는 구체적으로 무엇을 할 것인가를 말씀해 보시죠.

고객: 말씀을 듣고 보니 그러네요. 그림이 그려지네요. 제가 공상가적인 면이 있기 때문에 그림은 잘 그립니다. 코치님의 도움을 받아 지금부터는 구체적으로 들어가 보시죠.

　마스터코치(MCC)는 완벽한 학습자의 입장에서의 경청한다. 전체적, 유기적으로 동시에 일어나는 것을 들으면서 말한다. 이 사례에서는 처음 여러 번 되풀이해서 말한 것을 내용과 유기적으로 연결한다. 공상가와 현실가를 대비하면서 그 해결책으로 공상가가 말한 내용을 현실적인 문제에 적용하고 있다. 코치는 고객의 언어에 숨어 있는 욕구를 듣고 그 탁월함과 재능을 총체적으로 들을 뿐 아니라, 고객을 제한하는 신념과 패턴도 경청하며 문제를 풀어 가도록 지원하고 있다. 코치와 고객이 하나로 연결되어 목소리에 담긴 직감을 활용함으로써 미래 발전 과정으로 나아가도록 지원한다.

5. 핵심 요약

o 적극적 경청(active listening)은 '고객이 무엇을 말하고 있고, 무엇을 말하지 않는지에 온전히 초점을 맞추고 고객이 말한 것의 의미를 고객의 욕구 맥락에서 이해하며 고객의 자기 표현을 지지하는 역량'이다.

o 적극적 경청은 공감적, 직관적, 맥락적, 공간적 경청을 통해 상대가 전달하고자 하는 메시지의 내용 및 감정과 마음을 인식하여 상대방의 내면 깊은 곳에서 원하는 것을 가장 적절한 언어와 행동으로 표현해 주는 것이다. 상대를 존중하고 이해하려는 마음으로 상대가 한 말은 물론 미세한 몸짓과 의도까지 포착하여야 하며 전달되는 메시지 전체를 듣기 위해 L.I.S.T.E.N.의 요소들을 갖추어야 한다.

o 적극적 경청은 2, 3단계 수준의 듣기를 하는 것이다. 1단계 수준은 자기중심적 듣기로 자신의 내면의 목소리에 주의를 기울이고, 자신의 생각과 의견, 판단과 느낌, 자신의 결론을 듣는 것이다. 2단계 수준은 고객 중심적 듣기로 고객에게 예리하게 집중하는 것이다. 고객의 단어와 표현, 감정, 말하지 않은 것, 가치, 비전, 그리고 불가능하다고 생각하는 것과 에너지 넘치게 하는 것까지도 듣는 것이다. 3단계 수준은 총체적 듣기를 하는 것으로 모든 감각을 동원하여 다각도로 듣는 360도 경청을 한다. 이러한 듣기는 코치의 직관이 활성화되어 있을 때 가능하다.

o 코칭 중에 나를 경청한다는 것은 코치로서 메타 뷰의 관점을 가지고 자신이 어느 수준의 듣기를 하고 있는지 알아차리는 것을 의미한다. 자신의 에고를 가지고 고객을 경청하고 있는 것은 아닌지 스스로 점검하며 자신 안에 고객을 위한 공간을 비워 두었는지, 자신이 현재 스페이스 경청을 하고 있는지, 고객의 말과 마음에서 나오는 소리에 적극적으로 응답하고 있는지를 끊임없이 살펴야 한다.

o 적극적 경청은 적극적으로 응답해 주는 것을 포함한다. 명확한 이해를 위하여 고객이 말한 내용을 요약하고, 바꿔 말하고, 반복하고, 되돌려 주어야 한다.

o 적극적 경청을 하기 위해 코치의 내면 공간을 비워 내는 노력이 지속되어야 한다.

6. 자기 개발을 위한 성찰과 연습(S-A-C)

○잠시 멈추고 바라보기(Stop)

연민(compassion)의 마음으로 고객의 옆에 그리고 고객과 함께 있는지 살펴본다.

○알아차리기(Aware)

– 논리적, 정서적, 유기적으로 전체를 듣고 있는가?

– 고객의 탁월함과 재능 및 고객을 제한하는 신념과 패턴도 경청하고 있는가?

– 코치의 에고가 작동하고 있지 않는가?

○도전(Challenge)

– 스페이스 클리어링을 하면서 고객과 완전히 연결된 상태에서 들으라.

– 고객이 말하는 내용과 일치되지 않는 감정 또는 비언어적 표현이 있을 경우 고객에게 알려 주고 확인하라.

강력한 질문하기

Powerful Questioning

마중물
inspiring

결과
result

강력한 질문하기
powerful questioning

잠재력
potential

1. '강력한 질문하기' 역량을 이해하기 위한 사전 질문

가. 강력한 질문의 효과는 무엇인가?

나. 속성에 따른 질문의 확장이란 무엇인가?

다. 무엇이 강력한 질문을 만드는가?

라. 경청의 수준과 질문의 수준은 어떤 연관성이 있는가?

마. 직접적인 질문은 어떻게 하는가?

2. 질문에서 '강력한 질문하기'로

가. 가능성을 촉진시키는 강력한 질문

질문하기(Questioning)는 적극적으로 탐구하는 행위이다. 질문(question)의
어간인 quest는 탐구·탐색을 의미한다. 질문하기는 미지의 세계를 향해 손

전등을 비추며 탐구하는 것과 같다. 코치는 질문을
통해 고객은 어떤 사람인지, 정말 원하는 것은 무
엇인지, 어디로 가고 싶어 하는지, 어떻게 원하는
곳에 갈 수 있는지를 고객과 함께 탐구한다. 온전
히 고객에게 집중한 상태에서 던지는 질문은 언어
의 의미뿐 아니라 어조 및 억양, 신체적 표현을 모

두 포함하는 표현 방식이기 때문에 매우 적극적인 탐구 과정이라 할 수 있다.

코치는 어떤 질문을 해야 할까? 이를 위해서 우선 코칭 질문의 특징을 생각해 보자. 코칭 질문은 일반 대화에서 하는 질문과 다르다. 일반 대화에서는 질문하는 사람의 호기심을 채우거나 정보를 알아내기 위해 질문을 한다. 반면에 코칭 질문은 대부분 상대방 중심의 질문을 하며 스스로 생각하게 하는 질문을 한다. 이런 질문은 상대방이 자신의 내면을 관심 있게 들여다보고 탐색하게 함으로써 숨은 잠재력을 발휘하게 할 뿐 아니라 새로운 관점과 행동을 발견하여 자신이 원하는 것을 향해 나아가도록 해 준다. 마치 우물 펌프에 마중물을 부어서 지하수를 끌어올리는 것과 같다. 이처럼 코치의 질문이 일반 대화 질문과 다른 이유는 코치의 주요 관심이 코치 자신의 호기심을 채우거나 정보를 알아내는 것이 아니고 고객이 갖고 있는 문제를 해결하는 것과 더 나아가 고객의 성장을 촉진하는 데에 초점이 맞춰져 있기 때문이다.

질문은 지금까지 한 번도 탐색하지 않았던 미지의 장소를 탐험하고 새로운 방법도 탐색하게 한다. '당신은 정말 어떤 삶을 살기를 원합니까?' 이런 질문을 받으면 어떤 생각이 떠오르는가? 여러 생각이 일어나고 자기 삶을 살펴보기 시작할 것이다. 이와 같이 질문하기는 질문을 받은 고객의 적극적 자기탐색을 돕는 역량이다. 질문을 통해 그냥 평범하게 말했던 것에 대한 의미와 본질이 무엇인지 살펴보게 되고 삶의 패턴이 어떻게 흘러가는지, 정말 어디로 가고 싶은지 탐색하게 된다.

어떤 질문은 무슨 대답을 해야 할지 막막하고 아무런 생각도 떠오르지 않는 충격적인 상황을 만들어 내기도 한다. 이런 질문을 강력한 질문이라 할 수 있다. 강력한 질문에서 '강력한'이란 질문을 받고 나서 깊게 성찰하게 하거나 평소에는 견혀 생각할 수 없었던 것을 새롭게 생각하고 실행하게 하는 역동성을 뜻한다.

나. '강력한 질문하기'의 효과

강력한 질문(powerful questioning)은 고객으로 하여금 자신이 말한 것의 본질이 무엇인지, 자기 자신이라는 존재는 어떤 존재인지를 더 넓게 탐색하게 함으로써 새로운 지평을 열어 준다. 코치는 강력한 질문을 함으로써 고객이 원한다고 말한 것에 대한 의미와 본질이 무엇인지 살펴보게 하고 삶의 패턴이 어떻게 흘러가는지 정말 어디로 가고 싶은지를 탐험하게 한다. 또한 과거에서 미래를 향해 나아가게 하고 고객의 생각을 한 장소에서 새로운 곳으로, 안전지대로부터 실험적 공간(experimental space)으로, 작은 공간에서 큰 공간으로 이동하게 한다. 강력한 질문을 통해 고객은 비로소 문제의 본질이 무엇인지 묻고, 늘 있던 자리를 벗어나 시간적 · 공간적으로 사고의 범위를 넘나들기 시작한다. 강력한 질문하기는 다음과 같은 효과가 있다.

- 고객이 원하는 것에 대해 초점을 맞추고 집중하게 한다.
- 고객이 원하는 것을 명확하게 하고 새로운 관점으로 말하게 한다.
- 자신의 상황보다 그 상황에 있는 자신을 바라보게 한다.
- 현재의 사고에 도전하고 더 깊거나 다른 생각을 불러일으킨다.
- 자신이 직면한 사실과 사고 및 감정을 탐구하게 한다.
- 자기를 관조하게 하고 깨달음을 얻도록 한다.
- 고객이 원하는 것을 성취할 수 있는 계획을 하고 행동하게 한다.
- 고객이 성장을 위한 자발적 책무를 갖게 함으로써 고객이 원하는 결과를 창출하게 한다.

다. 질문의 확장

질문의 수준은 질문의 확장 과정과 연관된다. 코칭은 고객이 스스로 원하는 것을 이루어 내고 성장과 성숙이 일어날 수 있도록 질문을 확장시켜 나갈 때 효과적이다. 질문의 확장은 질문 자체가 가지고 있는 속성과 관련이 있다. where는 장소를, when은 시간의 속성을 지니고 있다. 코칭 진행 상황에 따라 그러한 속성이 어떻게 확장되는지 다음 [그림 6-1]에서 살펴보자.

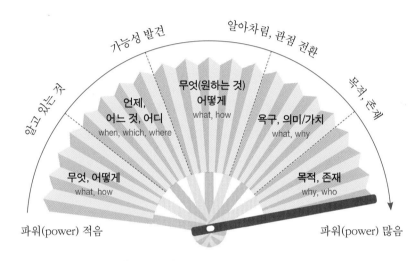

[그림 6-1] 속성에 따른 질문의 확장

부채가 완전히 펼쳐져야 더위를 식히는 바람이 만들어지듯이 다양한 속성의 질문은 코칭의 몰입을 이끌어 낸다. 코칭 질문은 코칭이 진행되는 정도에 따라 달라질 수 있는데, 'what' 'how'의 속성에서 시작하여 점점 who, why로 더 확장된 수준의 질문을 하여야 한다. 코칭이 깊어질수록 이유, 의미, 목적을 위한 'why' 속성의 질문이 요구되며 'why'는 곧 존재의 속성과 관련된 'who' 질문으로 확장됨으로써 강력한 질문의 효과를 나타낸다. 강력한 질문을 하기 위해서는 고객의 상황과 타이밍, 속성에 맞는 질문을 사용하는 것에 유념하여야 할 것이다.

속성에 따라 질문의 확장이 달라지지만 'why' 질문은 특히 유념해야 할 필요가 있다. 일반적으로 입문 과정 코칭에서는 why 질문은 조심스럽게 사용하도록 하고 있다. why, 즉 "왜 그렇게 하셨어요?" "왜 거기에 가셨어요?"라고 물으면 과거의 개인적 상황을 묻는 것처럼 느껴 취조당하는 느낌을 줄 수 있기 때문이다. 그러나 코칭은 과거 지향적이 아니고 미래 지향적 접근 방법이다. 미래 지향적 접근 방법에서는 'why'가 매우 중요하다. 고객이 원하는 목표를 세웠다고 했을 때 why 질문은 여러 가지 상상력을 가능하게 하고 실행력 있는 창조력을 만들어 낸다. 예를 들어, 고객이 원하는 목표를 세웠을 때 "왜 그 목표가 중요하죠?" "왜 그것을 해야 하죠?"라는 질문은 문제의 본질을 파악하게 함으로써 혁신적이거나 본질적인 문제 해결이 가능하게 된다.

why 질문이 얼마나 강력한지 알 수 있는 사례를 보자(류랑도, 2013). 1950년대 당시 한국에 주둔했던 미8군이 유엔군 묘지 단장 공사에 참여할 회사를 찾기 위해 공개입찰을 진행했다. 미군은 한 가지 까다로운 조건을 내세웠는데 묘지에 푸른 잔디를 깔아 달라는 것이다. 미군과 연계된 사업은 큰돈을 벌 수 있는 기회였음에도 한겨울에 푸른 잔디를 깔 방법은 없었다. 많은 회사가 고개를 저으며 하나둘 입찰을 포기하기에 이르렀다. 그런데 삼십대의 한 젊은 사업가가 미군 측에 질문을 던졌다.

> "왜 이 한겨울에 푸른 잔디를 깔아야 하는 겁니까?"

미군은 곧 극비 방한하는 미국의 드와이트 아이젠하워 대통령이 유엔군 묘지를 방문할 예정인데 황량한 묘지보다는 푸른 묘지를 보여 주고자 한다고 대답했다. 젊은 사업가는 "그럼 꼭 잔디가 아니어도 묘지가 푸르기만 하면 되는 거 아닙니까?" 하고 다시 물었다. 그리고 한겨울에 푸른 보리 이삭을 수십 트럭 옮겨와 묘지에 가지런히 심어 놓았다. 잔디를 심지 않고도 묘지를 푸르게 덮은 것이다. 모두가 그의 추진력과 아이디어에 놀라워했다. 그렇게 하여 그는 입찰 금액의 세 배를 받았다. 그뿐이 아니었다. 이후 미8군에서 추진한 모든 사업은 그의 차지가 되었다. 질문 하나로 큰 결과를 낸 젊은 사업가는 바로 당시 현대건설 사장 정주영이다. 현대건설이 미8군 사업을 통해 초고속으로 성장했으며 오늘날 현대 그룹의 토대가 되었다는 것은 매우 유명한 이야기이다. 그리고 그 중심에는 본질을 꿰뚫는 질문 하나로 일을 장악했던 전략가 정주영이 있었다. 바로 '왜'를 묻지 않았다면 어떻게 되었을까?

앤디 앤디루스(Andrews, 2017)는 '어떻게'와 '왜' 사이에 존재하는 거리는 하늘과 땅 사이만큼이나 멀다고 하였다. 그의 저서 『사소한 것들』에 사람들에게 많은 일자리를 제공하고 엄청난 영향력을 주고 있는 사람을 만나 대화하는 장면이 있다.

> "당신은 많은 사람에게 많은 일자리를 제공하고 엄청난 영향력을 주고 있습니다. 내 생각엔 당신은 그 모든 원리가 어떻게 작동하는지 알고 있는 것 같아요. 그렇지만 그것 이상의 무언가가 있잖아요? 안 그런가요?"
> "물론 그렇습니다. 당신이 말한 그것 이상의 무언가를 구체적으로 기꺼이 말씀드리죠. 그것은 '왜?' 입니다. 이게 다입니다."

이 대화 역시 '왜?' 라는 질문의 중요성을 강조하고 있다. 유의할 점은 왜(why)라는 표현 자체가 가지고 있는 불편함이다. 그렇기 때문에 코칭 입문 과정에서는 '왜'라는 질문을 하지 말아야 한다고 가르치고 있다. 그러나 수준이 높아지면서 코치들은 이 '왜'라는 질문을 적극 활용해야 한다. 다만, 고객이 불편함을 느낄 우려가 있는 부작용을 줄이기 위해서는 'why'가 가지고 있는 '속성'은 살리면서 표현을 달리할 수 있다.

> "왜 그 목표가 중요하죠?" → "그 목표가 갖고 있는 의미는 무엇입니까?"
> "왜 그 의미가 중요하죠?" → "그 의미가 주는 기회나 가능성은 무엇인지요?"
> "왜 그게 중요하죠?" → "무엇이 그것을 그렇게 중요하게 만들죠?"

이와 같이 why 질문의 강력함을 살펴보았다. why 질문이 중요하긴 하지만 최고 수준의 질문은 존재를 혹은 정체성을 묻는 누구(who)에 대한 질문이다. 고대에서부터 현대철학에 이르도록 중심이 되는 질문은 바로 '나는 누구인가(who)?'이다. 코칭의 접근 방법에서 고객이 제기한 문제를 해결하는 것(doing) 이상으로 자기 존재 방식과 정체성(being)에 대해 아는 것이 중요하다. 결국 문제를 해결하는 것(doing)은 되고 싶은 존재 방식과 정체성(being)에서부터 출발하기 때문에, 존재(being)에 대한 질문이 중요하다.

> "현재 당신은 어떤 사람이고 미래 어떤 사람이고 싶은가?"
> "당신이 되고 싶은 미래 정체성은 무엇인가?"
> "당신의 '나'는 무엇과 연결된 '나'인가?"

코치의 질문은 고객이 드러내고 싶은 것을 분출하게 할 때 강력해진다. 이러한 질문은 고객의 생각을 스스로 현재 있는 장소에서 다른 장소로 옮기게 한다. 이 과정에서 자연적으로 일어나는 것이 관점의 전환이다. 스스로 현재 문제에 집착하고 있는 자신을 다른 차원에서 바라보게 하고, 지금까지 보지 못한 면을 보며, 전체 상황을 파악하게 함으로써 효과적으로 패러다임을 전환하게 한다. 패러다임이 전환되면 고객은 문제에 대해 다른 관점을 갖게 되고 시야가 넓어져서 이전에 볼 수 없었던 새로운 가능성을 보게 된다.

3. '강력한 질문하기' 역량 정의 및 실행 지침

가. 정의

'강력한 질문하기'는 코칭 관계 및 고객에게 최대의 이익이 되는 필요한 정보가 드러나도록 질문하는 능력을 말한다.

나. 실행 지침

① 적극적으로 경청한 결과를 반영하고 고객 관점의 이해를 반영하는 질문을 한다.

② 발견, 통찰, 다짐 또는 행동(예: 고객의 가정에 도전하는 행동)을 불러일으키는 질문을 한다.

③ 더 큰 명확성, 가능성 또는 새로운 학습을 창출하는 개방형 질문을 한다.

④ 고객을 정당화하거나 뒤돌아보게 하는 질문보다는 고객이 원하는 것을 향해 이동시키는 질문을 한다.

⑤ 공간에서 나오는 질문이 강력한 질문이다.

1) 적극적으로 경청한 결과를 반영하고 고객 관점의 이해를 반영하는 질문을 한다

많은 코치는 어떻게 강력한 질문을 할 수 있을지 고민한다. 강력한 질문은 고객의 말을 적극적으로 경청한 다음에 비로소 가능하다. 경청하는 것과 질문하는 것은 동전의 양면과 같다. 수준 1의 경청을 하면 자기중심적으로 듣기 때문에 질문 역시 자기중심적인 에고가 실린 질문을 하게 되

어 고객에게 오히려 역작용을 미칠 수 있다. 수준 2의 경청을 하면 그 수준의 질문, 즉 상대방에게 온전히 집중하여 들을 때 할 수 있는 질문을 하게 된다. 그래서 고객은 진정으로 원하는 것과 구체적인 방법에 대하여 좀 더 심도 깊은 성찰을 하게 된다. 수준 3의 경청을 하게 되면 고객의 에너지의 흐름은 물론 에너지의 변화까지 듣게 된다. 때문에 고객의 깊은 감정을 공감하고 수용함으로써 상호작용하는 공간에서 에너지를 끌어 쓰는 질문을 할 수 있다. 코치는 수준 3의 질문으로 고객의 'who, 존재방식'을 질문함으로써 고객이 스스로 답을 발견할 수 있도록 돕는다. 이와 같이 적극적 경청을 통해 고객의 관점을 반영하는 질문은 물론 how, what, who 등을 활용하여 점점 더 고객의 본질에 접근하는 질문을 할 때 고객의 생각과 행동을 불러일으키는 것이 가능해진다. 결국 코치의 질문 수준은 적극적 경청의 수준에 비례한다고 말할 수 있다.

다음의 사례는 적극적으로 경청한 결과와 고객의 관점을 이해한 것을 반영하여 질문하는 모습이다.

사례

고객은 강사이다. 최근 강의 피드백이 낮고 참가자들과의 상호작용이 별로 없다는 피드백을 듣고 이를 개선하고 개발하기 위한 코칭을 받고 있다.

수준 1의 질문

고객: 저는 피드백을 잘 받고 싶어요. 어떻게 하면 될까요?

코치: 이전에 피드백을 잘 받았을 때에, ○○ 님은 어떻게 했습니까?

고객: 글쎄요. Q&A 시간을 가졌어요. 그랬더니 다른 때보다 피드백이 좋았습니다.

코치는 고객이 말하는 것과 관련한 고객의 관점을 살피지 않고 바로 어떻게

(how)를 질문하고 있다. 이와 달리 수준 2의 질문에서는 먼저 고객의 관점을
확인한 후에 무엇, 어떤 것 등을 사용하여 질문한다. 예를 들면, 다음과 같다.

수준 2의 질문

고객: 저는 피드백을 잘 받고 싶어요. 어떻게 하면 될까요?

코치: 피드백을 잘 받게 되는 것이 ○○ 님에게 중요한 이유는 무엇인가요?

고객: 네. 아무래도 강의 기회를 더 많이 얻을 수 있으니까요.

코치: 아, 강의 기회를 더 많이 얻기를 바라시는 것과 관련되는군요.

고객: 네. 맞아요.

코치: 그러면 이전에 피드백을 잘 받았을 때, 그때 어떻게 하셨습니까?

고객: 음……. 제가 그러고 보니 참가자들과 Q&A 기회를 별도로 가졌을 때 좋았네요.

코치: 또 새롭게 시도한다면 어떤 방법이 있을까요?

코치가 고객이 말한 언어를 활용하여 관점을 이해하고자 '무엇, 어떤' 등을
포함하여 질문하였다. 그리고 이어서 코치는 '어떻게, 어떤 방법' 등 문제 해
결 위주로 질문하였다. 고객의 언어와 관점을 활용하는 것이 핵심이다. 특히
고객의 언어와 관점을 활용하면서 고객 존재와 연결되는 질문은 고객 자신과
코칭 주제를 근원적으로 연결시킨다. 여기에서 더 나아가 고객의 가치나 존
재 방식과 연결되는 질문을 하게 되면 그것은 바로 수준 3의 질문이 된다.

수준 3의 질문

고객: 저는 피드백을 잘 받고 싶어요. 어떻게 하면 될까요?

코치: 지금 그렇게 말씀하시면서 어떤 느낌이 느껴지나요?

고객: 글쎄요. 꼭 하고 싶다? 뭐 이런 좀 더 간절한 느낌이랄까…….

코치: 아, 간절함! 그 간절함은 어디서 어떻게 느껴지세요?

고객: 어디냐면……. 가슴이요. 답답함도 뜨거움도 느껴집니다.

코치: 아. 간절함이 답답함과 뜨거움으로 느껴지시는군요.

고객: 네. 맞아요. 정말 제가 원하고 있나 봅니다.

코치: 아. 피드백을 잘 받는다는 것은 ○○ 님에게 어떤 의미가 있는지요?

고객: 네. 아무래도 강의 기회를 더 많이 얻을 수 있지요.

코치: 아. 더 많은 강의 기회를 얻게 되네요. 한 가지 궁금해요. ○○ 님은 어떤 강사가 되기를 바라는지요?

고객: 음……. 평소 저는 참가자들과 잘 교감하면서 영감을 주는 강사가 늘 되고 싶어요.

코치: 오~ 잘 교감하고 영감을 주는 강사! 코치로서 깊이가 느껴지네요. 그럼 잘 교감하면서 영감을 주는 강의는 어떻게 하는 것인가요?

고객: 네. 제가 참가자들의 반응에 잘 대응하고 눈을 자주 마주치거나 말은 적게 하고 그들이 더 많이 표현할 기회를 주고 강의의 핵심을 간결하게 전달했을 때예요.

(코치는 고객이 시도한 것, 새롭게 할 것을 탐색하도록 질문한다.)

코치: (호기심을 가지고) 그때 강의 피드백의 결과는 어떠했어요?

고객: 아. (상기된 목소리로) 만점에 가깝게 나왔어요. 저도 깜짝 놀랐습니다.

코치: 멋집니다! ○○ 님이 바라는 강사 모습을 하고 있을 때 기대이상의 피드백을 받으셨다는 말씀이군요.

고객: 맞아요! 말하고 보니 제가 어떻게 강의하면 될지 벌써 알겠는데요. 하하하.

코치: 지금 말씀하시면서 가슴에 무엇이 느껴지세요?

고객: 앗. 아까 말했던 그 답답하던 것이 이젠 시원해졌어요. 신기하게도…….

코치는 고객이 말하는 무엇, 즉 '피드백을 잘 받는 것' 대신에 고객의 감정과 원하는 것이 중요한 이유, 그리고 고객의 존재와 연결 짓는 "어떤 강사가 되기를 바라시나요?"라는 질문을 하였다. 고객이 말로 표현하지 않는 이면에 있는 고객의 감정을 살펴 주고 고객의 존재 방식이나 고객의 가치에 대한 질문을 하자, 고객이 스스로 '어떻게 하면 될 것인가?'에 대한 답을 발견하는 모습을 볼 수 있다.

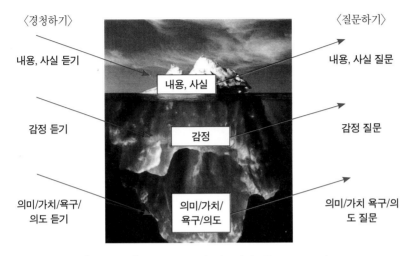

〈경청하기〉　　　　　　　　　　　　　　　〈질문하기〉

내용, 사실 듣기　　　　　　　　　　　　　내용, 사실 질문

내용, 사실

감정 듣기　　　　　　　　　　　　　　　감정 질문

감정

의미/가치/욕구/　　　　　　　　　　　　의미/가치 욕구/의
의도 듣기　　　　　　　　　　　　　　　도 질문

의미/가치/
욕구/의도

[그림 6-2] 경청의 수준과 질문의 수준(박창규, 2017)

고객의 이야기에는 [그림 6-2]와 같이 많은 내용이 포함되어 있다. 겉으로 드러나는 내용이나 사실에는 감정이나 말로 표현되지 않은 삶의 의미, 가치, 욕구, 의도와 동기가 내포되어 있다. 고객이 말하는 내용이나 사실에 대해서만 듣는 코치는 표면적인 내용이나 사실에 대해서만 질문을 할 것이다. 그러나 고객이 말하는 내용과 사실 아래에 있는 고객의 감정을 심층적으로 듣는 코치는 고객의 감정을 공감하고 수용하는 질문을 할 것이다. 고객이 말하는 관심사나 주제, 사실 너머에 있는 고객이 말하는 것과 관련되지만 고객이 말하지 않았던 의미, 가치, 욕구, 의도 및 고객의 미래와 존재 방식, 삶의 목적에 관심을 가지고 경청하는 코치는 그에 해당하는 질문을 하게 될 것이다. 결국 코치의 경청 결과가 고객에 대한 질문으로 나타나게 된다.

2) 발견, 통찰력, 다짐 또는 행동(예: 고객의 가정에 도전하는 행동)을 불러일으키는 질문을 한다

발견하게 하고 통찰을 불러일으키는 질문 방법을 다음 사례를 통해 살펴보자.

가) 고객의 발견, 즉 고객의 주요 관심사나 목표, 가치를 찾고자 하는 경우
고객의 관심사에 대한 중요한 발견 질문은 다음과 같다.

"무엇에 대해 코칭받고 싶습니까?"

"이것을 주제로 코칭받게 된 계기는 어떤 것입니까?"

"이번 코칭에서 기대하는 결과는 당신의 어떤 기회와 관련이 있나요?"

"이 주제를 통해 얻고자 하는 것은 당신의 일과 삶에 어떤 영향을 미치나요?"

목표에 대한 발견을 위한 질문은 다음과 같다.

"○○ 님이 바라는 강의를 잘하는 상태란 어떤 것입니까?"

"강의를 잘하게 되었을 때 그다음에 하려는 것은 무엇입니까?"

"○○ 님이 정말 원하는 것은 무엇입니까?"

"궁극적으로 어떤 사람이 되고 싶습니까?"

나) 통찰을 불러일으키는 질문은 고객의 관심사나 목표와 관련하여 고객의 가
치와 연결되게 하고 고객의 사고와 행동에서 가능한 것과 가능하지 않은 것
에 대한 믿음이나 가정에 도전하는 질문이다
고객의 가치와 연결되게 하는 질문은 다음과 같다.

"○○ 님이 생각하는 좋은 강의는 어떤 것입니까?"

"강의를 하고 있을 때, 당신은 무엇을 느낍니까?"

"○○ 님이 강의에서 중요히 생각하는 것은 무엇입니까?"

"강의는 당신의 일과 삶에 얼마나 중요합니까?"

가능한 것을 끌어내는 질문은 다음과 같다.

"어떻게 하면 강의를 잘할 수 있습니까?"

"강의를 잘할 수 있는 획기적인 방법들은 어떤 것이 있습니까?"

"당신 안에 있는 어떤 잠재력이 발휘되면 강의를 잘할 수 있겠습니까?"

"강의를 잘했을 때, 어떤 강점을 발휘했습니까?"

가능하지 않은 것에 대한 믿음을 끌어내는 질문은 다음과 같다.

"가능하지 않다고 생각하는 이유는 어떤 것이 있습니까?"

"어떤 생각(감정, 행동, 신념)이 잘하고 싶은 것을 방해하고 있습니까?"

"강의를 잘하지 못하게 하는 가장 큰 걸림돌은 무엇이라고 알게 되었습니까?"

"그런 것이 문제되지 않으려면 어떤 것(지원, 배움 등)이 필요합니까?"

앞서 제시한 질문들은 고객이 원하는 결과를 얻기 위한 자원을 발견하게 할 뿐 아니라 스스로 평가하여 원하는 결과를 성취하고 목표 너머의 목표나 목적을 발견하도록 돕는다. 고객의 새로운 자원을 발견하고 사고와 실행을 제한하는 요소를 발견하여 고객의 통찰을 불러일으킨다. 코치의 질문은 고객이 표현한 감정, 지각, 관심사, 신념, 제안 등을 수용, 탐구 및 강화하며 고객의 아이디어와 제안을 통합하고 확장되게 한다.

다) 실행에 대한 약속 및 다짐을 불러일으키는 질문은 고객이 원하는 결과를 얻기 위해 고객이 자신의 일과 삶 속에서 행동에 옮길 것을 약속하고 고객 스스로 책임감을 느끼게 하는 것에 대한 질문이다

실행을 약속하고 다짐하게 하는 질문은 다음과 같다.

"실행에 옮기기 위해서 어떤 다짐을 하시겠습니까?"

"실행하지 않는다면, 어떻게 됩니까?"

"실행에 옮기지 않으면, 어떤 일이 일어나지 않는가요?"

"스스로 책임감을 갖게 하려면 무엇을 해 보시겠습니까?"

이와 같은 질문을 할 때 유의할 점은 코치의 자기중심적 생각이 개입하지 않아야 한다는 것이다. 만약 코치가 자기중심적으로 질문을 하면 강력한 질문하기는 불가능하다. 그러므로 자기중심적 생각이 작용하거나 정해진 답을 말하도록 유도하는 질문은 하지 않아야 한다.

3) 더 큰 명확성, 가능성 또는 새로운 학습을 창출하는 개방형 질문을 한다

질문의 유형에는 여러 가지가 있다. 가장 일반적인 유형은 열린 질문과 닫힌 질문, 부정형 질문과 긍정형 질문, 유도 질문과 중립 질문, 책임 추궁형 질문과 가능성 발견 질문이 있다. 여러 유형 중 중립적이고 긍정적이며 가능성이 열린 질문이 강력하다. 예를 들면, "그것 해 보셨어요?"라는 닫힌 질문보다는 "무엇을 해 보시겠어요?"라는 열린 질문이 강력하고 "이렇게 하면 안 되겠죠?"라는 부정형 질문보다는 "어떻게 하면 가능할까요?"라는 긍정형 질문이 강력하다. 또 "막상 진로를 선택할 때는 비전보다는 수입을 더 중요시하는 것은 아닙니까?"와 같은 유도 질문보다는 "미래 진로를 선택할 때 기준이 되는 것은 무엇입니까?"라는 중립 질문이 강력하고 "이번 일은 왜 이 모양입니까? 이 정도밖에 못합니까?"라는 책임 추궁형 질문보다는 "이와 같은 일을 다음에는 어떻게 달리해 보겠습니까?"라는 가능성 발견 질문이 강력하다.

열린 질문이라 하더라도 쉽고 단순하며 간결해야 강력한 질문이 된다. 복잡하고 어려운 질문은 강력한 질문이 아니다. "조심스럽게 물어보고 싶은데요. 당신의 가장 고통스러운 기억은 무엇이며, 당신은 그것으로부터 무엇을 배웠습니까?"라는 질문은 복잡하고 이중적인 질문이다. 이때는 바로 "당신의 가장 고통스러운 기억은 무엇입니까?"라고 직접적으로 물어보는 것이 좋다. 다음 두 질문의 예를 보자.

> "무엇이 당신을 충만하게 만듭니까?"
>
> "당신의 삶을 되돌아보면 어떤 경험이나 생각이 현재 당신의 삶을 충만하게 한다고 생각하십니까?"

이 두 개의 질문은 어떤 차이가 있는가? 질문을 받을 때 느낌이 어떤가? 첫 번째와 같이 간결한 질문이 더 강력하지 않은가? 이런 쉽고 간결한 질문은 때로는 너무 간단해서 '평이한' 질문이라는 느낌마저 들 수 있다. 이유는 내 생각에 기준을 두지 않고 어떤 가정도 하지 않은 채 중립적인 질문을 하기 때문이다. "자유롭다는 것은 무엇인가?" "만족이란 무엇인가?" "당신이 원하는 것은 무엇인가?"와 같이 열려 있고 강력한 질문 형식은 쉽고 단순하며 가정이 없고 자유로운 특성을 가진다.

4) 고객을 정당화하거나 뒤돌아보게 하는 질문보다는 고객이 원하는 것을 향해 이동시키는 질문을 한다

코칭은 고객을 앞으로 나아가게 하는 특성을 가지고 있다. 그러므로 코치는 고객의 과거나 현재의 딜레마에 초점을 맞추기보다는 미래를 창조하도록 돕는 질문을 해야한다. 나음 노표의 예들 보사.

정당화하거나 뒤돌아보게 하는 질문	원하는 것을 향하게 하는 질문
• 문제가 무엇입니까?	• 원하는 것이 무엇입니까?
• 무엇 때문에 안 되고 있습니까?	• 쉽게 잘하는 방법은 어떤 것입니까?
• 하지 않는 이유는 무엇입니까?	• 무엇 때문에 그것을 하고자 합니까?
• 혼자서 하기 어렵다는 말씀입니까?	• 누가 당신을 도와줄 수 있습니까?
• 이번에도 실패할 것이라고 생각하십니까?	• 무엇을 다르게 하면 이번에는 성공할까요?
• 하고 싶지 않다는 말씀인가요?	• 당신이 하고 싶은 것은 무엇입니까?
• 힘든 운동을 왜 하려고 합니까?	• 운동은 당신에게 어떤 의미가 있는지요?
• 실패할까 봐 도전하기 어려우신가요?	• 성공에 집중할 때 당신은 어떤 모습입니까?

고객은 코칭 대화 중이나 하기로 약속한 것을 행동에 옮기는 중 잘 안 되거나, 하기 어렵거나 또는 미루는 경우가 더러 발생한다. 이때 코치는 고객의 말이나 행동을 정당화하게 하는 질문을 하거나 하지 못하는 이유를 말하게 하는 질문보다 고객이 성장하고 원하는 결과를 얻기 위한 실행에 집중하도록 하는 질문을 할 수 있어야 한다.

5) 공간에서 나오는 질문이 강력한 질문이다

코치는 고객이 잠시 멈추어 공간에서 생각할 수 있도록 해 주는 것이 중요하다. 박창규 마스터코치는 코칭에서 침묵의 중요성을 강조한다. 그는 실제로 데모 코칭에서 7분이 넘게 침묵의 공간을 유지하기도 했다. 그는 고객이 성찰의 순간에 이르렀을 때 "지금 당신 안에 있는, 어떤 당신이 그렇게 얘기하고 있습니까?"라는 질문을 했다. 그 후 고객이 답할 때까지 7분을 넘도록 침묵의 공간을 유지했다. 이 장면을 보고 있던 사람들은 무슨 일인가 의아해하고 심지어 조는 사람도 있었다. 이 침묵의 시간이 지난 후 당사자인 고객은 7분 동안 자신에게 어떤 일이 일어났는지 설명했다. 그는 자기 안에 있는 여러 명의 자기와 대화하는 긴 여정을 거쳐 지금 온전한 자기로 돌아왔다고 말했다.

코치는 강력한 질문을 하고 난 이후 자연적으로 생겨나는 침묵을 두려워하지 말아야 한다. 질문과 대답 사이의 침묵 공간은 고객의 자기 탐색을 위한 창조적 공간이며 더 나아가 영혼의 공간이 된다. 고객은 침묵의 공간에서 잠시 멈춰 자기 자신을 바라보고(止觀), 자신의 내면과 하나된 순간을 경험한다. 즉, '내면과 하나된 의미 있는 생각'을 함으로써 성찰하는 계기가 마련된다. "아들에게 어떤 아버지가 되고 싶습니까?"라는 질문에 고객이 당장 대답하지 않고 잠시 멈추면 공간이 마련되고 있다는 신호를 주는 것이다. 코치가 침묵하고 고객이 말할 때까지 편안하게 기다리면 고객을 그 공간에 머물러 아들에게 되고 싶은 아버지의 모습에 대해 탐구하기 시작한다. 그리고 깊은 생각을 내면으로부터 끌어올린다. 고객이 말할 때까지 기다리는 것이 공간을 만드는 것이다. 이때 코치는 자신의 말이나 설명으로 고객의 생각을 방해하지 않아야 한다.

4. 수준별 역량

가. '강력한 질문하기' 역량에서 요구되는 최소 기술

다음은 ICF의 자격 인증을 위한 최소 기술 요구 사항(minimum skills requirements) 중 역량 6 '강력한 질문하기'에 관한 평가 대상 핵심 기술(key skills evaluated)이다.

① 고객의 어젠다에 포함되어 있거나 저변에 깔린 핵심 이슈를 떠올리게 하는 질문을 얼마나 깊이 있게 하는가?
② 고객의 말에 담긴 감정적 내용과 실질적인 내용을 고객과 함께 탐구하고 고객 스스로도 탐구하도록 해 주는 능력을 갖추고 있는가?
③ 고객의 저변에 깔린 신념과 사고, 창조 및 고객에게서 일어나는 배움을 고객과 함께 탐구하고 고객 스스로도 탐구하도록 해 주는 능력을 갖추

고 있는가?

④ 질문이 고객에게 사고의 공간을 제공하고 새로운 관점을 이끌어 내는 데 얼마나 깊이가 있는가?

이를 수준별로 구체화하면 다음과 같다.

---

03 ▶ 마스터코치(MCC)

- 코치는 항상은 아니라 하더라도, 대부분 그 순간 고객에게 충분히 반응해 주는 직접적이고 좋은 생각을 떠올리게 하는 질문을 한다. 그것은 고객에게 특별한 의미가 있는 생각을 하도록 요구하거나, 그러한 생각할 수 있는 새로운 장소(공간)로 고객을 이동시킨다.
- 코치는 고객의 언어와 학습 스타일을 사용하여 질문한다.
- 코치는 온전히 호기심에 기반을 두며 자신이 답을 알고 있는 질문은 하지 않는다.
- 질문은 고객이 자신의 어두운 면과 밝은 면을 깊이 찾도록 하고, 자기 안에 숨겨진 힘을 찾도록 요구한다.
- 코치는 고객의 과거나 현재의 딜레마에 초점을 맞추기보다는 미래를 창조하도록 돕는 질문을 한다.
- 코치는 자신이나 고객 혹은 두 사람 모두에게 불편할 수 있는 질문하기를 두려워하지 않는다.

02 ▶ 전문코치(PCC)

- 질문은 고객의 의제에 관련된 내용이며 일반적으로 정보 탐색적 질문과 강력한 질문이 섞여 있다.
- 강력한 질문마저 고객이 제시한 이슈의 해결에 초점이 맞춰지는 경향이 있으며 고객에 반응하기보다는 의제에 반응하는 경우가 많다.
- 질문을 할 때 고객의 언어를 파악하고 사용하기보다는 코치에게 익숙한 코칭 용어나 언어를 사용하는 경향을 보인다.
- 가끔 유도 질문을 하기도 한다.
- 코치는 불편한 질문보다는 편한 질문을 하는 경향이 있다.

01 ▶ 인증코치(ACC)

- 질문은 고객의 의제에 관련된 내용이지만, 주로 정보를 구하는 질문이나 틀에 박힌 질문, 때로는 코치가 기대하는 '정답'으로 이어지는 질문을 한다.
- 일반적으로, 고객이 정한 이슈를 최대한 빨리 해결하기 위한 질문을 한다.

나. '강력한 질문하기' 역량 향상하기

1) 인증코치(ACC) 수준

○ 질문은 고객의 의제에 관련된 내용이지만, 주로 정보를 구하는 질문이나 틀에 박힌 질문, 때로는 코치가 기대하는 '정답'으로 이어지는 질문을 한다.

○ 일반적으로, 고객이 정한 이슈를 최대한 빨리 해결하기 위한 질문을 한다.

사례

코치: 오늘 코칭받고 싶은 주제는 무엇입니까?

고객: 취업을 어떻게 준비할지에 대해 코칭받고 싶습니다.

코치: 코칭을 통해 얻고 싶은 결과는 무엇인가요?

고객: 아버지 회사에서 배울 것인지 추천받은 곳으로 갈지 선택하고 그에 대한 준비를 어떻게 해야 하는지 알고 싶습니다.

코치: 아버지 회사와 추천받은 회사를 갔을 때 각각의 장단점은 어떤 것입니까?

고객: 아버지의 회사에서 일하면 장점은 ……이고 단점은 ……입니다. 그리고 추천받은 곳에 취업하면 장점은 ……이고 단점은 ……입니다.

코치: 어떤 곳에 취업하기를 바랍니까?

고객: 합리적으로는 추천받은 곳으로 취업해야겠어요.

코치: 선택하셨네요. 축하합니다.

고객: 네, 감사합니다.

코치: 그럼 선택하셨으니, 어떻게 준비하겠습니까?

고객: 네, 교수님을 찾아뵙고 그 회사가 어떤 곳인지 들어야겠어요. 그리고 서류 준비도 해야겠어요.

코치: 네, 하고 있다는 것을 제가 어떻게 알 수 있을까요?

인증코치(ACC) 수준에서는 고객이 코칭받고 싶은 주제, 기대하는 결과, 결과를 얻기 위한 행동과 약속을 이끌어 내는 질문을 주로 한다. 이 수준에서 하는 질문은 코칭 학습과정에서 배운 코칭 대화를 하는 데 필요한 질문이며 고객이 말한 것에 경청은 하지만 추가적인 탐색이나 탐구는 없다. 이 같은 질문은 코칭 기본 프로세스를 전개하는 가장 기본적인 형식을 갖출 때 필요한 질문들이다.

2) 전문코치(PCC) 수준

○ 질문은 고객의 의제에 관련된 내용이며 일반적으로 정보 탐색적 질문과 강력한 질문이 섞여 있다.

○ 강력한 질문마저 고객이 제시한 이슈의 해결에 초점이 맞춰지는 경향이 있으며 고객에 반응하기보다는 의제에 반응하는 경우가 많다.

○ 질문을 할 때 고객의 언어를 파악하고 사용하기보다는 코치에게 익숙한 코칭 용어나 언어를 사용하는 경향을 보인다.

○ 가끔 유도 질문을 하기도 한다.

○ 코치는 불편한 질문보다는 편한 질문을 하는 경향이 있다.

사례

코치: 오늘 코칭받고 싶은 주제는 무엇입니까?

고객: 취업을 어떻게 준비할지에 대해 코칭받고 싶습니다.

코치: 코칭을 통해 얻고 싶은 결과는 무엇인가요?

고객: 네, 아버지 회사에 들어갈지, 교수님이 추천해 주시는 곳으로 갈지 하나를 정하고 싶습니다.

코치: 그래요. 아버지의 회사에 가는 것과 다른 회사에 취업을 하게 되면 어떤 장단점이 있나요?

고객: 아버지 회사에 가면 아버지를 도와드리게 되어 좋고. 취업 준비를 별도로 안 해도 되고요.

코치: 그렇군요. 다른 회사에 취업하면요?

고객: 아무래도 추천 회사에 취업하면 새로운 경력을 쌓을 수 있고 안정된 경제력도 가지고요.

코치: ○○ 님은 취업하는 데 어떤 것을 먼저 고려하겠습니까?

고객: 얘기하다 보니, 저는 안정된 경제력도 경력을 쌓는 것도 중요합니다.

코치: 그렇군요. 그것을 충족하기 위해 어떤 것을 선택하면 될까요?

고객: 예. 얘기하다 보니 교수님 추천 회사에 가는 것이 맞겠네요.

코치: 아, 그래요. 이후로 무엇을 하시겠어요?

고객: 일단 교수님께 말씀드리러 가야겠어요. 입사하기 위해 필요한 정보를 부탁드리고. 또…….

전문코치(PCC) 수준에서는 고객의 주제에 대한 탐색과 탐구가 있고 고객이 원하는 것을 탐구하는 것에 초점을 맞춘 질문을 한다. 고객이 말하는 것에 관하여 더 탐구하기 위해 주제나 원하는 결과와 관련하여 '어떤' '무엇' '원하는 것'을 포함하는 질문을 함으로써 고객이 제시한 이슈의 해결에 초점을 맞추고 있다. 그러나 고객의 상황을 넘어서 고객과 고객의 중요한 목표나 목적과 연결되는 질문을 하고 있지는 않다.

3) 마스터코치(MCC) 수준

○ 코치는 항상은 아니라 하더라도, 대부분 그 순간 고객에게 충분히 반응해 주는 직접적이고 좋은 생각을 떠올리게 하는 질문을 한다. 그것은 고객에게 특별한 의미가 있는 생각을 하도록 요구하거나, 그러한 생각할 수 있는 새로운 장소(공간)로 고객을 이동시킨다.

○ 코치는 고객의 언어와 학습 스타일을 사용하여 질문한다.

○ 코치는 온전히 호기심에 기반을 두며 자신이 답을 알고 있는 질문은 하지 않는다.

○ 질문은 고객이 자신의 어두운 면과 밝은 면을 깊이 찾도록 하고, 자기 안에 숨겨진 힘을 찾도록 요구한다.

○ 코치는 고객의 과거나 현재의 딜레마에 초점을 맞추기보다는 미래를 창조하도록 돕는 질문을 한다.

○ 코치는 자신이나 고객 혹은 두 사람 모두에게 불편할 수 있는 질문하기를 두려워하지 않는다.

사례

코치: 오늘 코칭을 통해 어떤 결과를 얻기를 바랍니까?

고객: 네, 아버지 회사에 들어갈지 교수님이 추천해 주시는 곳으로 갈지 하나를 정하고 싶습니다.

코치: 오늘 선택이 고객님의 인생에 어떤 의미가 있을까요?

고객: 음……. 제가 살고 싶은 인생을 선택할 수 있는 시간이네요.

코치: 고객님이 살고 싶은 인생은 어떤 것인가요?

고객: 저는 무엇보다 제가 하고 싶은 분야에서 최고의 명장이 되고 존경받는 기술 명장으로 살아가고 싶습니다.

코치: 아, 하고 싶은 분야에서 최고로 존경받는 기술 명장으로 살고 싶어 하시는군요. 멋집니다.

고객: 예, 맞아요. 저는 어려서부터 기계를 만지고 분해하고 조립하는 놀이를 즐겼고요. 재주

가 있다는 평을 주변에서 들어 왔는데요. 이 재능을 살려 기술 명장이 되고 싶습니다.

코치: 말씀하시면서 원하는 일은 어떤 것이라는 생각이 떠오르셨나요?

고객: 저의 재능을 갈고 닦을 수 있는 그런 직장 환경이네요.

코치: 지금 말씀하시면서, 고객님이 원하는 일을 선택하기 위한 기준으로 무엇을 알아차리셨나요?

고객: 제 꿈을 생각해 보니 대기업이든 중소기업이든 아버지 회사이든 제가 하고 싶은 분야에서 최고의 명장이 되고 존경받는 기술자가 되는 데 도움이 되는 직장을 먼저 찾아야 할 것 같아요. 직장이 주요한 게 아니라 제 재능을 키울 수 있는 직장을 찾아야겠다는 도전의 마음이 생깁니다.

코치: 자신이 원하는 모습과 지금 말하는 직장은 서로 어떻게 연결됩니까?

고객: 네. 최고의 명장이 되어 존경받는 기술자가 되고 싶고 그럴 수 있는 직장을 찾는 것이네요.

코치: 미래 최고의 명장이 되어 존경받는 기술자가 되고 싶은 고객님은 지금 어떤 것을 선택하시겠습니까?

고객: 아버지 회사이든 다른 직장이든 제가 그렇게 될 가능성이 있는 직장을 먼저 제가 직접 현장을 방문하면서 살펴보아야 하겠어요. 그러면서 교수님과 상의하여 저의 재능을 키울 수 있는 직장도 더 추천받고 싶고요.

코치: 미래 고객님의 확실한 비전에 따라 직장을 선택하시겠다는 생각의 전환과 직접 현장을 방문하면서라도 살펴보아야겠다는 의지의 표현에 대해 축하와 인정을 해 드리고 싶습니다. 언제 그 진행 사항을 알 수 있을까요?

마스터코치(MCC) 수준에서는 고객이 말하는 취업 선택에 관심을 갖는 것을 넘어서서 취업과 관련한 고객의 선택이 자신의 삶에서 의미하는 것, 그리고 고객의 가치와 관련하여 호기심을 가지고 탐구하는 질문을 하고 있다. 전문코치(PCC) 수준에서 고객이 말하는 어떤 것을 선택할 것인가에 주의를 기울여 고객이 답을 찾도록 하였다면, 마스터코치(MCC) 수준에서는 고객의 이슈 너머의 고객 존재와 관련된 중요한 가치관이나 삶의 모습에 바탕을 두고 고객이 선택할 수 있도록 질문하였다. 이 외에도 고객이 더 심층적으로 확장시켜 생각할 수 있도록 질문한다.

5. 핵심 요약

o 강력한 질문하기는 질문을 받은 고객의 적극적 자기 탐구를 돕는 역량이다. 강력한 질문을 받은 고객은 새로운 생각을 자극하고 통찰력을 발휘하여 내면의 잠재력을 이끌어 낼 수 있도록 도전을 하고 원하는 목표나 목적을 효과적으로 달성하게 된다.

o 강력한 질문은 다음과 같은 특징을 가지고 있다.

  - 상황이나 고객의 문제보다 고객에게 초점을 맞춘다.

  - 단순하며 열린 질문으로, 경청 결과 및 고객의 관점을 반영한다.

  - 발견, 관점 전환을 통한 통찰력, 다짐 또는 행동을 불러일으킨다.

  - 고객이 원하는 곳을 향해 이동시키며, 내면의 공간에서 답이 나오게 한다.

o 질문의 수준은 질문의 확장 과정과 연관되어 있다. 코칭의 흐름은 고객이 스스로 원하는 것을 이루어 내고 그것을 통한 성장과 성숙이 일어날 수 있도록 질문을 확장시켜 나가는 과정이다. 이러한 질문의 확장은 고객의 상황과 코칭 관계 그리고 코칭의 효과와도 밀접하게 연결되어 있다.

o 질문의 수준은 세 가지의 수준으로 구분한다.

  - 수준 1의 질문: 표면적인 내용이나 사실에 대해서만 하는 질문

  - 수준 2의 질문: 말하는 내용과 사실 이면에 있는 고객의 감정을 공감하고 수용하는 질문

  - 수준 3의 질문: 의미, 가치, 욕구, 의도, 고객의 미래와 존재 방식, 그리고 삶의 목적에 대한 질문

6. 자기 개발을 위한 성찰 및 연습(S-A-C)

○ 잠시 멈추고 바라보기(Stop)

  잠깐 멈추고 질문하고 있는 나를 바라본다.

○ 알아차리기(Aware)

  – 나는 코칭 프로세스에 의한 표준형 질문을 하고 있는가?

  – 나는 고객이 특별한 의미를 생각할 수 있는 새로운 장소(공간)로 이동
   시키는 질문을 하는가?

  – 나는 고객이 자신의 신념, 관점, 가능성, 가치 그리고 욕구를 탐구하
   는 데 도움을 주는 질문을 하는가?

  –직관이 떠오르면 과감히 고객에게 말하는가?

○ 도전(Challenge)

  – 문제 해결을 넘어 고객이 성장할 수 있는 질문을 과감히 하라.

  – 코칭 상황과 흐름에 맞는 확장 질문을 과감히 펼치라.

  – 고객이 정말 원하는 것을 '붙잡아' 질문하자. 확실치 않아도 과감하게
   질문하라.

직접적 커뮤니케이션
Direct Communication

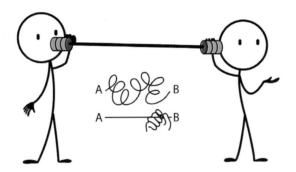

1. '직접적 커뮤니케이션' 역량을 이해하기 위한 사전 질문

가. 직접적 커뮤니케이션이란 무엇인가?

나. 고객의 언어를 활용하는 것은 왜 중요한가?

다. 코치의 언어 기반을 넓히면 어떤 효과가 있는가?

라. 코칭 대화 중에 은유와 비유는 어떤 효과가 있는가?

마. 직접적 커뮤니케이션에서의 피드백은 어떤 것인가?

2. 직접 소통이 가능한 언어를 사용하라

가. 효과적인 소통을 위한 '직접적 커뮤니케이션'

'직접적'의 사전적 의미는 중간에 제삼자나 매개물 없이 바로 연결되는 것이다. 커뮤니케이션이란 사람들끼리 서로 생각이나 느낌 따위의 정보를 주고받는 일이며 말이나 글, 그 밖의 소리, 표정, 몸짓 따위로 이루어지는 '의사소통'이나 '의사 전달'을 말한다. 효과적으로 소통하기 위한 직접적 커뮤니케이션 역량은 코치가 고객과 바로 연결되고, 고객에게 최대의 긍정적인 영향을 주는 언어로 소통하는.것을 의미한다.

따라서 코치의 직접적인 커뮤니케이션은 '의사전달'이나 '의사소통'을 명확하고 직접적으로 함으로써 생각, 감정 및 아이디어나 말하는 내용을 고객이 이해할 수 있도록 소통하는 것이 중요하다. 바로 연결되는 소통을 하려면 상대의 머릿속에 그림을 그려 주듯이 이야기하거나 상대의 입장에서 이야기해야 한다. 이때 상대의 언어로 말하거나 비유 등을 사용하면 훨씬 이해하기 쉽다(다케우치 가오루, 2018).

코칭에서의 직접적 커뮤니케이션은 고객이 말하려는 내용과 원하는 것을 분명히 하는 것이 핵심이다. 고객의 관심사를 분명히 하거나 코치가 고객과 공유하는 방식에서 고객이 바로 이해할 수 있는 적절한 언어를 사용한다. 가령, 고객이 코칭에서 다루려는 관심사가 "어떻게 하면 성과를 잘 낼 수 있을까요?"라면 "○○ 님이 생각하시는 성과란 어떤 것을 말합니까?" 하고 고객이 생각하는 성과에 대한 정의를 이해해야 한다. "탁월한 성과를 내고 싶습니다."라고 하면 "탁월한 성과란 어느 정도의 성과를 말합니까?" 등으로 질문하면 된다. 또 "HRD 리더로서 영향력을 가지려면 어떻게 하면 좋을까요?"라고 하면 코치는 "당신은 어떤 HRD 리더가 되고 싶습니까?" 또는 "영향력을 가진 HRD 리더로서 무엇을 하고 싶습니까?"라고 질문하여 고객이 말하려는 것을 직접적으로 이해할 수 있다. 서로의 생각이나 아이디어, 감정 등의 표현을 빙빙 돌리거나 우회하지 말고 상호 이해가 가능한 직항 경로에 해당되는 언어를 사용한다. 이를 위하여 할 수 있는 방법은 군더더기 없이 깔끔하고 명확한 언어를 사용하는 것이다.

나. 고객의 언어 활용하기

고객에게 가장 효과적인 언어는 고객이 사용하는 언어이다. 고객이 "하늘을 나는 기분이었어요."라고 말하면 코치도 "하늘을 나는 기분이었군요." 하고 말한다. 이와 같이 고객의 언어를 사용하면 고객은 코치에 대하여 심리적인 친밀감을 느끼고 고객 자신의 메시지가 잘 전달되고 있다고 느끼는 이점이 있다.

언어는 사용하는 도구 그 이상으로 그 언어를 사용하는 사람이 생각하고 느끼는 모든 것에 영향을 미친다(Stewart, Zediker, & Witteborn, 2015). 사람은 사고하고 학습한 것을 자신의 언어로 표현한다. 사용하는 언어를 들으면 그 사람의 사고방식, 가치관뿐 아니라 어떤 삶을 살아왔는지를 알 수 있다. 그리고 언어는 그 사람이 생각하고 행동하는 모든 것에 다시 영향을 미치는데, 자성 예언이나 긍정적인 언어를 사용할 경우 고객의 미래를 창조하는 원동력이 될 수도 있다. 따라서 코치는 고객의 언어를 활용하여야 할 것이다.

한편, 고객과 코치 는 각각 서로 다른 환경, 배움, 정보, 경험, 관점을 가지고 있기 때문에 사용하는 언어 역시 서로 다른 관점을 지니고 있다. 그럼에도 불구하고 코치가 고객이 사용하는 언어의 맥락을 이해한 다음 그의 언어로 대화하면 소통을 방해하는 요소를 차단하는 효과가 있다. 예를 들어, 고객이 "저는 영감을 주는 리더가 되고 싶습니다."라고 하면 고객이 사용한 언어의 의미와 코치가 이해하는 의미가 다를 수 있다. 코치가 직접적인 커뮤니케이션을 한다면 "영감을 주는 리더란 어떤 의미입니까?"라고 물어보는 것이다. 이렇게 고객이 사용하는 언어로 대화하려고 할 때 고객이 말하려는 의미나 관점을 명료하게 이해할 수 있다. 이처럼 고객의 언어를 이해하여 활용하면 할수록 코치와 고객은 더 솔직하고 깊이 있게 연결된 상태에서 대화할 수 있게 된다.

다. 언어 기반 넓히기

코치의 언어는 고객을 위한 것이어야 한다. 코치의 언어가 고객의 생각과 마음을 살피게 하고, 고객이 의도하는 것을 명료하게 말할 수 있게 할 때 고객을 위한 것이 된다. 그러기 위해서 코치가 자신의 언어 기반을 광범위하게 확장해야 한다. 효과적인 방법으로는 고객의 언어를 배워 사용하는 것이다. 연극배우를 코칭할 때는 그들의 연극 언어를 배워 사용하고, 군인을 코칭할

때는 그들의 군대 언어를 배워 사용한다면 코치의
언어 기반은 광범위해질 것이다.

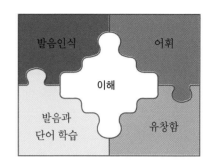

　또 다른 방법으로는 코치가 평소에 언어 능력을
계속 키우는 것이다. 코치가 고객이 자신의 상황
을 은유 또는 비유, 재구성하는 언어를 사용하거
나, 고객의 관점 전환을 촉진하기 위한 언어를 구
사하여 고객이 더 명료히 표현하도록 지원하는 것이다. 마스터코치(MCC) 자
격에 응시한 코치의 사례를 빌리면, 그는 고객이 당면한 시련에 대해 계속 자
신의 무능함을 자책하고 방황하고 있을 때, 도종환의 시구 중에서 '흔들리지
않고 피는 꽃이 어디 있으랴.'를 사용하였다고 한다. 고객은 이미 그 시의 의
미를 잘 알고 있었기에 마음을 '흔들리게' 하는 외부 시련 속에서도 내면의 마
음 심지를 '곧게 세울' 수 있는 의식 전환의 계기를 마련할 수 있었다고 한다.
이처럼 코칭에서의 코치와 고객의 만남은 언어 기반과 또 다른 언어 기반의
만남이 서로를 연결시켜 주는 고리가 된다. 따라서 코치가 고객을 만나 함께
공명하고 성장하는 데 도움이 되려면, 코치는 고객의 언어 기반을 이해하고,
나아가 고객의 문제 해결 및 기여할 수 있는 언어 기반의 폭을 깊고 넓게 확
장시키는 노력을 해야 한다.

3. '직접적 커뮤니케이션' 역량 정의 및 실행 지침

가. 정의

　'직접적 커뮤니케이션'이란 코칭 과정 중에 효과적으로 소통하고 고객에게
최대의 긍정적인 영향을 주는 언어를 사용하는 능력을 말한다.

나. 실행 지침

① 고객과 공유하고 피드백할 때는 분명하고, 명료하게 그리고 직접적으로 한다.
② 고객이 원하거나 불확실하게 생각하는 것을 다른 관점에서 이해하도록 재구성해서 분명하게 해 준다.
③ 코칭 목표나 만남을 통해 다룰(코칭) 의제를 분명하게 말해 주고, 또한 어떤 기법을 사용할 때나 과제를 수행(실행)할 때도 그 목적을 명확하게 말해 준다.
④ 고객에게 적절하고 존중하는 언어를 사용한다(예: 성차별, 인종 차별, 기술용어, 전문 용어를 사용하지 않는다).
⑤ 요점을 묘사하거나 말하고자 하는 내용을 그림 그리듯 표현하기 위해 은유와 비유를 사용한다.

고객에게 최대의 긍정적인 영향을 주는 언어 사용을 통해 코칭에서의 효과적인 소통을 하기 위해서 다음 요소들이 구현되어야 한다.

1) 고객과 공유하고 피드백할 때는 분명하고, 명료하게 그리고 직접적으로 한다

피드백이란 행동이나 반응을 그 결과를 참고로 하여 수정하고 더욱 적절한 것으로 해 나가는 방법을 말한다(Stone & Heen, 2014). 피드백은 분명하고 명료하게 그리고 직접적으로 하며 고객이 원하거나 불확실하게 생각하는 것을 다른 관점에서 재구성해서 분명히 할 수 있게 한다.

"지금까지 당신이 말한 것은 _____ 하다는 말이네요. 맞습니까?"
"내가 보기에는 당신이 _____ 보이는데 어떻게 생각하십니까?"
"내가 듣기에는 당신의 말이 _____ 들리는데 맞습니까?"
"내가 느끼기에는 당신이 지금 _____ 느껴지는데 맞습니까?"

"내가 관찰한 바에 따르면 _____ 문제를 _____ 측면에서 바라보고 있는 것 같습니다. 어떻게 생각하세요?"

다음은 코치의 직접적인 피드백의 중요성을 보여 주는 사례이다.

A 사에서 조직문화 진단점수가 낮은 팀장 두 명을 포함해서 모든 팀장을 대상으로 코칭을 진행하였다. 변화가 일어나야 할 두 명의 팀장은 그다지 심각성을 깨닫지 못하고 있다.

> **코치**: 팀장님은 이번에 조직문화 진단지수가 다른 팀에 비해 낮게 나왔는데 문제의 원인이 어디에 있다고 생각하십니까?
>
> **팀장**: 글쎄요. 저는 우리 팀이 처한 환경 때문이라고 생각합니다. 우리 팀원들의 고유한 업무 특성상 높게 나오기가 힘들죠. 외부상황이 안 좋았습니다.
>
> **코치**: 팀장님은 리더로서 얼마나 지금 상황을 심각하게 받아들이십니까?
>
> **팀장**: 뭐 그냥 하는 진단이죠. 그렇게 심각하게 받아들이지는 않습니다.

이에 코치는 K 팀장의 피드백 결과를 있는 그대로 직접적으로 전했다.

> **코치**: 지금 일곱 명의 팀장의 개인별 리더십의 점수를 부여한다면 자신은 몇 등을 하고 있다고 생각하십니까?
>
> **K 팀장**: (해맑게 웃으며) 저야 아마 상위권에 있겠죠.
>
> **코치**: 네, 그렇게 생각하시는군요. 솔직하게 말씀드려도 되겠습니까?
>
> **K 팀장**: (아무렇지 않게) 네, 편히 말씀하세요.
>
> **코치**: 팀장님, 안타깝게도 팀장님이 최하위권이십니다. CEO의 인사팀에서는 K 팀장님을 가장 코칭이 필요한 리더로 생각하고 있습니다. (침묵)
>
> **K 팀장**: (얼굴색이 변하며 그제야 심각한 표정과 어투로) 아, 그렇게 심각한가요?
>
> **코치**: 추가적인 정보가 있는데 더 말씀드려도 되겠습니까? (고객이 좋다고 반응한 후) 팀원

　　들은 ······라고 느끼고 있고 ······이 불만을 느낀다고 했습니다. 그래서 팀장님의 변

　　화를 바라고 있었습니다.

　K 팀장: (눈빛이 다소 흔들렸지만 이내 평정을 되찾고 제가 그럼 어떻게 하면 지금의 문제

　　점을 해결하고 좋은 리더로 변화할 수 있을까요?

　　그 이후 K 팀장은 누구보다 진지하게 코칭에 임했고, 팀원들과 허심탄회하게 대화를 하였다. 그리고 팀장은 "제가 코치님의 솔직한 피드백 덕분에 변할 수 있었습니다. 정말 최선을 다해 실천해 보려고 합니다."고 말해 왔다.

　　코치가 좀 더 일찍 K 팀장에게 직접적으로 피드백을 하고 대화했었더라면 시간 낭비를 줄이고 고객이 자신의 상황을 더 빠르게 인식할 수 있었을 것이며, 좋은 리더로 성장하기 위한 코칭을 받을 수 있었을 것이다.

2) 고객이 원하거나 불확실하게 생각하는 것을 다른 관점에서 이해하도록 재구성해서 분명하게 해 준다

　　코치는 고객이 한 말을 재구성하여 분명하고 명확하게 해 준다. 코칭에서 재구성은 코치가 고객으로부터 경청한 내용을 다른 관점으로 표현하여 고객이 말하려는 의도나 핵심을 고객에게 되돌려 준다. 고객은 자신이 했던 이야기에 대해서 다시 한 번 더 생각하게 되며, 자신의 원하는 바를 새롭게 인식하고 효과적인 해결책들을 잘 떠올리게 된다.

　　직장인 S는 늘 불만에 꽉 차 있다. 상담도 몇 번 받았다고 한다.

　고객: 제 뜻대로 되는 게 하나도 없어요. 그래서 저는 불만에 꽉 차 있어요. 별문제 없이 살

　　아가는 내 친구들을 보면 제 자신이 한심해요. 어떻게 해야 하죠? 코치님.

　코치: 당신이 만족할 때는 언제인가요?

　고객: 지금보다 사람들도 많이 만날 때요. 지루하지 않고, 뭔가 하고 있을 때요.

　코치: 지금은 어때요?

고객: 지금은, 사람도 별로 만나지 않고 일도 바쁘지 않으니까 멍하니 생각 없이 그냥 있을 때가 많아요. 그게 무료해요. 내가 쓸모없어졌나 싶고……

코치: 제가 이렇게 이야기해도 될까요? (대답을 기다린 후). ○○ 님은 불만 가득한 사람이 아니라 쓸모 있는 사람이 되고 싶은 거군요. ○○ 님의 견해는 어떤가요?

고객: 네네. 그게 제가 원하는 거예요.

이 사례는 고객이 현재 느끼고 있는 불만 상태로부터 고객이 원하는 상태에 관하여 고객의 관점으로 코치가 재구성하여 말하고 있다. 코치가 이해한 것을 고객 스스로 분명히 할 수 있도록 고객의 견해를 다시 확인함으로써 고객이 원하는 것이 더 명료해졌다.

3) 코칭 목표나 만남을 통해 다룰 (코칭) 의제를 분명하게 말해 주고, 또한 어떤 기법을 사용할 때나 과제를 수행(실행)할 때도 그 목적을 명확하게 말해 준다

코칭 목표나 세션 중에 다룰 의제를 분명하게 말해 줄 때는 다음과 같이 할 수 있다.

코치: 우리는 코칭을 10회 하기로 했고 주요 의제는 리더십 향상입니다. 구체적 목표를 진행하면서 점점 구체화하겠지만 관계 형성 기법, 의사소통 기법, 임파워먼트 등을 주요 토픽으로 합의하였습니다. 혹시 더 말씀하고 싶은 게 있나요?

코칭 중에 기법이나 도구를 사용할 때는 다음과 같이 할 수 있다.

코치: ○○ 님, 우리가 탐색한 대안 가운데 효과적인 대안을 결정하는 데 도움이 될 대안평가표를 사용하려고 합니다. 활용 방법을 잠시 설명해 드리겠습니다.

4) 고객에게 적절하고 존중하는 언어를 사용한다(예: 성차별, 인종 차별, 기술용어, 전문용어를 사용하지 않는다).

(잘못된 예)

고객: 이제는 나이도 들고 해서 이제는 제 인생을 좀 예술적으로 살고 싶어요.

코치: 아, 아트워크 작품처럼 만들고 싶은 모양이죠? (아트워크: 시각예술에서의 작품을 나타내는 용어)

고객: ?

(잘된 예)

고객: 이제는 나이도 들고 해서 이제는 제 인생을 좀 예술적으로 살고 싶어요.

코치: 네, 이제는 상무님이 가진 그 탁월한 미술적 재능을 발휘하고 싶은 거로군요.

고객: 네, 바로 그거예요.

5) 요점을 묘사하거나 말하고자 하는 내용을 그림 그리듯 표현하기 위해 은유와 비유를 사용한다

비유(analogy)는 어떤 현상이나 사물을 직접 설명하지 않고 유추하여 다른 비슷한 현상이나 사물에 빗대어 'A는 마치 B와 같다.'로 표현한다. 은유(metaphor)는 비유법의 한 종류로 표현하려는 대상을 'A는 B다.'라고 표현한다. 고객이 은유나 비유를 사용하여 자신의 상태를 표현하게 하는 것은, 풍부한 상상력을 가지고 함축적인 언어로 말하게 하며, 상호 대화가 명료해지는 효과가 있다.

비유) '그대의 눈은 샛별 같다.'

은유) '그대의 눈은 샛별이다.'

비유) '인생은 마라톤과 같다.'

은유) '인생은 마라톤이다.'

비유 예시)

코치: 앞으로 살아갈 자신의 삶을 어떻게 표현해 보시겠습니까?

고객: 음……. 어떤 그물에도 걸리지 않는 바람처럼 살고 싶어요.

코치: 네, 어떤 그물에도 걸리지 않는 바람. 그게 어떤 의미죠?

고객: 자유, 자유요. 자유롭게 살고 싶어요.

은유 예시)

고객: 저는 매일 매일이 위기와 불안한 상황에서 헤매고 있어요.

　　(절박한 심정을 길게 설명)

코치: 자신이 느끼는 것을 이미지로 표현한다면?

고객: 음……. 지뢰밭이에요. 어디서 터질지 모르는……!

4. 수준별 역량

가. '직접적 커뮤니케이션' 역량에서 요구되는 최소 기술

다음은 ICF의 자격 인증을 위한 최소 기술 요구 사항 중 역량 7 '직접적 커뮤니케이션'에 관한 평가 대상 핵심 기술(key skills evaluated)이다.

① 코치는 얼마나 쉽고, 직설적이고 깊이 있게 코치의 관점, 생각, 직관 및 피드백을 나누는가?

② 코치가 자기의 관점에 집착하는 듯이 보이지는 않는가?

③ 코치는 효과적으로 고객의 언어와 학습 모델을 사용하는가?

④ 코치는 코치 자신의 관점, 생각, 직관 및 피드백을 나누기 위해 얼마나 폭넓게 고객의 참여를 요청하는가?

이를 수준별로 구체화하면 다음 그림과 같다.

03 ▶ 마스터코치(MCC)
- 코치는 자신에게 일어나는 일을 집착 없이 쉽고 자유롭게 나눈다.
- 코치는 직접적이고 간단하게 생각을 나누며 자주 고객의 언어를 포함시킨다.
- 코치는 고객이 코치와의 대화에서 자신에게 최선의 반응을 선택할 것이라는 점을 충분히 믿는다.
- 코치는 고객이 직접적인 대화로 반응할 것을 권유하고 존중하며 축하한다.
- 코치는 고객이 코치 자신과 동일하거나 더 많은 대화 시간을 가질 수 있도록 충분한 공간을 만들어 낸다.
- 코치는 고객과 함께 활용할 수 있는 폭넓은 언어 기반을 가지고 있으며, 그 기반을 더 넓히기 위해 고객의 언어를 사용한다.

02 ▶ 전문코치(PCC)
- 코치는 보통 직접적 대화를 하지만 가끔은 질문이나 관찰 내용을 '예쁘게 포장'하려는 욕구를 느낀다.
- 코치는 종종 자신의 직관을 진실인 것처럼 취급한다.
- 코치는 고객이 들을 준비가 되어 있지 않을 것이라는 두려움 때문에 때때로 코치 자신에게 일어나는 일을 말하지 않는다.
- 코치는 자신이 틀릴 수도 있다는 두려움 때문에 대화를 부드럽게 하려고 한다.
- 코치는 고객의 언어보다는 코칭 언어를 사용하려는 경향이 있다.
- 코치의 언어 기반은 충분하지만, 고객과 함께 사용하기에는 폭넓은 언어 기반을 갖고 있지 않다.

01 ▶ 인증코치(ACC)
- 코치는 꽤 직접적 대화를 하지만 보통은 말을 너무 많이 하거나 질문이나 관찰 내용을 '예쁘게 포장'하려는 욕구를 느낀다.
- 질문과 관찰 내용을 말할 때 코치 훈련에서 배운 용어를 대체로 많이 사용한다.
- 대부분의 대화가 코치에게 매우 안전한 수준에서 일어난다.

나. '직접적 커뮤니케이션' 역량 향상하기

1) 인증코치(ACC) 수준

> ○ 코치는 꽤 직접적 대화를 하지만 보통은 말을 너무 많이 하거나 질문이나 관찰 내용
>   을 '예쁘게 포장'하려는 욕구를 느낀다.
> ○ 질문과 관찰 내용을 말할 때 코치 훈련에서 배운 용어를 대체로 많이 사용한다.
> ○ 대부분의 대화가 코치에게 매우 안전한 수준에서 일어난다.

사례

코치: 오늘 코칭 주제는 무엇인가요?

고객: 네 최근 받은 다면 인터뷰 결과에 대해서입니다.

코치: 아. 그러세요. 그럼 코칭 결과로 얻고 싶은 것은 뭔가요?

고객: 저의 리더십을 어떻게 발휘할 것인지 방법을 찾고 싶습니다.

코치: 네. 리더십을 발휘할 방법에 대해 코칭을 받고 싶은 거군요.

고객: 네. 맞습니다.

… (중략) …

고객: 저는 지금까지 성과 중심의 리더십이 중요하다고 생각했어요. 지금의 팀을 고성과 팀
으로 키우기 위해 강한 리더십을 발휘해야겠어요.

코치: 어떤 방법이 있을까요?

　인증코치(ACC) 수준에서는 코치가 고객의 말을 들은 다음 직접적 대화를
하지만 질문과 내용이 코칭 교육과정에서 배운 용어를 대체로 많이 활용한
다. 고객의 언어에서 핵심어를 활용하여 질문에 포함하기보다는 코치가 알
고 있는 질문을 주로 한다.

2) 전문코치(PCC) 수준

○ 코치는 보통 직접적 대화를 하지만 가끔은 질문이나 관찰 내용을 '예쁘게 포장'하려
  는 욕구를 느낀다.

○ 코치는 종종 자신의 직관을 진실인 것처럼 취급한다.

○ 코치는 고객이 들을 준비가 되어 있지 않을 것이라는 두려움 때문에 때때로 코치 자
  신에게 일어나는 일을 말하지 않는다.

○ 코치는 자신이 틀릴 수도 있다는 두려움 때문에 대화를 부드럽게 하려고 한다.

○ 코치는 고객의 언어보다는 코칭 언어를 사용하려는 경향이 있다.

○ 코치의 언어 기반은 충분하지만, 고객과 함께 사용하기에는 폭넓은 언어 기반을 갖
  고 있지 않다.

사례

코치: 오늘 코칭 주제는 무엇인가요?

고객: 네, 최근 받은 다면 인터뷰 결과에 대해서입니다.

코치: 다면 인터뷰 결과의 어떤 부분에 대해서입니까?

고객: 그게 제가 당황스럽고 놀라워서 도대체 어떻게 해야 할지 모르겠습니다. 저는 나름
      잘하고 있다고 생각했는데…….

코치: 어떤 점이 당황스럽고 놀라웠는지요?

고객: 저는 그들을 도와준다는 마음으로 이런저런 일들을 알려 준 건데 혼자 일을 움켜쥐고
      있다는 것입니다.

코치: 도와준다는 마음으로 알려 준 건데, 많이 서운하셨겠네요. 또 어떤 것이 당황스럽습
      니까?

고객: 또 당황스러운 건 제가 우유부단한 리더라고 평가했다는 것입니다.

코치: 그럼 팀장님께서 자신을 어떤 리더라고 생각하고 계시는지요?

고객: 저는 성과 중심의 리더십을 중요하다고 생각했어요. 지금의 팀을 고성과 팀으로 키우

기 위해 분석하고 방향을 제시하고 문제점을 찾아서 해결하고 동분서주하고……. 그런데 얘기하다 보니 지금은 성과만이 아니라 우리 팀이 조직에서 입지를 다지도록 팀을 대변해 주고 단호하게 주장하는 강한 리더십이 필요하다는 것을 알았습니다.

코치: 말씀하신 강한 리더십을 어떤 리더십이라고 표현하겠습니까?

고객: 네, 카리스마 리더십이네요.

코치: 그 말씀은 성과 중심의 리더십에서 카리스마 리더십으로 전환하시고 싶다는 거군요.

(이후 카리스마 리더십을 구현하는 방법에 대해 코칭)

전문코치(PCC) 수준에서는 고객의 언어를 코치가 자주 활용하여 질문을 구사하고 있다. 고객의 현재 심정이 더 자세히 표현되거나 고객이 원하는 것이 명료해지도록 '~에서 ~로'와 같은 전환 언어를 사용하는 것을 볼 수 있다. 이처럼 고객의 언어를 사용하여 질문에 포함하여 직접적 커뮤니케이션하고 있다.

3) 마스터코치(MCC) 수준

○ 코치는 자신에게 일어나는 일을 집착 없이 쉽고 자유롭게 나눈다.
○ 코치는 직접적이고 간단하게 생각을 나누며 자주 고객의 언어를 포함시킨다.
○ 코치는 고객이 코치와의 대화에서 자신에게 최선의 반응을 선택할 것이라는 점을 충분히 믿는다.
○ 코치는 고객이 직접적인 대화로 반응할 것을 권유하고 존중하며 축하한다.
○ 코치는 고객이 코치 자신과 동일하거나 더 많은 대화 시간을 가질 수 있도록 충분한 공간을 만들어 낸다.
○ 코치는 고객과 함께 활용할 수 있는 폭넓은 언어 기반을 가지고 있으며, 그 기반을 더 넓히기 위해 고객의 언어를 사용한다.

사례

코치: 오늘 코칭 주제는 무엇인가요?

고객: 네, 최근 받은 다면 인터뷰 결과에 대해서입니다.

코치: 다면 인터뷰 결과의 어떤 부분에 대해서입니까?

고객: 그게 제가 당황스럽고 놀라워서 도대체 어떻게 해야 할지 모르겠습니다. 저는 나름 잘하고 있다고 생각했는데…….

코치: 어떤 점이 당황스럽고 놀라웠는지요?

고객: 저는 그들을 도와준다는 마음으로 이런저런 일들을 알려 준 건데 혼자 일을 움켜쥐고 있다는 것입니다.

코치: 도와준다는 마음으로 알려 준 건데, 많이 서운하셨겠네요. 또 어떤 것이 당황스럽습니까?

고객: 또 당황스러운 건 제가 우유부단한 리더라고 평가받았다는 것입니다.

코치: 다면 인터뷰 결과, 혼자 일을 움켜쥐고 있는 리더 그리고 우유부단한 리더라고 평가 받은 것에 대하여 당황스럽고 놀랍게 받아들이고 있군요. 그럼 팀장님께서는 자신이 어떤 리더로 평가받았으면 좋겠습니까?

고객: 저는 그간 성과 중심의 리더십을 중요하다고 생각했고, 지금의 팀을 고성과 팀으로 키우기 위해 리더로서 혼자 분석하고 방향을 제시하고 문제점을 찾아서 해결하고 동 분서주하곤 했어요. 그래서 지금의 고성과 팀을 만들었고요. 앞으로도 그런 리더로 평가받고 싶은데…….

코치: 그만큼 수고가 많으셨겠어요. 성취를 통한 보람도 있었고요. 고객님의 리더십 스타일을 듣고 제 의견을 말해 드려도 되나요?

고객: 네. 솔직하게 말씀해 주세요.

코치: 고객님은 리더로서 고성과 팀을 만들기 위해 혼자 분석하고 방향을 제시하고 문제점을 찾아서 해결하고 동분서주하곤 했어요. 성과를 내기 위해 애를 많이 쓰셨어요. 그럴 때 구성원은 무엇을 했을까요? 시키는 대로 열심히 일만 했겠다는 느낌이 드네

요. 혼자 움켜쥐고 있었으니까. 구성원은 시키는 일만 하는 것 외에는 할 일이 없었을 것 같네요. 제 얘기를 듣고 어떤 느낌이 드세요?

고객: (잠시 침묵) 그런 면이 있었을 것 같네요. 아. 그래서 혼자 움켜쥐고 있었다는 결과가 나왔겠군요. 그럼 지금처럼 고성과 팀을 만들면서 동시에 구성원의 적극 참여를 유도하는 리더십을 개발해야 하겠네요. 카리스마 리더십 혹은 임파워먼트 리더십? 제가 개발해야 할 리더십은 임파워먼트 리더십이네요. 코치님. 고성과팀을 유지하면서 동기부여를 이끌어 내는 임파워먼트 리더십은 어떻게 개발해야 하죠?

코치: 그러면 지금부터는 어떻게 하면 임파워먼트 리더십을 개발할 수 있을까로 주제를 바꿔서 진행해도 될까요?

고객: 바로 그게 제가 원하는 것이에요. 좋습니다.

마스터코치(MCC) 수준에서는 코치가 고객의 언어를 잘 활용함으로써 고객이 말한 내용을 재구성하여 명료히 한다. 동시에 코치는 자신의 관점, 생각, 직관 및 피드백을 나누어 주면서 폭넓게 고객의 참여를 요청한다. 그 과정에서 고객은 자신의 말속에 들어 있는 모순된 갭(gap)을 발견함으로써 새로운 관점을 갖게 한다. 즉, 그러한 새로운 관점은 고객의 문제를 풀어 주는 것뿐만 아니라 고객을 성장시켜 준다.

5. 핵심 요약

O '직접적 커뮤니케이션'이란 코칭 과정 중에 효과적으로 소통하고 고객에게 최대의 긍정적인 영향을 주는 언어를 사용하는 능력을 말한다. 빙빙 돌리거나 우회적으로 말하지 않고 바로 알아들을 수 있게 대화하는 것이다.

O 코칭 과정에서 코치의 말을 고객이 잘 알아들을 수 있고 소통이 가능한 언어로 대화하는 것이 중요하다. 고객과의 효과적인 소통을 위해서는 고객의 언어를 활용하는 것이 바람직하다. 고객이 사용하는 언어는 고객 스스로 자기 생각을 알아차리도록 해 줄 뿐만 아니라 고객의 생각을 거울로 비춰 주는 효과가 있다.

O 코치가 사용하는 언어 기반의 폭이 광범위할수록 고객의 언어를 이해하고 고객이 말하지 않는 의도를 그대로 비춰 줄 가능성이 높아진다. 따라서 고객의 언어 기반과 접촉면을 깊고 넓게 하기 위해서 코치가 자신의 언어 기반을 광범위하게 확장해야 한다.

O 고객과 정보를 공유하고 코치의 느낌을 피드백할 때, 고객이 원하거나 불확실하게 생각하는 것을 다른 관점에서 이해하도록 재구성해서 말해 줄 때 코치는 분명하고, 명료하게 그리고 직접적으로 대화한다.

O 코칭에서 은유와 비유는 우리가 자기 자신과 자신이 부딪치고 있는 상황에 대한 이해가 더욱 명확하게 한다. 이미지로 표현하면 배우고 발견한 많은 내용을 함축하고 풍부한 상상력을 만들어 내며 대화를 더 명료히 할 수 있다.

6. 자기 개발을 위한 성찰 및 연습(S-A-C)

○ 잠깐 멈추고 바라보기(Stop)

　잠깐 정지하고 한 걸음 떨어져 코칭 세션을 바라본다.

○ 알아차리기(Aware)

　– 나는 고객이 자기 자신을 표현하는 언어를 자주 사용하는가?

　– 나는 고객의 애매한 언어를 분명하고 자세하게 재정의하고 공유하는가?

　– 나는 적절한 시기에 피드백을 하고 있는가?

　– 나는 고객이 사용한 은유나 비유를 놓치지 않고 있는가?

○ 도전(Challenge)

　– 고객을 위한 피드백을 불편함이 느껴지더라도 분명하고 자세하게 하라.

　– 코칭 세션에서 은유나 비유를 활용하여 대화를 하라.

일깨우기
Creating Awareness

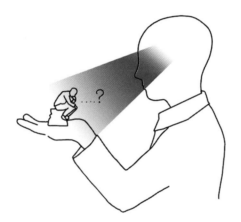

1. '일깨우기' 역량 이해를 위한 사전 질문

가. 코칭에서의 알아차림은 무엇이며 언제 일어나는가?

나. 알아차림이 쉽게 일어나게 하는 환경은 어떻게 조성할 수 있는가?

다. 고객의 말과 행동 사이의 불일치를 발견했을 때 어떻게 고객이 알도록
   연결할 수 있는가?

라. 고객을 총체적인 시각으로 바라볼 수 있는 멋진 감각은 어떻게 만드는가?

마. 일깨우기에서 공간은 어떤 역할을 하는가?

2. '일깨우기'와 알아차림의 공간

가. 일깨우기란 무엇인가?

Creating Awareness는 우리말로 '일깨우기'로 표현할 수 있다. 일깨우기란 코칭 대화를 통해 새로운 생각이나 관점을 불러일으킴으로써 알아차림을 만들어 내는 것이다. 그러면 알아차림은 무엇인가? 알아차림(awareness)은 무언가를 의식하는 상태이다. 그리고 자신의 생각, 행동, 욕구, 감정, 환경과 상황 등 모든 내·외적인 현상을 발견하고 체험하는 것이다. 이런 알아차림은 원래 인간의 본성에 갖추어져 있는 고유한 능력이며, 사고력이나 기억력처럼 자연적인 능력이다. 코칭의 일깨우기 역량은 바로 이런 알아차림 능력을 회

복시켜 주는 것이다.

　탁월한 코치는 상대방의 모습을 거울처럼 비추어 되돌려 준다. 고객은 코치에게 비친 자기 모습을 객관적으로 바라보고 지금까지 의식하지 못했던 현상을 자각하고 직면할 수 있게 된다. 코치는 여기서 한 걸음 더 나아가서 고객 자신이나 주제, 원하는 것 등에 대해 새로운 관점을 가질 수 있도록 질문하고 충분히 기다려 줌으로써 고객 자신이 어떤 생각을 하면서 살아왔는지, 어떤 행동을 해 왔는지, 무엇을 얻어 냈는지에 대해 스스로 알아차릴 수 있도록 해 준다. 이러한 알아차림은 코치와 고객이 함께 만드는 공간에서 일어난다. 이 공간이 클수록 더 크고 깊은 알아차림이 가능해진다. 그 공간 속에서 고객은 말하면서 스스로 깨닫고, 새롭게 보고 듣고 느끼며 이전보다 차원이 높은 통합적인 알아차림을 얻을 수 있다. 고객은 이러한 알아차림을 통해 자발적으로 실행할 수 있는 힘을 얻게 되고 코칭은 차원 높은 변혁적 코칭이 될 수 있다. 이러한 일깨우기 역량은 코칭의 전체 흐름과 다른 역량에 두루 영향을 미치는데 구체적으로 살펴보면 [그림 8-1]과 같다.

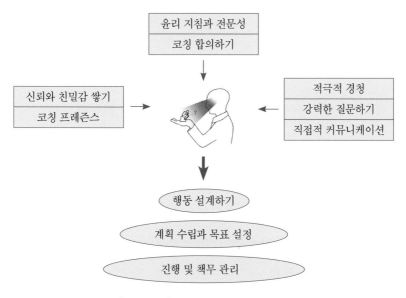

[그림 8-1] 일깨우기의 위치와 역할

나. 알아차림의 공간

그러면 알아차림은 어떻게 일어나는가? 알아차림을 위해 가장 필요한 것은 공간이다. 그 공간에서는 평소 생각할 필요가 있지만 생각하지 않았거나 생각할 기회가 없었던 것에 대해 생각할 수 있다. 고객은 미래의 모습으로부터 현재의 자기 모습을 관찰할 수도 있고, 자신이 그동안 살아왔던 길, 자신이 말하고 생각해 온 것, 자신의 행동을 살펴볼 수도 있다. 코치는 이 공간에 고객과 함께 머물면서 고객의 알아차림을 촉진하거나 새롭게 알아차린 것을 표현할 기회를 갖도록 질문한다. 코치의 질문은 고객이 자신을 더 깊이 탐색할 수 있는 공간으로 들어가는 문과 같다. 이어지는 코치의 침묵은 고객의 알아차림 공간을 만든다. 이를 위해 다음과 같이 질문하고 침묵한다.

> "당신은 어떤 사람입니까?" (침묵)
>
> "당신이 추구하는 것은 무엇입니까?" (침묵)
>
> "문제의 핵심은 무엇입니까?" (침묵)
>
> "무엇이 당신을 붙들고 있습니까?"(침묵)
>
> "당신을 힘들게 하는 것은 무엇입니까?"(침묵)

이러한 질문은 고객이 자기 내면을 깊이 탐색하고 자신에 대해 알아차릴 수 있도록 한다. 이어지는 침묵은 고객이 자신을 안전하게 관찰할 수 있게 코치는 개입하지 않는 공간이다. 김상운(2016)은 공간이 주는 에너지와 관련하여 "지능은 고정된 것이 아니다. 시야를 넓힐수록 무한히 늘어난다. 내가 바라보는 공간 속에 창의력이 흐르고 있다. 즉, 내가 커진다."라고 하였다. 그 공간이 커지는 과정은 [그림 8–2]와 같다. 분노나 슬픔, 소외감, 과거의 상처와 미래에 대한 불안 같은 감정이 느껴질 경우, 생각을 잠시 멈추고 조용히 바라보면 빈 공간이 점점 커지게 된다. 거듭 알아차림을 경험하면서, 고객 내

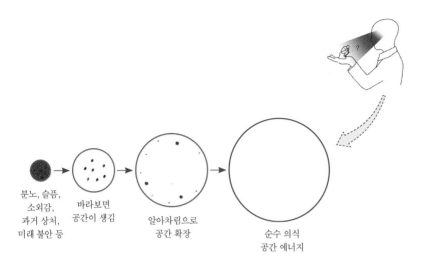

분노, 슬픔,
소외감,
과거 상처,
미래 불안 등

바라보면
공간이 생김

알아차림으로
공간 확장

순수 의식
공간 에너지

[그림 8-2] 공간 확장 단계

부의 순수의식이 작용할 때 알아차림의 공간은 더 커지게 된다.

　그러면 코치는 고객이 알아차림의 공간에서 어떻게 일깨우기를 돕는가. 코치는 고객이 말하거나 경험한 것에 대해 알아차린 것을 비추어 주는 역할을 한다. 이와 관련하여 톰 스톤(Stone, 2008)의 말을 빌리면 "순수의식은 내가 무언가를 경험할 때마다 거기에 함께 하는 것이며, 내 안에 있는 속성으로서 내가 깨어 있는 상태, 내가 살아 있는 상태를 말한다. 정신을 표현하는 스크린으로, 이 스크린 위에 모든 사고와 지각이 비춰진다."고 했다. 요약하면 알아차림의 공간(space)이란 코치의 자극과 도움을 받아 고객이 키워 나가는 공간이며 고객 스스로 자신을 관찰함으로써 고객 자신의 사고와 지각을 스스로 볼 수 있는 장소이다. 그러므로 코치는 고객이 알아차림의 공간에 자주, 오래 머물 수 있도록 근원적이고 본질적인 질문과 침묵을 잘 활용할 수 있어야 한다.

3. '일깨우기' 역량 정의 및 실행 지침

가. 정의

'일깨우기'란 여러 가지 정보의 원천을 통합하고 그것을 정확하게 평가하며, 고객이 알아차림을 얻을 수 있도록 해석하여 이미 합의한 목표에 도달하도록 도울 수 있는 능력을 말한다.

코치는 고객으로부터 문자나 고객 자신의 말로 표현된 언어 형태, 몸짓, 그리고 세션을 통해 얻은 2차적인 정보를 포함하여 수많은 정보를 얻는다. 코치가 얻은 그 정보들은 서로 보완되거나 상충되기도 하는데, 코치가 고객의 관심사와 코칭 주제를 함께 탐구하기 위해서는 이 방대한 양의 정보를 정리하고 통합하고 평가하는 과정을 거쳐야만 한다. 여기에서 정보를 평가(evaluate)한다는 것은 정보를 단순히 모으고 개괄적으로 중요성을 판단하는 것(assess)이 아니라 고객이 원하는 목표를 달성하는 데 필요한 가치 있는 정보를 수집하고 재해석하여 고객에게 도움되게 한다는 뜻이다.[1] 코치는 고객과 관련된 무수히 많은 정보 중에서 특정한 정보를 모으고 통합하고 평가하여 유용한 정보를 추출해 내어 해석한다. 유용한 정보란 결국 고객이 원하는 목표를 이루는 데 도움이 되는 정보이다.

---

1) 여기서 평가(evaluate)의 의미는 문자 그대로 value를 평가하는 것이다. 참고로 영어의 assessment 와 비교하면 assessment(평가, 사정)은 의사결정을 위해 자료를 수집하는 과정을 말한다. 반면 evaluate는 그 과정(assess)을 통해 최종 선택(결단)을 내리는 것을 말한다. 빅맨영어사전 참조.

나. 실행 지침

> ① 고객의 관심사를 평가할 때 고객의 표현에 빠져들지 않고 말한 것 너머를 본다.
>
> ② 더 큰 이해, 인식 및 명확성을 위한 성찰 질문을 한다.
>
> ③ 고객의 내면에 깔려 있는 관심사를 확인하고, 고객이 자신과 세계를 인식하는 전형적이고 고정된 방법을 이해한다. 또한 사실과 해석의 차이, 생각과 감정과 행동 사이의 불일치 등을 찾아낸다.
>
> ④ 고객 자신에게 중요한 것을 얻기 위해 행동하고 성취할 수 있는 능력을 강화시켜 주는 새로운 생각, 신념, 지각, 감정, 기분 등을 발견할 수 있도록 도와준다.
>
> ⑤ 보다 광범위한 시각으로 고객과 소통하고, 그들이 관점을 전환하고 새로운 행동 가능성을 찾도록 고무한다.
>
> ⑥ 고객이 자신과 행동에 영향을 주는, 서로 다른 상호 연관 요소(예: 생각, 감정, 신체 및 배경)를 파악할 수 있도록 도와준다.
>
> ⑦ 고객에게 유용하고 의미 있는 방식으로 통찰력을 표현한다.
>
> ⑧ 학습과 성장을 위한 주요 강점은 무엇이고 주요 영역은 무엇인지를 파악한다. 그리고 코칭에서 다뤄야 할 가장 중요한 것이 무엇인지를 확인한다.
>
> ⑨ 말한 것과 실제 하는 행동 사이의 간격을 발견했을 때에는 사소한 문제와 중요한 문제, 상황적 행동과 반복적 행동을 구분할 것을 고객에게 요청한다.

1) 고객의 관심사를 평가할 때 고객의 표현에 빠져들지 않고 말한 것 너머를 본다

고객은 당장 눈앞에 놓인 이슈를 말하느라 시야가 좁아져 있을 수 있다. 이때 코치는 고객이 묘사하는 방식에 구애받지 않고 그 밑바닥에 있는 관심사가 무엇인지에 주의를 기울여야 한다. 그리고 고객 의식의 수면 아래에 있는 관심사에 관심을 둘 필요가 있다. 고객의 표현은 수면 위에서 일어나지만 많은 부분이 수면 아래에서 일어난다. 고객의 말은 그중 일부일 뿐이다. 수면 밑에는 그 사람의 표현된 것, 표정 등에서 전혀 발견될 수 없는 훨씬 더 깊은 경험 요소들이 있다. 그 때문에 고객의 수면 위에 보이는 것만을 대상으로 코칭하게 되면 고객의 깊은 욕구나 열망과 연결이 되기 어렵다.

그러므로 코치는 고객이 말하는 화, 분노, 슬픔, 고통 등 고객의 표현에는 공감을 하지만 빠져들지는 말아야 한다. 왜냐하면 감정이란 사건에 대한 느낌을 말하는 것인데 그 아래에 있는 자신과 타인에 대한 기대나 이루고자 하는 열망 등을 이야기하지 않고서는 저변의 진짜 관심사를 찾아내기 어렵기 때문이다.

2) 더 큰 이해, 인식 및 명확성을 위한 성찰 질문을 한다

일깨우기는 고객의 알아차림을 이끌어 주는 역량이다. 그 알아차림의 내용이나 방향은 코치도 고객도 알지 못한다. 그 때문에 코치는 고객의 충실한 파트너가 되어 함께 몰입하여 미지의 세계를 탐구하게 된다. 이를 위해 코치는 고객이 메타 인지를 활용할 수 있는 공간을 함께 만들어 간다. 고객은 그 공간 속에서 자기가 말하고 행동하는 동안 그 장면을 옆에서 바라보는 또 하나의 고객이 있다는 것을 인식한다. 고객에게 잠깐 멈추고 자기가 자기를 바라보도록 하라. 무엇을 바라보는가? 당신은 어떻게 생각하는가? 코치는 그 알아차림이 당초에 고객과 함께 도달하고자 설정해 놓은 목표와 어떻게 연관되는지를 늘 점검한다. 그리고 불일치가 발견되면 고객에게 묻고 또 다른 알아차림의 기회를 갖도록 한다. 그 과정은 함께 탐구하는 과정이다.

3) 고객의 내면에 깔려 있는 관심사를 확인하고, 고객이 자신과 세계를 인식하는 전형적이고 고정된 방법을 이해한다. 또한 사실과 해석의 차이, 생각과 감정과 행동 사이의 불일치 등을 찾아낸다

고객이 말하고자 하는 주제에는 고객에 대한 많은 정보가 숨어 있다. 특히 고객의 말에 담긴 내용과 말투, 몸짓 등에 불일치가 발견되는 경우 그것을 통해 그의 세상에 대한 기본 태도, 신념, 자기 자신을 어떤 사람
이라고 생각하는지, 어떤 점에 대해 민감하게 반응하며 어떤
점에 대해 관대한지 등을 고객 자신이 깨닫도록 해 줄 수 있
다. 이런 점에서 일깨우기란 불일치를 거울에 비춰 알아차리
도록 하는 것이라고 할 수 있다.

　불일치의 유형은 세 가지로 나눌 수 있다. 첫째는 보이는
것의 불일치이다. 여기에는 행동 패턴, 스타일, 목소리와 몸
의 불일치 등이 해당된다. 이런 불일치를 발견했을 때 "제게는 이렇게 보이
는데(들리는데) 어떻게 생각하세요?" 등의 질문을 하여 불일치를 알아차리도
록 해 줄 수 있다. 두 번째는 아는 것의 불일치이다. 고객이 말한 내용이 앞뒤
가 맞지 않거나, 같은 사안에 대해 상대에 따라 다른 태도를 취하는 것 등이
해당된다. 이때는 고객이 그동안 해 온 것, 전략, 주제와 관련된 사실 등을 나
누면서 "회사의 전략은 이렇다고 했는데 지금 말씀하시는 주제는 반대 방향
인 것처럼 들립니다. 어떻게 생각하세요?" 등의 질문을 하여 그 불일치 내용
을 확인하는 시간을 가질 수 있다. 세 번째는 느끼는 것의 불일치이다. 이것
은 코치가 직감적으로 느끼는 부분이다. 고객은 쾌활하게 말하는데 코치는
그 속에서 고객의 뭔지 모를 두려움을 느낄 수도 있다. 이럴 때는 암시, 기회,
염려, 관심, 반응, 가능성 등에 관한 이야기를 나누면서 "이런 염려가 느껴지
는데, 나누어도 될까요?" 등의 질문을 하면 숨어 있는 진실을 찾아내거나 알
아차림을 얻을 수 있다.

　4) 고객 자신에게 중요한 것을 얻기 위해 행동하고 성취할 수 있는
　　　능력을 강화시켜 주는 새로운 생각, 신념, 지각, 감정, 기분 등을
　　　발견할 수 있도록 도와준다

　고객 자신에게 중요한 것을 얻는다는 것은 또 다시 코칭의 인간관을 상기
시킨다. 즉, 그 자체로서 온전한 인간, 무한한 자원을 내부에 갖고 있는 인간,

디없이 창의적인 인간인 자신이 원하는 목표를 얻기 위한 새로운 빌견을 하도록 돕는 것이다. 이럴 때 다음과 같은 질문을 활용할 수 있다.

"그렇게 어려운 상황인데도 사업을 계속하는 진짜 이유는 무엇인가요?"

"어떤 신념이나 사고방식이 있으면 자신감 있고 힘차게 전진해 나아갈 수 있을까요?"

"당신을 움직이지 못하게 하는 것은 무엇인가요?"

5) 보다 광범위한 시각으로 고객과 소통하고, 그들이 관점을 전환하고 새로운 행동 가능성을 찾도록 고무한다

고객은 자신이 처한 환경과 행동 패턴, 늘 보는 사람들과의 관계에 너무나 익숙해서 다른 시야를 갖지 못하는 경우가 흔히 있다. 이렇게 자기 이슈에 빠져서 왜곡하여 대응하고 있는 상태를 상자 안에 있다고 말한다. 그 상자 안에서는 문제를 해결해야 한다고 느끼면서도 회피하는 '자기 배반'이 일어나고 이를 정당화하면서 상대를 비난하게 된다(아빈저 연구소, 2010).

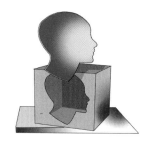

사례

고객: 일을 그날 중으로 끝내야 하는 상황인데 그날은 정말 피곤했어요. 동료가 그 일을 할 수 있지 않을까 생각하면서 조금 미안하지만 그냥 퇴근했지요.

코치: 그랬군요. 더 말씀해 주시겠어요?

고객: 다음날 출근해 보니 동료직원이 내게 마구 불평을 하더군요. 나도 맞서서 싸웠죠. 남들이 와서 말리고서야 싸움은 끝이 났어요. 나는 처음에는 미안한 마음이었지만 시간이 지나면서 생각해 보니 그 이전에 나도 대신 야근한 적도 있고 한데 이 친구가

너무 심하다는 생각이 들었어요. 사실 그 친구가 일찍부터 서둘렀으면 그렇게 남아서 하지 않아도 되는 일이었지요. (자기 배반, 자기 정당화와 왜곡이 일어남. 상자 속으로 들어감)

코치: 그 다음에는 어떻게 되었나요?

고객: 그날 이후로 서로 한 번도 말을 나누지 않았어요. 그러면서도 그 친구 하는 말, 하는 일 하나하나가 신경 쓰이고 야비해 보이더라고요. 그렇게 마음 좁은 친구가 남들에게는 왜 또 그렇게 잘 지내는 척하는지 원…….(상대방을 비난함)

코치: 지금 어떤 기분이세요?

고객: (잠시 침묵) 사실은 마음이 많이 불편해요. 뭔가 수렁에 빠진 느낌입니다. 예전에 그 친구와 함께 즐겁게 일하던 시절이 그리워요.

코치: 저도 그 불편한 마음이 느껴집니다. 이전의 즐거운 상태로 돌아가고 싶으시군요.

고객: 네, 정말 그래요

코치: 혹시 지금 들어가 있는 상자 바깥으로 나오면 무엇이 보일까요?

고객: 네? 무슨 상자? 내가 상자 안에 있다는 말인가요? 제가 수렁에 빠져 있다는 것을 상자 안에 갇혀 있다는 느낌으로 표현해 주셨군요?

코치: 네, 그래요. 상자라고 하니 어떤 느낌이세요?

고객: 수렁이라고 하니 못 빠져 나올 것 같은데 상자라고 하니 나올 것 같아요. 제 생각 바꾸고 상자 뚜껑만 열면 되네요.

코치: 상자 뚜껑만 연다는 것은 무슨 의미죠?

고객: 그야말로 열린 마음이네요. 친구니까 제가 먼저 열면 되겠어요. 일단 술 한 잔부터 해야 하겠네요.

코치: 축하합니다. 상자에서 쉽게 나오시네요. 나오시고 나서 더 큰 가능성의 기회를 만들기를 바랍니다.

이 사례에서 보듯 해결의 첫 단계는 자기가 상자 안에 들어가 있음을 알도록 하는 것이다. 고객은 자기 배반과 정당화를 멈추는 순간 상자 밖으로 나올

수 있다. 그리고 앞을 가로막는 요소가 사라지면 고객은 더 큰 가능성을 찾아
갈 수 있다.

6) 고객이 자신과 행동에 영향을 주는, 서로 다른 상호 연관 요소(예: 생각, 감정, 신체 및 배경)를 파악할 수 있도록 도와준다

행동과 생각, 느낌은 밀접하게 연결되어 있다. 화가 날 때는 말을 하기 이
전에 표정이 변한다. 미간이 찌푸려지고 눈빛이 변한다. 어금니를 꽉 깨물고

목소리는 가라앉는다. 반대로 기분이 좋을 때에는 싱글
벙글하며 얼굴에 웃음기가 가득하다. 목소리 톤이 높아
지고 몸짓도 커진다. 무력감을 느낄 때 사람들은 신체를
최대한 축소시킨다. 팔과 다리, 등과 어깨를 최대한 좁히
고 구부린다. 걸을 때조차 자기가 차지하는 공간을 될 수
있으면 적게 하려고 애쓴다. 반대로 자기가 강하다고 느
낄 때에는 걸음걸이, 목소리, 표정, 앉은 자세 등 모든 면에서 더 활동적이 된
다. 자기의 신체를 확장시키고 그가 차지하는 물리적 공간을 넓힌다. 이렇듯
생각과 느낌은 신체 언어로 나타난다. 반대로 신체 동작이나 자세를 변화시
키면 생각과 느낌이 변하기도 한다. 이런 상호 연관 요소들을 코치는 거울처
럼 비춰서 되돌려 줄 수 있다.

만약 코칭 고객의 행동이나 표정, 몸짓 등 상호 연관 요소에서 뭔가 새로운 모습을
발견한다면 코치는 이렇게 물어볼 수 있다.
"오늘 목소리도 크고 유쾌하게 들립니다. 어떤 일이 있었나요?"
"대화를 나누는 동안 점점 목소리가 커지고 팔 동작도 커지고 있습니다. 어떤 변화가
있었나요?"

7) 고객에게 유용하고 의미 있는 방식으로 통찰력을 표현한다

코치는 눈앞의 고객을 온전하고 자원이 풍부하며 창의적인 존재로 본다. 고객이 자신의 주제를 말할 때 거기에는 이미 그만의 눈으로 보는 세계가 담겨 있다. 지금까지 살아온 경험과 거기에서 얻은 교훈과 신념, 삶의 지혜도 함께 섞여 있다. '고객에게 유용하고 의미 있는 방식'이란 자기의 목표를 달성하는 데 있어 사용할 수 있는 그만의 독특한 방식을 말한다. 코치가 그것을 알아주고 그 방식으로 표현할 때 고객은 새로운 가능성을 찾아 나아갈 수 있다.

고객의 개인적 인식을 확인하고 활용하는 것을 예로 들어 보자. 현재 사업가로 일하고 있는 고객이 침체된 상태에 있다고 하자. 코치는 코칭 대화 중에 고객이 젊을 때 연극과 연기에 대한 열정이 넘치는 사람이었고 아직도 그 꿈을 간직하고 있다는 것을 알게 되었다. 그에게 있어 연극이라는 의미는 다른 사람과는 사뭇 다를 것이다. 그럴 때 코치는 다음과 같이 물어봐 줄 수 있다. "연기와 연극을 즐긴다고 하셨죠? 지금 말하는 이 사업의 계획을 짜는 것을 연극을 계획하는 것에 비유하면 어떤 생각이 드나요?"

8) 학습과 성장을 위한 주요 강점은 무엇이고 주요 영역은 무엇인지를 파악한다. 그리고 코칭에서 다뤄야 할 가장 중요한 것이 무엇인지를 확인한다

코치는 고객의 특성에 따른 재능과 강점을 파악하고 그것을 살릴 수 있는 그만의 방법을 찾도록 도와주어야 한다. 그것은 알아차림의 공간 속에서 이루어진다. 더 큰 성장을 위해 고객의 어떤 영역을 더 중요하게 보아야 하는지, 그 영역을 발전시키기 위해 어떤 강점을 활용할 수 있을 것인지를
함께 찾는 것이 필요하다. 고객의 학습과 성장을 위한 주요 영역을 찾기 위해서는 우선 그가 무엇을 가치 있게 생각하는지를 알아보아야 한다.

그런 다음에는 고객의 강점을 찾아야 한다. 강점을 찾는 가장 대표적인 방법은 고객의 신체적 변화를 감지하여 강점을 파악하는 것이다. 대화 도중 억양의 변화가 많아지고 말하는 속도가 빨라지거나 손짓이 많아지고 은유적 표현이 증가한다면 대부분 자기의 강점을 나타내는 신호일 수 있다. 또한 과거, 현재, 미래의 질문을 통해 강점을 발견할 수도 있다. 예를 들면, 다음과 같다.

> (과거) "과거의 행동이나 활동 중에서 가장 자랑스럽게 여기는 것은 무엇입니까?"
> (현재) "현재 가장 신나는 것은 무엇입니까?"
> (미래) "가까운 미래에 일어날 일 중에서 소망하는 것은 무엇입니까?"

다음은 과거 질문을 이용한 강점 찾기의 사례이다. 대화 중에 강점의 표시가 어떻게 나타나는지를 주의 깊게 살펴보자.

사례

코치: 과거의 행동이나 활동 중에서 가장 자랑스럽게 여기는 것은 무엇입니까?

고객: 중학교 때 전국 웅변대회에서 특선을 한 적이 있어요. 늘 그때를 생각하면 뿌듯하고 자랑스럽네요.

코치: 그렇군요. 그때 어땠나요?

고객: 저는 그 훨씬 이전부터 웅변대회를 기다려 왔어요. 어려서부터 TV에서 유명한 사람들의 연설이나 강연이 나오면 따라서 흉내 내곤 했어요. 링컨 대통령이 게티스버그 연설과 처칠 수상의 연설을 다 외기도 했고 여러 사람 앞에서 말할 기회를 가지려고 일부러 반장 선거에 나가기도 했어요. 결국 밤낮을 잊다시피 하고 한 달 정도를 연습했더니 좋은 결과가 나왔지요.

코치: 그랬군요. 그때 그렇게까지 열심히 하게 된 이유는 뭐라고 생각하세요?

고객: 저는 사람들 앞에서 말한다는 사실이 너무나 신났어요. 그 신나는 상태가 계속되기를

원했죠. 그러고 보니 나는 사람들 앞에서 말할 때 기운이 솟는 사람인 것 같네요.

　이를 통해 고객은 강점을 인식하게 된 것이다. 이렇게 찾은 강점은 코칭에서 또 다른 알아차림을 얻을 수 있는 도구로 활용될 수 있다.

　9) 말한 것과 실제 하는 행동 사이의 간격을 발견했을 때에는 사소한 문제와 중요한 문제, 상황적 행동과 반복적 행동을 구분할 것을 고객에게 요청한다

　고객의 말과 행동 사이의 간격이 발견되면 그것이 의미하는 바가 무엇인지를 고객과 함께 탐구해야 한다. 그 간격은 겉으로 나타난 행동의 차원을 넘어서서 그 밑에 있는 감정, 느낌, 신념, 그리고 그의 존재에까지 이를 수도 있기 때문이다. 코치는 우선 그 사실을 고객이 알도록 할 필요가 있다. 그것이 고객에게 중대한 것이라면 그로부터 자기 행동에 대한 알아차림을 얻는 기회가 되며, 내면의 깊은 이슈와 연결되어 더 크고 근본적인 깨달음으로 연결될 수도 있다.

　다음으로는 그 괴리된 행동이 상황적인 것인지 또는 반복적인 것인지를 구분하도록 해야 한다. 상황적 행동이란 어떠한 상황에 의해 일시적으로 발생되는 행동을 말하고, 반복적 행동은 습관적으로 내재되어 있어 언제든 다시 나타날 수 있는 행동을 말한다. 이를 구분하기 위해 "이전에 이와 비슷한 어떤 경험이 있었습니까?" 또는 "이전에 이와 비슷한 상황에서 어떻게 행동하셨나요?" 등의 질문을 할 수 있다. 그리고 "다음에 이런 일이 발생한다면 어떻게 행동하고 싶으세요?" 등의 질문으로 이성적인 대처 방법이 무엇이라고 생각하는지도 물을 수 있다. 고객은 이런 질문에 답하면서 이전에 알지 못하던 자신의 새로운 모습을 인식할 수 있다.

사례

고객: 저는 구성원들이 일처리를 잘못했을 때 좀처럼 화를 멈출 수가 없어요. 화내고 나면 후회하곤 하죠.

코치: 하고자 하는 생각과 실제 행동이 일치하지 않는 것에 대한 성찰이 있으시네요. 그럴 때 어떤 느낌이 드세요?

고객: 제가 참 절제 없는 사람처럼 느껴지고, 내가 이 정도밖에 안 되는 사람인가 하는 자책감이 들어요.

코치: 자책감이 들 정도로 힘드시군요. 그게 어떤 상황일 때만 일어나는 것인가요? 아니면 일상 반복적인가요?

고객: 상황적? 반복적? 그러고 보니 반복적이라기보다는 어떤 상황, 특히 상사와의 관계가 안 좋은 상태에서 더 많이 화를 내는 것 같아요.

코치: 방금 말씀하시면서 알게 된 것은 무엇인가요?

고객: 아, 그렇군요. 상사와의 관계가 안 좋은 상태에서 그런 현상이 생긴다는 것이에요.

4. 수준별 역량

가. '일깨우기' 역량에서 요구되는 최소 기술

다음은 ICF의 자격 인증을 위한 최소 기술 요구 사항 중 역량 8 '일깨우기'에 관한 평가 대상 핵심 기술(key skills evaluated)이다.

① 코치는 새롭고 더 넓은 관점, 학습, 창조 및 행동을 탐구할 때 고객에게 얼마나 만족할 만한 파트너가 되어 주고 있는가?

② 코치는 집착 없이 고객과 관점을 나누고, 고객에게도 자기의 생각, 관

점, 직관을 나누도록 초대할 수 있는가?

③ 코치는 고객의 직관, 사고, 언어를 코칭 과정에서의 중요한 도구로 받아들이고, 고객이 그것을 사용하도록 권유하는가?

④ 코치는 코치 자신의 관찰이 진실이 아니라 단지 코치의 생각일 뿐이라고 간주하면서 고객의 성장이나 목표 성취를 저해할 수 있는 고객의 고정된 사고방식을 조명할 수 있는가?

⑤ 코치는 고객의 언어를 일깨우기의 도구로 활용하는 능력을 갖추고 있는가?

⑥ 코치는 고객의 배움과 창조에 맞도록 세션의 시작, 중간 및 끝을 하나로 통합할 수 있는가?

다음은 각 수준별 최소 요구 사항을 정리한 것이다.

03 ◀ 마스터코치(MCC)

- 해결을 위한 것보다 탐구를 위한 코치의 초대가 선행되어야 하고 이것이 훨씬 더 중 요하다.
- 코치는 고객만큼이나 탐험가처럼 보인다.
- 코치는 깨달음이 어떠해야 하는가에 대해 결론을 내리지 않는다(코치는 기꺼이 모르는 상태에 있으려 한다).
- 고객의 탁월함을 사용하도록 권유하고 기꺼이 환영한다. 문제를 해결하거나 고객을 바로 잡으려고 하지 않는다.
- 고객이 코치에게 깨달음을 주고, 코치의 말보다 고객의 말이 더 힘을 얻을 수 있도록 허용한다.
- 코치는 고객이 누구이고 고객이 원하는 것이 무엇인지를 총체적으로 바라볼 수 있는 멋진 감각을 가져야 하며, 이를 고객과 함께 나누고 고객도 코치와 공유할 수 있는 공간을 만들어 준다.
- 코치는 깨달음을 강요하지 않는다.

02 ◀ 전문코치(PCC)

- 코치는 고객이 문제를 해결하면서 새로운 깨달음을 얻을 수 있도록 돕는다.
- 대부분의 깨달음은 새로운 기법에 관한 것이며, 고객 자신이 누구인가에 대한 새로운 깨달음은 별로 일어나지 않는다.
- 이에 더해서, 깨달음은 결과적으로 그 범위 내에서 더 명확하게 정의되는 경향이 있다.
- 코치는 고객이 특정한 상황과 관련하여 얻은 새로운 깨달음을 통합하도록 돕고, 배움을 이용하여 새로운 깨달음의 범위를 충분히 넓히도록 도와준다.

01 ◀ 인증코치(ACC)

- 문제 해결이나 목표 달성 방법을 찾는 수준에서 찾은 깨달음을 얻는다.
- 주로 새로운 기술에 관한 깨달음에 한정되고 자기 자신에 대한 새로운 배움으로까지는 이르지 못한다.

나. '일깨우기' 역량 향상하기

1) 인증코치(ACC) 수준

> ○ 문제 해결이나 목표 달성 방법을 찾는 수준에서 찾은 깨달음을 얻는다.
> ○ 주로 새로운 기술에 관한 깨달음에 한정되고 자기 자신에 대한 새로운 배움으로까지
>   는 이르지 못한다.

사례

임원 코칭의 사례이다. 자신감을 높이는 데 목표를 두고 있다. 성과도 비교적 잘 내고 있다.

> **코치**: 자신감을 높이는 데 목표를 두고 계시네요. 그간 자신감을 올리기 위해 그간 어떻게
>   하셨습니까?
> **고객**: 자신감 트레이닝도 받았고 수시로 "나는 자신 있다."라고 외치기도 해요.
> **코치**: 여러 가지 노력을 하셨네요. 그랬더니 어떤 느낌이 왔습니까?
> **고객**: 트레이닝받고 수시로 외칠 때는 속이 후련하기도 해요. 그렇지만 그건 그때뿐이고,
>   자신감이 근본적으로 올라가고 있는 것 같지는 않아요.
> **코치**: 그러면 어떤 경우에 자신감이 떨어지나요?
> **고객**: 새로운 프로젝트를 만났을 때입니다. 시간이 지나면 하기는 하는데 괜히 불안해요.
> **코치**: 새로운 프로젝트를 만났을 때 불안하시다는 얘기네요. 그럴 때에도 자신감을 올리는
>   방안은 어떤 것이 있을까요?

코치는 고객이 제시한 자신감 높이기라는 주제에 대해 간단한 현실 점검을 했으며 이를 해결할 수 있는 방법을 묻는 방식으로 진행하고 있다. 고객은

세한적이지만 자신감을 올리는 방법을 배우며 약간의 깨달음도 얻었다. 하지만 코치는 더 이상 깊이 들어가지 않고 곧바로 주제를 해결하려 하고 있다. 이는 선형적인 접근이다. 더 깊은 탐색을 위해서는 고객이 어떤 사람인지, 그가 생각하는 자신감이란 어떤 것인지, 자신감을 높이고 싶은 진짜 이유는 무엇인지 등의 질문이 필요해 보인다.

2) 전문코치(PCC) 수준

> ○ 코치는 고객이 문제를 해결하면서 새로운 깨달음을 얻을 수 있도록 돕는다.
>
> ○ 대부분의 깨달음은 새로운 기법에 관한 것이며, 고객 자신이 누구인가에 대한 새로운 깨달음은 별로 일어나지 않는다.
>
> ○ 이에 더해서, 깨달음은 결과적으로 그 범위 내에서 더 명확하게 정의되는 경향이 있다.
>
> ○ 코치는 고객이 특정한 상황과 관련하여 얻은 새로운 깨달음을 통합하도록 돕고, 배움을 이용하여 새로운 깨달음의 범위를 충분히 넓히도록 도와준다.

사례

코치: 자신감을 어떻게 정의하시나요?

고객: 자신감은 일종의 '할 수 있다.'라는 마음 자세인 것 같아요.

코치: 그렇게 정의하시는군요. 상무님은 성과도 잘 내시는데 이것을 주제로 내세우게 된 이유는 무엇인지요?

고객: 사실 제가 자신감 있는 듯 일을 몰아치지만 안으로는 불안해요. 그래서 더욱 부하직원을 거칠게 대하고요.

코치: 그러시구나. 힘드시겠어요. 부하직원을 거칠게 대하고 나면 어떤 느낌이 드세요?

고객: 자책감이 많이 들어요. 내가 이 정도 수준밖에 안 되나 하고요.

코치: 겉으로는 자신감 있는 듯하지만 속으로 그런 아픔이 있으시네요.

(이때 눈빛이 달라졌다. 더 깊이에는 뭔가가 있다는 신호일 수 있다.)

고객: (침묵) ·······················

코치: 혹시 자신감, 자존감 등에 대한 사실 점검(fact check) 결과가 혹시 있나요? 있으면 공유해 주시겠습니까?

고객: (사실 점검 자료를 코치에게 보여 주면서 설명함)

코치: 사실 점검 결과에 대해 어떻게 생각하시고 계셨나요?

고객: 아, 타인이 나를 이렇게 생각하고 있구나. 또 나의 내면에서 나도 모르게 나를 이렇게 인식하고 있구나 하는 것을 많이 느꼈어요.

코치: 그중에서 가장 중요한 부분은 어떤 부분인가요?

(사실 점검 내용에 대한 자신의 인식 변화에 따른 접근 방법으로 필요한 부분에 대한 초점을 새롭게 맞춰 코칭을 진행하였다.)

　코치는 고객이 자신감을 어떻게 정의하는지, 자신감을 이야기하는 이유가 무엇인지 등을 물으면서 고객 내면의 아픔을 공감하고 그 뒤에 더 큰 무엇이 있음을 직감하고 있다. 그리고 사실 점검의 이야기를 들으면서 또 한 번 고객의 인식을 묻는다. 고객은 그 과정에서 여러 번의 알아차림의 기회를 얻으면서 그때마다 알아차림은 조금씩 더 명확해지고 있다. 그러나 아직은 고객과 완전한 파트너가 되어 함께 더 큰 깨달음을 향해 탐구하는 수준까지는 도달하지 못한 것으로 보인다. 그것은 마스터코치(MCC) 수준이다.

3) 마스터코치(MCC) 수준

○ 해결을 위한 것보다 탐구를 위한 코치의 초대가 선행되어야 하고 이것이 훨씬 더 중요하다.

○ 코치는 고객만큼이나 탐험가처럼 보인다.

○ 코치는 깨달음이 어떠해야 하는가에 대해 결론을 내리지 않는다(코치는 기꺼이 모르는 상태에 있으려 한다).

○ 고객의 탁월함을 사용하도록 권유하고 기꺼이 환영한다. 문제를 해결하거나 고객을 바로 잡으려고 하지 않는다.

○ 고객이 코치에게 깨달음을 주고, 코치의 말보다 고객의 말이 더 힘을 얻을 수 있도록 허용한다.

○ 코치는 고객이 누구이고 고객이 원하는 것이 무엇인지를 총체적으로 바라볼 수 있는 멋진 감각을 가져야 하며, 이를 고객과 함께 나누고 고객도 코치와 공유할 수 있는 공간을 만들어 준다.

○ 코치는 깨달음을 강요하지 않는다.

가) 탐구에의 초대와 깨달음을 위한 스페이스 조성

마스터코치(MCC) 수준의 역량 평가 기준에는 초대(invitation)라는 말이 나온다. 이것은 "당신 자신을 알아차리는 장소로 모시겠습니다."라는 뜻이다. 그리고 탐구란 문제에 대한 탐구를 말하는 것이 아니라 고객이 자신의 문제나 자기 자신에 대해 발견하는 탐구를 의미한다. 그러니까 고객을 초대하고, 고객이 스스로 자기의 문제나 자기가 어떤 사람인지 알아차릴 수 있도록 일깨움의 장으로 모신다는 뜻이다.

주의할 것은 고객이 어떤 깨달음을 얻었는지에 대해 충분히 말할 수 있는 공간을 주기 위해 다음과 같은 질문을 하면서 충분히 머물러 주어야만 한다는 것이다.

"새롭게 알게 되신 것은 무엇입니까?"

"알게 되신 것을 말하면서 어떤 느낌이 듭니까?"

"그 알아차린 것을 행동으로 옮겼을 때 어떤 영향을 미칠까요?"

공간은 고객이 답변을 하고 코치가 질문을 할 때에도 필요하다. 코치가 마음이 급해서 고객이 말하자마자 질문하고, "끊어서 미안한데요." 하면서 또 질문해 버리기도 한다. 그러면 공간은 순식간에 사라지고 만다.

또 하나 고객이 자신의 내면에서 알아차린 것을 관찰하고 말하고 있는데 그대로 머물지 않고 코치가 공감할 의도로 "저도 그렇게 생각했어요."라고 끼어들면 그 공간이 소멸되어 버린다. 사실 그때에는 공감은 필요 없고 인정도 필요하지 않은 순간이다. 오로지 고객을 위한 순수한 공간으로 놓아두어야 한다.

요약하면 코치가 "뭘 깨달았어요?"라고 묻는 순간 깨달음을 위한 공간은 만들어지기 시작한다. 그래서 스페이스는 질문에서부터 시작해서 공간이 만들어지는 것이고, 만든 상태를 그대로 놔둬야 깨달음은 눈덩이처럼 커질 수 있다.

이 때문에 마스터코치(MCC)는 고객과 함께 탐구하는 것을 중요하게 여긴다. 탐구하는 과정에서 더 큰 인식이 가능하기 때문이다. 코치는 고객이 묘사하는 방식에 구애받지 않고 그 밑바닥에 있는 관심사가 무엇인지를 확인한다. 그가 세상을 지각하는 방식은 무엇이며 실제 있었던 사실과 그의 해석은 또 어떻게 다른지, 더 잘 인식하게 된다. 또 고객은 자신의 생각과 실제 행동이 어떻게 일치 또는 불일치하는지 등을 분명히 인식하도록 한다. 탐구의 대상은 고객 안의 세계이다.

나) 총체적으로 연결하여 바라볼 수 있는 멋진 감각

마스터코치(MCC)는 코칭 대화를 통해 고객이 누구인지, 원하는 것이 무엇인지를 호기심 있게 바라보며 함께 탐구한다. 고객이 말하는 내용과 새롭게 얻는 알아차림의 내용을 고객과 함께 나눈다. 그리고 그것을 보다 넓은 관점으로 연결하여 고객을 통합적인 관점으로 바라본다. 그렇게 바라본 것을 다시 고객과 나누고 대화할 수 있는 충분한 공간을 마련해 준다. 그런 가운데 고객은 다시 새로운 알아차림을 얻을 수 있게 된다. 그러려면 코치는 그 알아차림을 통합하고 연결하고 더 폭넓은 깨달음이 될 수 있도록 질문과 침묵 그리고 기다림을 적절히 사용하여야 한다. 그래야 고객이 새로운 사실이나 중요한 것, 진실을 발견하도록 도울 수 있다. 결국 고객이 현재 맞닥뜨리고 있는 이슈에 대한 통합적인 인식이나 깨달음은 내부의 힘(power)에 의해 자연스럽게 나온다.

깨달음이란 어느 한 순간 지극히 작은 한 부분으로부터 오기도 하며 다른 누구도 보지 못하는 사소한 곳에서 커다란 진실을 발견하기도 한다. 그러므로 코치는 고객이 깨달음을 얻을 수 있는 환경을 만들어 주고 함께 탐구하지만 그 깨달음의 내용이 무엇이 되어야 하는지는 사전에 알지 못하며, 고객이 언제 어떤 깨달음을 얻어야 한다고 말할 수도 없는 것이다.

다) 경계에 서서 코칭하기

중국의 노자와 장자는 이명(以明)이라는 단어를 사용하면서 사물을 볼 때 대립면, 즉 밝음과 어두움의 경계에 서서 판단과 선택을 하라고 가르치고 있다. 명(明)이라는 글자에서 일(日)은 밝음을, 월(月)은 어둠을 상징한다. 그런데 이들은 서로 상대를 통해 의미를 갖게 되므로 어느 한쪽에만 시선을 두지 말고 둘 다를 모두 수용해야 한다는 것이다.

코칭에서도 이 개념을 적용할 수 있다. 문제가 사라지는 방식은 문제의 해결책을 찾아내거나 혹은 문제 자체가 사라지거나 둘 중 하나이다. 명(明)의 차원에서 접근하게 되면 양쪽 대립면과 전체성을 고려하기 때문에 문제 자체가 사라지게 될 수도 있는 것이다. 만약 고객이 어떤 문제를 이야기할 때 자신은 한쪽 영역에만 머물러 있으면서 다른 쪽 영역에 대해 문제를 제기하고 고통스러워한다면 그는 해결책을 찾을 때에도 자기만의 안전지대에서 익숙하고 편한 것만을 찾아서 선택하려 할 것이다. 그때는 반대 영역에 관한 질문을 하여 고객을 일깨울 수 있다(박창규, 2017).

사례

다음은 임원 코칭의 사례이다. 자신감을 높이는 데 목표를 두고 있으며, 성과는 비교적 잘 내고 있다. 그런데 내면으로는 불안해서 부하직원을 몰아치고 나면 자책감이 생겨난다. 자신감과 자존감 사실 체크 내용을 공유했다. 코치는 몇 가지를 직감으로 느꼈다.

코치: 이제 그 점검한 내용이 들어 있는 그 공간에서 밖으로 나와 보실래요? 뭐가 보이고 느껴지는지요?

고객: 일부는 저와 함께 오래 근무하지 않은 직원의 오해도 있는 것 같고요. 그런데도 전반적으로 점수가 예상보다 너무 낮아요. 안타깝게 느껴지네요. 지금까지 자신감 충만한 것처럼 일하는 모습을 보여 주려고 했던 내 자신이 조그맣게 보이고 또 뭔가 불안해하는 어린아이처럼 느껴지네요(어린아이 이야기가 나오는 것은 새로운 차원의 얘기가 나올 징조일 수 있다).

코치: 그 어린아이는 무엇을 불안해하는가요?

고객: 침묵 ………… (얼굴과 눈빛이 많이 달라진다.)

코치: (온전히 함께 있어 주다 침묵하고 한참 후에 질문하다.) 저 어린아이에게 무슨 일이 있었나요?

고객: (어린 시절, 어려운 가정환경과 가장 역할을 해 온 이야기를 오랫동안 말했다. 그때 어린아이가 가졌던 불안감, 힘겨움, 겨우겨우 버텨 냈던 이야기 등)

코치: (온전한 연민의 마음으로 고객과 함께한다. 한참 후에 질문한다.) 그 어린아이가 지금 당신에게 뭐라고 말하고 있습니까?

고객: 그때 힘든 것은 내가 다 해냈지 않아. 지금 너는 그저 자신감 있게 하면 돼. 지금도 네가 불안해하면 안에 있는 내가 힘들어. 불안해할 땐 나에게 와. 내가 힘을 줄게. 그리고 내가 어렸을 때 나를 격려해 준 사람이 가장 고마웠어. 그러니 이제부터는 갚아야지. 주변 사람 특히 부하직원에게는 잘해 줘. 따뜻하게. 힘 실어 줘. 그리고 잘 모르면 모른다고 해. 그게 자신감이야. 그러면 안에 있는 내가 정말 기쁠 거야. 너를 믿어……. (내면의 아이를 사랑하는 눈물이 흘러 내린다.)

코치: 이제 헬리콥터를 타고 당신이 스스로 자신감 있게 삶을 리딩해 나가는 모습을 상상해 보세요. 어떤 느낌이 올라오는가요?

고객: 이젠 됐어요. 나도 모르게 과거 불안에 얽매였던 것 같아요. 모르면 모른다고 하고 도움이 필요하면 요청하고. 이제는 다른 사람을 믿어 줘야 할 것 같아요. 그게 나를 믿는 거고요. 그게 자신감 아닐까요. 하하 멋지네요. 감사합니다.

코치는 고객이 자신이 원하는 것과 그것을 제한하는 것에 대해 깨달을 수 있도록 세 가지 관점에서 알아차리기를 시도하였다. 처음에는 점검 내용 밖으로 나와서 보도록 하였다. 다음에는 코치는 고객의 언어인 '불안해하는 어린아이'를 활용하여 고객이 객관적인 입장이 되어 그 아이가 하는 얘기를 들을 기회를 갖도록 질문하고 침묵을 사용하여 공간을 만들었다. 마지막으로 코치는 헬리콥터를 타고 높은 곳에서 고객이 자신의 모습을 보도록 하여, 현재 고객이 불안감의 실체를 깨닫도록 도왔다. 마스터수준(MCC)의 코치는 고객으로 하여금 관점을 넘나들면서 깨달음을 강요하지 않으면서도 고객 스스로 자기 내면을 탐구하고 깨달음을 얻도록 지원하는 것을 알 수 있다.

5. 핵심 요약

○일깨우기란 코칭 대화를 통해 새로운 생각이나 관점을 불러일으킴으로써 고객이
  알아차릴 수 있도록 하는 것이다.

○알아차림은 무언가를 의식하는 상태이다. 자신의 생각, 행동, 욕구, 감정, 환경과
  상황 등 모든 내·외적 현상을 발견하고 체험하는 것이다. 이런 알아차림은 원래
  인간의 고유하고 자연스러운 능력이다. 코칭의 일깨우기 역량은 바로 이런 알아
  차림 능력을 회복시켜 주는 것이다.

○코칭 세션 중 고객이 스스로 많은 말과 생각을 내어놓고 피드백을 받은 이후 멈추
  고 성찰하는 공간을 마련해 놓고 알아차림의 시간을 가져야 한다. 코칭에서 이 과
  정을 거치지 않으면 문제 해결은 가능하나 고객이 획기적으로 성장하려 는 차원
  높은, 즉 존재 중심의 변혁적 코칭은 어렵다.

○알아차림의 공간에서 고객이 스스로 알아차림의 시간을 거치게 되면 생각과 감정
  을 수용할 수 있는 공간이 확장되고, 창조적인 알아차림이 일어나게 된다. 그러면
  자기 자신을 좀 더 본질적 차원에서 보게 되고, 문제가 아니라 문제를 보는 자신을
  보게 된다.

○일깨우기 역량은 고객의 실행력을 강화할 수 있는 알아차림을 돕는 역할을 하기
  때문에 코칭의 전체 흐름에 걸쳐서 중대한 영향을 미치는 역량이다.

6. 자기 개발을 위한 성찰 및 연습(S-A-C)

○ 잠시 멈추고 바라보기(Stop)

  잠깐 멈추고 한 걸음 떨어져 이 상황을 객관적으로 바라본다.

○ 알아차리기(Aware)

  – 고객의 말과 행동 및 표정이 일치 또는 불일치하는 것은 무엇인가?

  – 나는 고객에게 코칭 세션이나 실제 상황에서 얻은 배움을 말해 달라
    고 요청하는가?

  – 나는 고객에게 자기의 이슈, 목표, 도전, 강점 또는 성장 영역에 대한
    모든 종류의 관점을 탐구할 수 있는 안전한 공간을 만들어 주는가?

○ 도전(Challenge)

  – 고객의 말과 표정 기타 신체적 표현의 갭을 읽으라. 직관을 사용하는
    것도 좋은 방법이다.

  – 잠시 생각을 멈추고 심호흡을 하면서 또 하나의 객관적인 눈, 즉 메타
    인지로 바라보라.

  – 고객의 말에 대해 내가 보인 행동과 대처방식 그 아래에 있는 감정, 지
    각, 기대, 열망은 무엇인지 종이에 적어 보라.

행동 설계하기
Designing Actions

1. '행동 설계하기' 역량 이해를 위한 사전 질문

가. 행동 설계하기란 무엇인가?

나. 다양한 대안을 선택, 결정하도록 어떻게 돕는가?

다. 새롭고 혁신적인 행동이 가능한 것을 어떻게 탐색하는가?

라. 고객이 '바로 실행'하고 실행을 유지하도록 하려면 어떻게 하는가?

마. 한 차원 높은 행동 설계하기를 지원하려면 어떻게 하는가?

2. 성공에 이르는 새로운 행동을 설계하기

가. 성공에 이르는 과정을 설계하기

코치는 고객이 달성하려는 목표나 추구하는 목적과 관련하여 고객이 기대하는 결과를 성취하고 성장하도록 행동 설계를 지원할 수 있어야 한다. 역량 9 '행동 설계하기'는 고객이 기대하는 결과를 얻기 위한 과정을 체계적으로 지원하는 역량이다. 코치는 고객과 함께 성공에 이르는 행동 대안을 탐색하고 평가하여 최적의 행동을 선택하게 하고 실행하도록 격려한다. 가령, 좋은 교사가 되려고 하는 A 교사가 목표를 달성하기 위한 하나의 전략이 수학을 잘 가르치는 것이라고 한다면, 이때 행동 설계하기의 초점은 '수업 중에 수학을 잘 가르치는 것'이 된다. 코치는 '수학을 잘 가르치기 위해 가능한 대안들을 다양하게 탐색하게 한다. 도출된 대안 중 A 교사가 수학을 잘 가르칠 수 있는 가장 효과적인 대안을 선택하게 하고 바로 행동으로 옮기도록 촉진한다. A 교사가 주도적으로 대안을 탐색하게 하고, 코치는 파트너로서 탐색 과정에 참여하도록 한다. 고객이 주도할수록 실행에 대한 강한 책임감을 느끼기 때문이다. 새로운 행동에 대한 탐색은 대안을 평가하고 선정하고 나서 할 수도 있고, 대안을 탐색하는 단계에서 할 수도 있다. 어떤 경우든 유연하게 진행한다. 이 과정을 그림으로 표현하면 [그림 9-1]과 같다.

　행동 설계하기 과정에서 코치는 고객이 새롭고 혁신적인 대안을 발견할 수 있도록 창의적인 사고를 촉진시킬 수 있어야 한다. 특히 혁신적인 아이디어와 새로운 행동을 끌어내기 위해 고객의 고유한 스타일을 반영하여야 한다. 그 이유는 고객마다 성공에 이르는 행동과 방식이 다르며 개인적, 상황적 맥락에 따라 목표에 이르는 방식이 다를 수 있기 때문이다. 나아가 코치는 고객의 성공 방식을 개발하도록 지원하여야 한다. 고객은 저마다 고유한 학습 방식을 가지고 있고 창조 스타일, 사고 행동, 성공 패턴 등도 제각기 다르기 때

[그림 9-1] 행동 설계하기 과정

문이다. 행동 설계하기 과정을 성공적으로 하기 위해 코치는 고객이 주도적으로 행동을 설계할 수 있도록 해야 한다. 고객 자신이 스스로 주도할수록 실행에 대한 강한 의지와 책임감을 느끼기 때문이다. 이렇게 함으로써 코치는 고객의 완벽한 파트너가 된다.

나. 성공에 이르는 새로운 행동을 취하게 하기(taking new actions)

고객이 원하는 목표를 이루기 위한 행동 계획하기 과정에서 해야 할 것은, 새롭게 시도할 수 있는 대안 행동을 탐색하는 것과 실제 행동을 취하도록 촉진하는 것이다. 새롭게 시도할 수 있는 행동은 다른 사람의 성공 방식이라든가 실패할 위험이 낮은 안전하고 무난한 행동이 아니라 기대하는 결과를 얻기 위해 앞으로 나아가는 새롭고 혁신적인 행동을 찾는 것을 말한다. 이 과정에서 코치는 고객의 사고와 행동을 제한하는 가치, 성공과 불일치하는 관점이나 행동, 고객의 비합리적인 선택 방식 등에 도전할 수 있어야 한다.

새로운 아이디어와 행동 가능성이 드러나면 코치는 고객의 목표에 부합하는 관점을 지지하고 새로운 행동을 선택하고 실행하도록 촉진한다. 이때 코치로서 유념할 것은 고객이 할 수 있다고 말한 것을 '바로' 하도록 격려하고 지지하여야 한다는 점이다. 바로 실행함으로써 성공에 더 가까워지기 때문이다. 큰 행동은 지금 바로 할 수 있는 작은 행동을 실행함으로써 시작된다. 작은 성취와 작은 성공 경험이 성공에 이르는 동기가 될 수 있다. 가령, 고객이 2주 후에 할 수 있는 행동을 약속했다면, 지금 '바로' 할 수 있는 작은 행동을 취하도록 할 수 있다. 바로 실행하기는 코칭 세션이 진행되는 중에도 할 수 있다. 예를 들어, "○○ 님, 그 어려운 것을 지금 바로 하시길 요청합니다." "지금 코칭 세션을 잠시 중단하고 ……한 후에 코칭 세션을 계속 진행하겠습니다."와 같이 세션 중에 요청할 수 있다. 다음은 망설이는 고객에게 코칭 세션 중에 바로 실행하게 하는 사례이다.

> **고객**: 정말 여유가 필요해요. 그런데 10분을 쉬면 뭔지 모르게 불안합니다. 솔직히 회사 옥상에 올라가 10분이라도 숨을 크게 쉬고 돌아오는 것도 저한테는 쉽지가 않습니다.
>
> **코치**: ○○ 님. 지금 코칭 세션을 잠시 중단하고 옥상에 다녀오시겠습니까. 10분이상도 좋습니다. 돌아오시면 코칭 세션을 계속 진행하겠습니다.

이처럼 고객들은 종종 행동에 옮기는 것이 어려워 '용기가 필요'하다거나 행동에 옮기기 '좋은 상황이 되면' 하겠다고 말하기도 한다. 노련한 코치들은 고객의 망설임에 충분히 공감하면서도 고객이 진정 원하는 상태나 성취를 위해 미루지 않고 행동할 것을 격려한다. 이는 고객에게 실행을 강요하는 것이 아니라 성공에 이르는 성공 경험을 축적시키고 실행을 유지하고 원하는 결과를 성취하도록 하는 격려 방식이다. 작은 성공 경험이 유지되면 코치는 고객의 성공을 축하하고 성장의 단서들을 고객이 알도록 공유하며 계속해서 행동하도록 지지하고 인정한다. 코칭이 진행되는 동안 고객이 행동할 이유가 사라지거나 다른 목표가 생겨 새로운 행동을 계획해야 하는 상황이 발생할 수 있다. 때문에 행동 설계를 한 것은 '바로 실행'하는 것이 가장 효과적이다.

코치는 고객이 실행하기로 다짐한 것을 상기시키는 상징물(반지나 팔찌 또는 타투, 문신 등)을 활용하도록 제안할 수 있다. 실제로 '타인의 피드백에 흔들리지 않는 습관을 개발하기' 위해 피드백을 받을 때마다 탁월하다고 인정받고 싶은 욕구를 알아차리게 하는 손목 밴드를 착용하기로 한 고객이 있었다. 이를 2주간 의식적으로 실행한 결과 타인의 피드백에 흔들리지 않게 되었다고 전해왔다.

이태리 속담에 '생각과 실행 사이에는 대서양만큼 큰 바

다가 있다.'는 말이 있다. 성공에 이르는 과정에서 실행이 없으면 그 갭은 대서양보다 더 클 것이다. 이 갭을 메우는 행동을 구상하고 설계하여 실제 행동으로 옮기도록 대안을 창출하는 방법과 고객이 새로운 행동을 취하도록 하는 방법을 살펴보자.

3. '행동 설계하기' 역량 정의 및 실행 지침

가. 정의

'행동 설계하기'는 고객과 함께 코칭 세션과 일/삶에서 지속적인 학습 기회를 창출하고, 코칭에서 기대하는 결과에 가장 효과적으로 이어질 새로운 행동을 하게 하는 능력을 말한다.

나. 실행 지침

① 고객이 행동으로 보여 주고 연습하면서 새로운 배움을 심화시킬 수 있는 행동들이 무엇인지를 정의하기 위해 브레인스토밍하고 지원한다.

② 합의된 코칭 목표에서 중요한 고객의 관심사와 기회에 초점을 맞추고 체계적으로 탐구하도록 도와준다.

③ 고객이 대안과 해결책을 탐구하고, 옵션을 평가하고, 관련된 결정을 내리는 데 몰입하도록 해 준다.

④ 활발한 실험과 자기 발견을 촉진한다. 고객이 세션에서 토론하고 배운 것을 일이나 삶의 환경에서 즉시 적용하도록 한다.

⑤ 고객의 성공을 축하하고 미래의 성장 역량을 축하한다.

⑥ 새 아이디어를 자극하고 새로운 행동의 가능성을 찾아내기 위해 고객의 가정과 관

점에 도전한다.

⑦ 고객의 목표에 부합하는 관점을 갖도록 지지하고 제시해 준다. 다만, 코치는 자신의 의견에 집착하지 않고, 고객이 그 관점들을 고려할 수 있도록 해 준다.

⑧ 고객이 코칭 세션 중에 '당장 실행'하도록 돕고, 즉각적인 지원을 제공한다.

⑨ 뻗어 나가기와 도전뿐 아니라 편안한 학습 속도도 유지하도록 격려한다.

1) 고객이 행동으로 보여 주고 연습하면서 새로운 배움을 심화시킬 수 있는 행동이 무엇인지를 정의하기 위해 브레인스토밍하고 지원한다

코치는 고객이 합의한 목표에 가장 효과적으로 이르게 하는 행동을 취하도록 다양한 행동을 탐색하고 선택하는 과정에서 고객과 함께 브레인스토밍하며 고객의 탐색을 촉진한다. 브레인스토밍은 아이디어를 펼쳐 내기 위해 사용하는 방법이다. 예를 들면, 아는 단어 세 개를 써 놓고 각 단어와 관련된 행동을 확장시켜 보는 것이다. 영업을 잘하기 위한 행동 설계를 한다면 영업과 관련되는 단어 세 개를 적게 한다. 만일 customer, love, smile을 적었다면 각 단어마다 행동 설계를 위한 아이디어를 떠올리게 한다. 또는 한 단어에 대해 그 의미를 세부적으로 나누면서 아이디어를 떠올리게 하는 방법도 있다. 또는 customer에 들어 있는 알파벳으로 cut, come, user, us, storm으로 새롭게 단어를 만들 수도 있다. 이렇게 쪼개진 단어들로부터 다시 목표로 나아갈 수 있는 아이디어를 만들어 내는 것이다. come하게 하는 방법, cut하는 방법, user의 시각으로 보는 방법, storm같이 고객이 영업에 주는 이익 등을 고려하여 여러 가지 방법을 찾아낸다.

옵션 3　　옵션 1

옵션 2

새로운 행동 취하기

브레인스토밍

2) 합의된 코칭 목표에서 중요한 고객의 관심사와 기회에 초점을 맞추고 체계적으로 탐구하도록 도와준다

"목표의 중심에 당신이 걱정하는 것이 무엇이 있습니까?"
"코칭 목표를 달성하지 못했을 때 당신에게 닥칠 위험은 무엇입니까?"

이와 같이 목표와 관련하여 고객이 염려하는 것을 질문한다. 그리고 다음과 같이 목표와 관련하여 고객이 얻게 될 기회에 대해서도 질문을 해야 한다.

"성공적으로 달성하게 되면 그 다음에 어떤 기회를 얻게 됩니까?"
"이 목표는 당신의 일(삶)에서 어떤 의미가 있습니까?"

고객이 자신의 목표와 관련하여 더 깊이 탐구하는 것은 그 중요성과 달성 의지를 더 공고히 하는 효과가 있다.

3) 고객이 대안과 해결책을 탐구하고, 옵션을 평가하고, 관련된 결정을 내리는 데 몰입하도록 해 준다

코치는 행동 가능한 대안을 탐색할 수 있도록 다음과 같이 질문할 수 있다. 이때 다양한 대안을 탐구하는 것이 목적이므로, 고객이 말한 것에 대해 코치는 판단하지 않는다.

"그것을 달성하기 위해 시도한 것은 어떤 것이 있습니까?"
"어떤 것을 더 시도할 수 있습니까?"
"또 어떤 것이 있습니까?"
"그 외에 또(what else)?"

고객과 함께 또는 고객이 주도하여 대안 1, 2, 3, 4, 5를 탐색한 다음에 고객으로 하여금 옵션을 평가하도록 한다.

> "이 가운데 어떤 것을 해 보셨습니까?"
>
> "잘된 것과 잘되지 않은 것은 어떤 것입니까?"
>
> "이 다섯 가지 대안 중에서 어떤 것을 시도한다면 성공하겠습니까?"

도출된 대안은 고객이 기대하는 결과와 관련지어 평가하도록 한다.

> "이 방법은 당신의 목표와 얼마나 잘 부합합니까?"
>
> "이 방법은 당신이 기대하는 목표와 어떻게 관련됩니까?"
>
> "이 방법으로 하게 된다면 긍정적인 결과는 무엇입니까?"
>
> "만약 이것을 시도했을 때의 부정적인 결과는 무엇입니까?"
>
> "이 방법들 가운데 당신에게 최하, 최상의 결과를 얻게 하는 방법은 무엇입니까?"

코치는 고객으로 하여금 대안들을 평가하여 기대하는 결과를 얻게 하는 최상의 행동을 선택할 수 있도록 지원한다. 특히 고객의 선택 기준을 확인함으로써 높은 결과를 얻을 수 있는 대안을 선택하도록 돕는다.

만약 여러 가지 대안을 도출했지만 어떤 것이 가장 효과적인지 고객이 판단하기 어려울 경우, 코치는 적절한 평가 도구를 활용할 수 있다. 가령, 새로운 대안을 4 혹은 5가지 도출한 경우에 '기대 성과'와 '실현 가능성' 정도를 고객이 대안별로 각각 평가하고, 최종적으로 선택할 수 있게

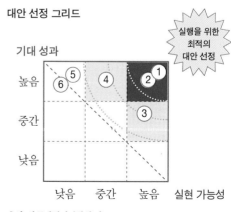

대안 선정 그리드

출처: 한국액션러닝협회 자료.

지원할 수 있어야 한다.

4) 활발한 실험과 자기 발견을 촉진한다. 고객이 세션에서 토론하고 배운 것을 일이나 삶의 환경에서 즉시 적용하도록 한다.

"당신의 시도를 통해 무엇이 달라지게 됩니까?"

"행동에 옮김으로써 당신은 무엇을 더 얻을 수 있습니까?"

"이 실천을 지속할 경우, 당신의 팀에 어떤 영향을 미치게 됩니까?"

"이 실천을 계기로, 당신의 삶에 어떤 변화가 일어날 수 있습니까?"

"당신은 어떤 존재가 됩니까?"

"그것을 적용하지 않으면 어떤 불이익이 있을까요?"

고객은 이러한 질문으로 원하는 결과에 대한 확신과 가치를 더 다지게 되거나, 자신의 존재 방식과 관련되고 있다는 것을 발견할 수 있다. 무엇보다 결과를 얻기 위한 차원을 넘어서 기여하는 것, 자기 존재와 연결되는 가치를 발견할 수 있게 한다는 데 의미가 있다.

5) 고객의 성공을 축하하고 미래의 성장 역량을 축하한다

코치는 고객이 선택한 새로운 시도를 통해 원하는 결과를 성취하거나 성장할 것에 대해 축하하고 진심으로 응원하고 지지한다.

'성취하신 것을 축하합니다.'

"성취하신 것을 축하합니다."

"이번의 성취로 인한 미래 성장을 축하합니다."

"성공했을 때 누구로부터 어떻게 축하받고 싶습니까?"

"스스로 어떤 말이나 행동으로 자신의 성공을 축하하겠습니까?"

코치는 고객을 축하하고 고객 스스로도 자신에게 인정과 축하를 할 수 있도록 한다. 이 같은 축하와 인정은 고객이 실행을 촉진하고, 지속적으로 실행할 수 있게 동기부여를 한다.

6) 새 아이디어를 자극하고 새로운 행동의 가능성을 찾아내기 위해 고객의 가정과 관점에 도전한다

코치는 고객의 사고와 관점, 가치, 가치관, 신념 등에 도전함으로써 전환을 일으키고 새로운 행동 가능성을 발견하도록 돕는다.

새로운 가능성에 도전

"지금까지 해 보지 않았던 시도는 어떤 것이 있습니까?"

"불가능하다고 생각하는 방법은 어떤 것입니까?"

"당신이 더 도전적으로 한다면, 무엇을 더 할 수 있습니까?"

"당신이 피하고 싶은 방법을 피하지 않으면 어떤 일이 일어날까요?"

"이전엔 실패했지만, 현재에 도움되는 방법은 어떤 것입니까?"

고객으로 하여금 보다 확장된 관점에서 새로운 대안을 찾게 돕는다.

"당신이 회사의 대표라면, 어떻게 하겠습니까?"

"당신과 같은 문제로 고민하는 팀원이 있다면 어떻게 조언하겠습니까?"

"이미 성공적으로 해내었다면, 무엇을 했기 때문입니까?"

이와 같이 고객의 관점 자체에 도전하거나 다른 관점에서 보도록 관점을 확장시키면 더 쉽게 새로운 행동을 다양하게 탐색할 수 있다. 따라서 코치들이 적극적으로 시도할 필요가 있다.

7) 고객의 목표에 부합하는 관점을 갖도록 지지하고 제시해 준다. 다만, 코치는 자신의 의견에 집착하지 않고, 고객이 그 관점들을 고려할 수 있도록 해 준다

다음과 같은 질문은 고객이 목표하는 것에 부합하는 관점을 갖도록 한다.

"당신에게 정말 중요한 목표는 무엇입니까?"

"성공하기 위한 관점에서 본다면 무엇을 하거나 하지 말아야 합니까?"

"원하는 결과를 얻기 위해서, 어떤 관점을 유지하겠습니까?"

"당신이 성공적으로 리더십을 발휘하기 위해, 어떤 관점을 유지하겠습니까?"

또 고객이 목표에 부합하는 관점을 가지도록 요청할 수 있다.

"원하는 결과를 얻기 위해 단점이 아닌 강점에 집중하시길 요청합니다."

"당신이 성공에 이르는 중요한 관점 전환이 있었습니다. 당신이 말한 다른 주제에 대해서도 그 관점을 유지하시기를 요청합니다."

8) 고객이 코칭 세션 중에 '당장 실행'하도록 돕고, 즉각적인 지원을 제공한다

"당신이 지금 바로 할 수 있으려면, 코치로서 어떤 도움을 드리면 좋겠습니까?"

"당장 실행하도록 자신에게 어떻게 격려하겠습니까?"

"실행선이 저 앞에 있습니다. 저걸 지금 넘어가시기 바랍니다."

9) 뻗어 나가기와 도전뿐 아니라 편안한 학습 속도도 유지하도록 격
  려한다

"지금 하는 실행 결과로 인한 성취를 축하드립니다."

"지금의 속도로 꾸준히 나아가기 위해 무엇을 하시겠습니까?"

"지금의 속도로 꾸준히 나아가는 데 방해 요소는 무엇입니까?"

고객이 편안하게 새로운 도전을 시도하고 유지하게 하려면 코치는 고객의
학습 스타일과 속도를 감안하여야 한다. 큰 도전을 즐기는 고객은 도전적인
시도를 하게 하고, 바로 할 수 있는 작은 것부터 시작하여 점차 도전적인 시
도를 하는 것이 더 편안한 고객은 그 방식으로 도전하게 한다. 이렇게 할 때
고객은 흥미를 잃지 않고 실행을 유지할 수 있다.

4. 수준별 역량

가. '행동 설계하기' 역량에서 요구되는 최소 기술

다음은 ICF의 자격 인증을 위한 최소 기술 요구 사항(minimum skills
requirements) 중 역량 9 '행동 설계하기'에 관한 평가 대상 핵심 기술(key skills
evaluated)이다.

① 코치는 고객이 행동을 설계할 때 완벽한 파트너가 되어 고객이 말한 코
  칭 어젠다를 향해 앞으로 나아갈 수 있도록 해 주는가?
② 그 행동은 생각, 느낌 및 배움을 아우를 수 있을 만큼 폭넓고 깊이가 있
  는가?
③ 그 설계된 행동은 적절할 때마다 고객 전체를 통합시키고 있는가?

④ 그 설계된 행동은 코칭 세션 중에 고객이 말한 어젠다 및 원하는 결과를 이루는 데 적절한가?

⑤ 그 설계된 행동은 고객의 생각, 배움, 통합, 창조 방식과 적절하게 어울리는가?

이를 수준별로 구체화하면 다음과 같다.

03 마스터코치(MCC)

- 코치는 고객과 완전한 파트너십을 이루어 행동을 설계하거나, 아니면 고객이 행동 설계를 주도할 수 있게 한다.
- 코치와 고객은 고객의 목표와 학습 스타일, 고객이 원하는 진행 속도에 맞는 행동이나 필요한 활동을 설계한다.
- 코치는 설계한 행동이 (고객의) 사고와 창의력, 실천하는 내용을 포함하도록 한다.
- 코치는 고객과 함께 설계된 행동을 고객이 원하는 다른 측면에 연관시킴으로써 고객의 배움과 성장의 범위를 넓힐 수 있도록 한다.
- 코치는 고객이 더 강력하고 한 차원 높은 행동을 개발할 수 있도록 고객이 이미 알고 있는 실험을 하는 것을 격려한다.

02 전문코치(PCC)

- 행동을 개발할 때, 코치는 어느 정도 고객과 함께 협력하지만 완전한 파트너십을 이루지는 못한다.
- 다시 말하면, 그 행동들은 고객이 제시한 현재의 상황적 이슈를 해결하는 데 초점이 맞춰지며, 상황 너머의 또 다른 이슈를 보거나 상황에 내재되어 있는 또 다른 폭넓은 배움을 찾지는 못한다.
- 결국 PCC 수준의 코치는 고객의 행동을 물리적 행동의 측면에서만 정의하는 경향이 있다.

01 인증코치(ACC)

- 코치는 문제를 해결하거나 목표를 달성하기에 가장 좋다고 생각되는 과제와 행동을 제안하는 경향이 있다.
- 그러나 이러한 행동은 본질적으로 일차원적인 경우가 많다.
- 그리고 합의한 코칭 결과에 가장 효과적으로 도달할 수 있는 새로운 행동을 취하기 위한 제안을 하는 경향이 있다.

나. '행동 설계하기' 역량 향상하기

1) 인증코치(ACC) 수준

○ 코치는 문제를 해결하거나 목표를 달성하기에 가장 좋다고 생각되는 과제와 행동을 제안하는 경향이 있다.

○ 그러나 이러한 행동은 한 분야에 해당되는 일차원적인 경우가 많다.

○ 그리고 합의한 코칭 결과에 가장 효과적으로 도달할 수 있는 새로운 행동을 취하기 위한 제안을 하는 경향이 있다.

사례

김 부장은 최근 기술 분야의 새로운 프로젝트를 하면서 새로운 정보와 기술 그리고 그것에 따른 인프라를 구축하는 데 있어서 정보기술을 어떻게 활용할 것인지에 대해 고민하고 있다.

코치: 부장님, 어떤 것을 먼저 말하고 싶으세요?

고객: 네, 새로운 정보 기술을 어떻게 활용할 것인가에 대해 얘기하면 좋겠습니다.

코치: 네, 좋아요! 그럼 부장님께서는 어떻게 새로운 정보 기술을 활용하면 좋을까요?

고객: 그러게요. 아무래도 회사 내에 새로운 정보 기술을 활용 평가하는 시스템이 있었으면 합니다.

코치: 좋은 생각이네요. 혹시 회사가 평가하기 전에 팀 내에서 활용할 방법은 어떤 것이 있을까요?

고객: 아, 회사가 평가하기 전에 우리 팀이 먼저 적용해 보고 회사에 보고하는 방법이 있겠네요.

코치: 네, 그럼 부장님 팀이 먼저 적용한다면 언제 적용해 보시겠습니까?

고객: 3일 이내에요.

코치: 적용하시는 데에 어떤 지원이 필요합니까?

고객: 우선 상무님께 귀띔해 드려야겠어요. 우리가 하는 일을 회사에 보고할 때 그분의 지
원이 필요하니까요.

코치: 네. 상사의 지원이 필요하죠. 저도 그런 경우 상사의 도움을 많이 받았습니다.

··· (후략) ···

인증코치(ACC) 수준에서 코치는 문제를 해결하거나 목표를 달성하기 위한
과제나 행동을 확인하는 정도이다.

2) 전문코치(PCC) 수준

> ○ 행동을 개발할 때, 코치는 어느 정도 고객과 함께 협력하지만 완전한 파트너십을 이
> 루지는 못한다.
> ○ 다시 말하면, 그 행동들은 고객이 제시한 현재의 상황적 이슈를 해결하는 데 초점이
> 맞춰지며, 상황 너머의 또 다른 이슈를 보거나 상황에 내재되어 있는 또 다른 폭넓은
> 배움을 찾지는 못한다.
> ○ 결국 PCC 수준의 코치는 고객의 행동을 물리적 행동의 측면에서만 정의하는 경향이
> 있다.

사례

코치: 부장님. 새로운 정보와 기술과 인프라 등에 이야기를 했는데 어떤 것을 먼저 말씀하
시고 싶으세요?

고객: 네. 새로운 정보 기술을 어떻게 활용할 것인가에 대해 얘기하면 좋겠습니다.

코치: 네. 좋습니다. 정보기술을 활용하는 것이 조직의 인프라를 구축하는 데 어떤 영향을

미치는가요?

고객: 큰 영향을 미치죠. 이미 지나간 정보 기술을 활용하는 조직과 새로운 정보 기술을 활용하는 조직은 생산과정과 결과가 완전히 다릅니다.

코치: 아, 그렇게 중요한 영향을 미치겠네요. 그러면 어떻게 새로운 정보 기술을 활용할 수 있을까요?

고객: 네, 새로운 정보 기술 활용에 대해 이야기하다 보니, 적용하는 것보다 정보 기술 획득을 위한 인적 네트워크가 중요하다는 느낌이 들어요. 주제를 바꿔 보겠습니다. '어떻게 하면 정보 기술 확보를 위한 인적 네트워크를 구축할 수 있을까?'로 하면 좋겠어요.

코치: '어떻게 하면 정보 기술 확보를 위한 인적 네트워크를 구축할 수 있을까?' 느낌이 한 단계 더 나아간 느낌이 드네요. 네. 좋아요! 그럼 부장님께서는 어떤 인적 네트워크를 가지고 있습니까?

고객: 그러게요. 제가 새로운 프로젝트를 맡은 지 얼마 되지 않아 아직 네트워크가 구축되었다고 말할 수 없네요. 이제 시작해야죠.

코치: 아, 새로운 인적 네트워크를 구축하는 새로운 출발점에 있네요. 좋은 기회네요. 어떤 구상을 가지고 있나요?

고객: 음……. 지금은 아직 없고 이제 시작해야죠. 그러고 보니 우선 제가 맡은 프로젝트에 대해 완전히 파악하고 리드할 정도의 실력을 갖추는 게 우선이네요. 그리고 관계되는 필요한 인적 네트워크가 어떻게 구축되었으면 하는지 그림을 그려 보는 게 우선이네요. 아, 단계별로 진행해야 할 것 같네요.

코치: 우선 첫 단계는 인적 네트워크가 어떻게 구축되었으면 하는지 그림을 그려 보는 단계네요? 그런 그림을 그릴 때 부장님이 잘 쓰시는 도구는 어떤 것이 있습니까?

고객: 초기 단계는 간트 차트를 활용하는 게 좋겠습니다.

코치: 네, 좋습니다. 그 간트 차트를 언제 작성하시겠습니까?

고객: 다음 주에 하겠습니다.

코치: 제가 요청 하나 하겠습니다. 대략적이지만 지금 바로 밑그림을 그리면 어떨까요?

고객: 네, 밑그림은 바로 그릴 수 있죠.

코치: (밑그림을 보고) 좋네요. 흐름이 바로 이해가 가네요. 언제 구체적인 것을 완성하실

건가요?

고객: 3일이면 됩니다. 완성되면 코치님께 보내드리겠습니다.

코치: 네, 부장님은 실행력을 위한 의지가 확실하시네요. 미래 새로운 프로젝트 리더로서의

역량 개발에 큰 진전이 있을 것입니다. 미리 축하드립니다.

전문코치(PCC) 수준의 코치는 고객의 중요한 관심사가 무엇인지에 초점을 맞추었다. 그러자 고객은 새로운 발견이 일어났고, 대화의 주제는 보다 중요한 것에 초점을 맞추게 되었다. 행동 설계하기는 고객에게 중요한 인적 네트워크를 구축하는 방법으로서, 가장 효과적인 방법을 선택하고 행동에 옮기도록 구체적인 행동을 끌어내었고 날짜도 정하였다. 더불어 코치는 고객이 바로 실행에 옮기도록 도우려 했으며 고객의 성장을 격려하였다.

3) 마스터코치(MCC) 수준

○ 코치는 고객과 완전한 파트너십을 이루어 행동을 설계하거나 반대로 고객이 행동 설
  계를 주도할 수 있도록 한다.

○ 코치와 고객은 고객의 목표와 학습 스타일, 고객이 원하는 진행 속도에 맞는 행동이
  나 필요한 활동을 설계한다.

○ 코치는 설계한 행동이 (고객의) 사고와 창의력, 실천하는 내용을 포함하도록 한다.

○ 코치는 고객과 함께 설계된 행동을 고객이 원하는 다른 측면에 연관시킴으로써 고객
  의 배움과 성장의 범위를 넓힐 수 있도록 한다.

○ 코치는 고객이 더 강력하고 한 차원 높은 행동을 개발할 수 있도록 고객이 이미 알
  고 있는 실험을 하는 것을 격려한다.

사례

고객: 네. 새로운 정보 기술 활용에 대해 이야기하다 보니. 적용하는 것보다 정보 기술 획득을 위한 인적 네트워크가 중요하다는 느낌이 들어요. 주제를 바꿔 보겠습니다. '어떻게 하면 정보 기술 확보를 위한 인적 네트워크를 구축할 수 있을까?'로 하면 좋겠어요.

코치: '어떻게 하면 정보 기술 확보를 위한 인적 네트워크를 구축할 수 있을까?' 느낌이 한 단계 더 나아간 느낌이 드네요. 네. 좋아요! 부장님은 인적 네트워크를 어떻게 정의하나요?

고객: 제가 새로운 프로젝트를 맡은 지 얼마 되지는 않았지만 느낌상 새로운 정보 기술 적용이 필요하다는 생각이 들었습니다. 그러니까 정보 기술 획득을 위한 인적 네트워크. 다른 말로 하면, 음……. 정보 기술 획득을 위한 인간관계 구축망이라고도 말할 수 있겠네요.

코치: 네, 정보 기술 획득을 위한 인적 네트워크 인간관계 구축 망이라. 어떤 그림이 그려지나요?

고객: 음, 제게 필요한 정보 기술을 누가 가지고 있는지, 어디에 있는지에 대한 그림이 필요하네요. 생각났어요. 정보 기술 담당자와 함께 그것을 파악해야 할 것 같아요. 본사 담당자에게도 요청하고. 그림이 구체화되어 가네요. 이제 시작된다는 느낌이 들어요.

코치: 언제부터 시작하시겠어요?

고객: 코칭이 끝나면 바로 담당자를 만나 시작하자고 요청해야 하겠어요.

코치: 괜찮으시면 지금 담당자에게 일차적인 요청을 먼저 해 놓으시면 어떨까요? 그리고 끝난 후에 다시 구체화하시고요.

고객: 네. 좋습니다. ＿＿＿＿＿＿＿＿＿＿＿ (담당자에게 전화함) 코치님, 담당자 이야기는 기초 네드워크밍은 그러저 있는데 수시로 번하니 본사와 협조해서 보원해서 3일 후에 만나기로 했습니다. 이제 그림 그리기가 시작되었네요. 그리고 또 코치님에게 요청할 것이 있어요. 제가 기술자 출신이라 의사소통이 약해요. 다음 시간부터는 네트워크망 완성과 더불어 소통의 세부적인 스킬도 하나씩 접근해 나갔으면 합니다.

괜찮으시겠어요?

코치: 네. 기쁩니다. 부장님이 이렇게 적극적으로 하시니까. 원하시는 것이 꼭 이루어질 것이라는 믿음이 생기네요. 지금 말씀하신 과정이 다 이루어지면 부장님은 어떤 리더가 되어 있을까요?

고객: (한참 상상하고) 좋네요. 유능한 관리자. 새로운 정보 기술을 적용하여 생산성이 탁월한 팀 리더. 부하직원은 물론 업무와 관련된 광범위한 인적 네트워크가 구축된 비전 있는 팀장의 모습이 보이네요.

코치: 멋지네요. 시작이 참 좋습니다. 다음 시간에는 인적 네트워크가 그려진 그림을 가지고 같이 이야기를 더 나누고, 소통 문제도 다루도록 하죠. 요청 사항이 있습니다. 소통의 어느 부분을 먼저 다루고 싶은지 생각해 오시는 것입니다. 금일 무엇을 하시기로 했는지 정리해 주시겠습니까?

고객: 네. 오늘 제가 한 것은. 우선 상세한 정보 기술 인적 네트워크 구축 그림을 생각해 내고 그것을 뒷받침하는 데 취약한 소통에 대해 다루고 싶은 주제를 정하기로 하였습니다. 그리고 저의 미래 모습에 대한 그림도 그리고. 특별히 느낀 것은 코칭 중에 바로 전환하라는 말씀은 제게는 실행력을 강화하는 데에 신선한 방식이었습니다. 그래서 미루거나 망설여질 때 그 방법을 종종 사용하려고 합니다.

마스터코치(MCC) 수준에서는 고객이 말하는 상황적 이슈를 해결하기 위한 새로운 행동을 도출하였던 전문코치(PCC) 수준보다 한 단계 더 나아갔다. 인적 네트워크라는 것을 인간관계 구축망이라고 표현함과 동시에 그림을 그리게 했고 바로 그려 보도록 요청했다. 아울러 고객은 인간관계 구축망과 관련한 소통의 중요성을 알아차리게 되면서 다음 코칭 플랜과도 연계시켰다. 마스터코치 수준은 고객이 주도하여 행동 설계하기를 지지하고, 사고, 창조, 행동 및 존재 방식을 반영하여 더 강력하고 영향력 있는 행동들을 탐색, 선택 및 행동 실험하기를 하도록 장려한다.

5. 핵심 요약

○ 행동 설계하기는 고객이 기대하는 결과에 가장 효과적으로 도달하게 하는 새로운 행동을 다양하게 탐색하고 선택 및 행동에 옮기는 과정을 체계적으로 지원한다. 그리고 코치는 고객이 '바로 실행'하도록 격려하고 미래의 성공을 축하하도록 한다.

○ 코치는 행동 대안을 탐색하고 평가, 선정 및 새로운 행동을 찾는 과정 전반에 걸쳐 고객과 함께 브레인스토밍한다. 고객이 행동 설계하기 과정에 더 많이 참여하고 주도할수록 행동에 대한 책임감을 강하게 느끼고 실행에 대한 동기부여가 된다.

○ 고객이 대안을 탐색하고, 옵션을 평가 및 결정할 때 코치는 무엇보다 고객이 원하는 결과를 얻기 위한 실천가능성이 높은 것으로 선택할 수 있게 도와야 한다.

○ 행동 설계하기에서 새롭고 혁신적인 행동을 탐색하는 것이 중요하다. 이것은 고객의 사고와 행동을 제한하는 가치나 신념, 성공과 불일치하는 관점이나 행동, 비합리적인 선택 방식 등에 도전함으로써 도출할 수 있다.

○ 고객들은 효과적이지만 도전적인 행동을 취하는 것이 어려워할 수 있다. 코치는 고객의 망설임에 충분히 공감하면서도 고객이 진정 원하는 상태나 성취를 위해 미루지 않고 '바로 행동'함으로써 성공경험을 축적하도록 격려한다.

○ 고객이 한 차원 높은 행동 설계하기를 할 수 있도록 코치는 '지속 성장'의 관점에서 도와야 한다. 그러려면 행동 설계하기 과정에서 고객의 학습과 성공 방식, 가치, 가치관, 강점, 신념, 창조 방식 등을 적극 반영할 수 있게 하여야 한다.

6. 자기 개발을 위한 성찰 및 연습(S-A-C)

○잠시 멈추고 바라보기(Stop)

잠깐 멈추어 코칭을 바라본다.

○알아차리기(Aware)

– 합의된 목표에 대해 행동 설계하기를 하는가?

– 새로운 행동을 탐색하는 질문을 하는가?

– 고객이 '당장 실행'하도록 지원하고 있는가?

○도전(Challenge)

– 고객의 가정과 경험에 도전하는 질문 5가지를 적으라.

– 고객의 가치, 강점, 학습과 성공 방식을 반영하여 행동을 개발할 수 있
게 하라.

– 코칭 세션 중에 '바로 실행'할 것을 요청하라.

계획 수립과 목표 설정

Planning and Goal Setting

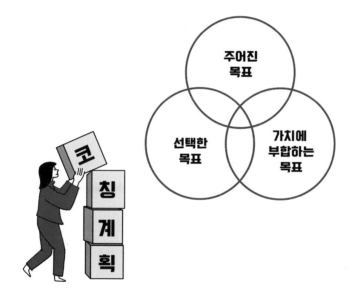

주어진
목표

선택한
목표

가치에
부합하는
목표

1. '계획 수립과 목표 설정' 역량을
이해하기 위한 사전 질문

가. 효과적인 코칭 계획이란 무엇인가?

나. 고객의 새로운 목표는 어떻게 발견하는가?

다. 고객의 목표 개발은 어떻게 지원하는가?

라. 메타-뷰(meta-view)로 목표 설정을 지원하면 어떤 장점이 있는가?

마. 고객의 상황 변화를 어떻게 코칭에 반영할 수 있는가?

2. 코칭 계획을 발전시키기

MCC 자격에 지원하는 과정에서 코칭 계획을 발전시키는 것과 관련하여 불합격한 사례가 있다. 이 장에서는 ICF의 피드백을 통해 코칭 계획을 발전시키는 것이 어떻게 구현되어야 하는지에 초점을 맞추어 전개하고자 한다.

불합격 사례 피드백

코치는 현재 하고 있는 코칭의 흐름을 넘어 더 큰 그림에 대한 질문을 던졌다. "5년 후에는 어디에 있기를 바랍니까?"와 "그 자리에서 어떤 유산을 남기고 싶나요?"라는 좋은 질문을 했다. 그러나 코치는 무엇이 고객에게 도움이 되는지, 그것을 위해 또 무엇을 할지에 대해

물을 때 파트너십이 없이 표준적인 코칭 프로세스에 의한 질문을 하였다. 더욱이 현재의 세션에서 다루는 주제가 그것과 어떻게 관련이 되어 있는지 앞으로 그 목표에 대해서 어떻게 할지 묻지 않았다.

이 피드백의 요지는 코치가 고객의 목표와 그 목표의 의미를 찾기 위해 큰 그림을 그리는 질문을 할 때 프로세스에 의한 질문은 지양해야 한다는 것이다. 대신 고객과 함께 진지하게 탐색하면서 새로운 목표를 개발하고 그와 관련한 코칭 계획을 세울 필요가 있다. 가령, 고객이 새로운 목표와 관련한 대답을 하였을 때 "고객님, 그것에 관해서는 이후 코칭 세션에서 다루는 것이 어떨까요?" "고객님, 그 주제와 관련하여 새로운 코칭 계획을 세운다면 어떻게 하고 싶습니까?" 등으로 코칭 계획을 확장시켜 나가면 된다. 실제 세션의 목표를 바꾸거나 코칭 세션 시간을 연장하여 코칭을 더 전개할 수도 있다. 또는 고객 스스로 셀프 코칭을 할 수 있게 하여 그 큰 그림에 대해 더 생각하는 것으로 정리할 수도 있다. 이렇게 새로운 목표를 개발하고 코칭 계획을 세울 때에 고객이 더 많이 참여하고 주도할 수 있도록 코치가 지원해야 한다. ICF의 피드백을 한마디로 정리하면 표준적(형식적)인 코칭 프로세스에 따라 질문만 하지 말고, 의미 있는 목표가 새롭게 등장하면 고객과 함께 탐색하고 고객에게 도움이 되는 코칭 계획으로 발전시켜 나가라는 것이다.

가. 코칭 목표 개발하기

고객의 새로운 목표 개발을 효과적으로 지원하는 몇 가지 방법을 소개하면 다음과 같다.

1) 구체적인, 달성 가능한, 측정 가능한, 목표 날짜가 있는 목표

고객이 코칭 대화 중에 언급했거나 고객의 성장에 필요한 새로운 코칭 주제나 목표가 드러났을 때 코치는 이와 관련한 코칭을 계획해야 한다. 고객과 함께 코칭 세션 중에 다룰 것인지 차후 세션에서 다룰 것인지 상의하고, 차후 세션에서 다룬다면 코칭 횟수나 기간 등을 고려하여 계획한다. 고객의 코칭 주제가 드러났음에도 불구하고 언급하지 않거나 고객과 함께 논의하지 않을 경우, 앞서 제시한 사례와 같은 피드백을 받을 수 있다. 그러면 코치는 어떻게 하면 되는가?

예를 들어, 고객이 '성과 향상'에 대해 초점을 맞추어 실행력을 향상하기 위한 행동을 취하기로 했다고 하자. 고객이 성과 향상과 관련하여 상사로부터 지원을 받기 위해서는 커뮤니케이션의 어려움을 극복해야 한다는 것을 코치가 알게 되었다. 이때 코치는 고객의 성과를 향상하기 위해서 필요한 것이 상사와의 커뮤니케이션 스킬을

향상하는 코칭이라는 제안을 할 수 있다. 고객이 이에 동의할 경우 새로운 코칭 목표를 정하고 코칭을 계획한다.

코치는 구체적이고(specific), 달성 가능하고(attainable), 측정 가능하며(measurable), 목표하는 날짜가 있는(target dates) 목표를 개발하도록 한다. 이 과정에서 목표를 달성한 것을 알 수 있는 기준이나 척도를 정해야 하고, 결과를 달성하고 원하는 모습이나 상태가 되어 있을 때를 정해야 한다. 이때 목표 개발은 고객이 주도하도록 함으로써 고객 자신의 목표로 인식하고 집중하고 책임감을 더 크게 느끼도록 한다.

한편, 코칭에서 세운 목표 가운데에는 달성 정도를 측정하기 쉽지 않은 목표가 있다. 예를 들어, '성과 향상' '실적 개선' '직원 이직률 감소' '다이어트' '책 읽기' '성적 향상'과 같은 목표는 그 변화나 성취 정도를 숫자로 확인하는

것이 비교적 쉽다. 하지만 '자신감 회복' '자기 확신 갖기' '실행력 향상' '존재
감 있는 리더로 성장하기' '좋은 피드백 받기' '커뮤니케이션 잘하기' 등과 같
은 목표는 성취된 정도를 숫자나 양적으로 측정하는 것이 쉽지 않다. 이렇게
달성 정도를 측정하기 어려운 목표는 코칭 목표로서 적합하지 않은 것일까.
그렇지는 않다. 이런 경우에 코치는 고객의 내적 판단 기준을 확인하고 이를
코칭 계획에 반영하여 계획하도록 지원하면 된다. 가령, 고객이 '실행력 향
상'을 목표로 정한 경우에 대해 살펴보자. 우선 "실행력이 향상된 것을 알 수
있는 기준은 무엇입니까?"와 같은 질문을 할 수 있다. 고객은 자신의 상황 맥
락을 고려하여 '빠른 보고서 작성 속도' '계획한 것을 실제 행동에 옮긴 목록'
'아침에 일찍 일어나는 횟수' '강의 횟수' 등과 같은 기준을 정할 수 있다. 이
때 코치는 고객의 현재 수준과 기대하는 수준을 척도로 표현하도록 한다. 척
도는 1~10, 불만족-그저 그러함-만족, 최하-중간-최상, 느림-보통-빠름
등으로 고객의 목표와 상황에 따라 적용한다.

이와 같이 목표 달성 여부를 확인하는 것이 쉽지 않아 보이는 경우에도 고
객이 기대하는 결과를 얻을 수 있는 측정 가능한 목표로 바꿀 수 있다. 따라
서 코치는 성과, 실적, 결과물이 분명해 보이는 목표는 물론 '자신감 회복' '존
재감 있는 리더로 성장하기'와 같은 코칭 목표에 대해서도 고객의 내적 판단
기준을 반영하여 측정 가능하도록 지원할 수 있어야 한다. 자칫 모호할 수 있
는 목표를 더 구체적이고 분명한 목표로 전환시킬 때 고객은 더 쉽게 계획하
고 행동에 옮기는 것에 더 집중할 수 있는 동기가 되기 때문이다.

2) 메타-뷰 시각으로 목표 정하기
고객이 언급한 것 이외에 고객의 삶을 두루 살펴보고 코칭 목표를 개발하
는 방법으로 메타-뷰(meta-view)가 있다. 메타(meta)는 위치나 상태의 변화
와 관련이 있음을 나타내며 '더 높은' '초월한'의 뜻으로 사용되고, 뷰(view)는
개인적인 견해나 무엇에 대한 관점을 말하며 특정한 상황에서 무엇을 볼 수

있거나 무엇이 보이는지를 말할 때 사용한다. 여기에서는 코치가 메타-뷰 (meta-view)의 관점에서 바라보면서 고객의 새로운 코칭 목표를 개발하도록 지원하는 것을 말한다. 이 새로운 관점을 통해 고객은 높은 위치에서 자신의 상황과 삶을 전체적으로 바라보고 자신이 당면한 관심사에 대해 해결 이상의 것을 볼 수 있게 된다. 그러면 고객은 특정 상황을 넘어서서 훨씬 더 원대한 목표를 설정할 수 있게 되고, 코치는 고객의 성장과 지향하는 삶의 목적 관점에서 코칭 목표 개발을 지원할 수 있다. 이로써 코칭의 지평은 더 크게 확장되고 고객의 성장과 발전을 위한 코칭 관계도 계속 유지, 발전할 수 있게 된다. 이를 위해 코치는 적절한 도구(다이어그램, 목표 차팅, 전략 모델 등)를 활용하여 목표 개발을 도울 수 있으며 고객이 스스로 코칭 목표를 개발해 오도록 할 수 있다.

가) 주어진 목표, 선택한 목표, 가치에 부합하는(GCC) 목표 설정하기

A 사는 직원들이 일과 삶에서의 균형을 이루도록 개인의 목표를 정할 때 세 가지 측면에서 목표 개발 및 설정을 지원하고 있다. 세 가지 측면의 목표

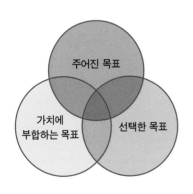

는 각각 회사로부터 주어진(Given) 목표, 여러 목표 가운데 선택한(Chosen) 목표, 그리고 자기 자신의 삶에서 중요한 가치에 기반한(Core value) 목표로 나누며 이를 GCC 모델이라 부른다. 첫째, 주어진 목표는 조직 등 외부에서 주어진 목표이다. 조직 내 성과 목표나 리더십 목표 발휘 등이 해당된다. 이는 자신이 속한 조직이나 하는 일, 업무, 역할을 수행하기 위해 요구되는 목표이다. 고객이 코칭 중에 언급하거나 언급했지만 다루지 않았던 것일 수 있으며, 당면한 과제에 해당된다.

둘째, 선택한 목표는 자기 스스로 선택한 목표이다. 고객이 원하는 목표가 있고 그것을 성취하기 위해 정한 목표가 해당된다. 가령, 고객이 자신의 전문

영역에서 전문가로 성장하거나 리더십을 개발하기 원한다면 학습 리더십을 향상시킬 수 있는 커뮤니케이션 기술이나 공감하는 능력을 학습하고 개발하는 것을 목표로 정할 수 있다.

셋째, 가치에 부합하는 목표는 미션 비전에 맞는 목표이다. 고객의 일과 삶에서 주요 가치, 미션, 비전에 부합하는 목표를 새롭게 개발하도록 한다. 개발된 목표에 대해서는 고객으로 하여금 우선순위를 정하게 한다.

나) 네 가지 영역(신체적, 정신적, 사회정서적, 영적)에서 목표 설정하기

코치는 고객의 삶을 전체적으로 보게 함으로써 고객이 관심을 기울이고 있거나 관심을 기울일 필요가 있는 영역에서 목표 개발할 수 있게 도울 수 있다. 예를 들어, 스티븐 코비(Covey, 2017)가 제시하고 있는 4개 영역(신체적, 정신적, 사회정서적, 영적)에서 고객이 계획하고 있던 목표나 새로운 목표를 개발하도록 제안할 수 있으며, 고객이 활용할 수 있도록 안내한다.

이 방식은 고객이 평소 어느 한두 개의 영역에만 관심을 두는 데에서 벗어나 삶의 균형을 이룰 수 있는 목표 개발을 도울 수 있다. 고객의 말에 의존하여 목표 개발을 지원하다 보면 다른 측면, 영역에서의 목표가 고객에게 있을 수 있다는 것을 놓칠 수 있는데 이를 보완하는 접근법이 될 것이다.

이렇게 함으로써 코치는 고객이 말하지 않은 영역이나 고객의 일과 삶의 방향을 이해할 수 있으며 그 맥락에서 잠재된 중요한 주제를 발견하고 고객의 가치관, 목적, 방향과 부합하는 목표 개발을 지원할 수 있다. 고객이 당면한 목표 달성과 성취에만 집중하는 것이 아니라 자신의 성장과 삶에서 필요한 목표를 새롭게 발견한다면 새로운 코칭 계획을 세울 수 있게 된다. 고객 자신이 인식한 코칭 목표에 책임감을 더 크게 느낄수록, 지속적인 성장에 대한 기대를 가질수록 코칭에 더 집중하게 될 수 있다. 염두에 둘 것은 코치가

도구를 사용하여 코칭 목표를 개발하는 경우에는 고객이 주도하여 목표를 개발할 수 있도록 도와야 한다는 것이다. 그러기 위해 고객에게 적합한 도구를 소개하고 그 사용 방법을 이해하고 활용할 수 있게 설명해 주어야 한다.

3) 핵심적인 목표에 집중하게 하기

고객이 다루고자 하는 목표 안에 요구되는 것과 새롭게 개발하고자 하는 것들이 혼재되어 있을 때, 코치는 여러 목표를 통합하여 핵심적인 목표를 정하도록 요청할 수 있으며 고객은 '핵심적인 일로 단순화하기'에 대해 집중하여야 한다. 그렇게 하면 고객이 언급했던 여러 코칭 목표를 모두 다루지 않고도 모두 다루는 효과적인 코칭을 할 수 있다.

나. 코칭 계획하고 유지하기

1) 코칭 계획은 고객이 주도하게 한다

코칭 계획을 고객이 주도하면 그 계획은 자신의 중요한 목표로 인식되고 실행 의욕이 높아진다. 무엇보다 고객 자신의 성장과 삶에 대한 책임감을 더 크게 느끼게 되며 코칭 몰입도가 높아진다. 이때 코치는 고객의 완벽한 파트너로서 고객이 주도하여 목표를 개발하고 코칭 계획을 지원하도록 한다.

계획을 세울 때 고객이 직접 계획할 수 있도록 도구를 활용하여 작성하도록 하거나 고객이 작성한 것에 대해 다른 관점으로 살펴보도록 한다. 숙달된  코치들은 고객의 학습 및 창조 스타일, 고객이 원하는 결과에 부합하는지와 고객이 설계한 목표와 계획이 고객의 생각, 느낌, 학습 및 창조를 포함할 만큼 폭넓고 깊이가 있는지에 대해 고려하게 한다. 또한 고객이 목표한 것을 달성하는 것을 도울 수 있는 지원 그룹을 계획에 포함하도록 한다.

2) 상황 변화에 따라 코칭 계획은 유지하지만 목표는 수정 또는 변경 가능하다

배가 예상치 못한 기후 변화에 대응하기 위해 항로를 변경하거나 우회하여 목적지에 도달하듯이, 코치는 고객이 자신의 상황 변화에 대응할 수 있게 도와야 한다. 코치는 고객에게 변화된 상황을 코치에게 신속히 알리도록 요청하고, 코칭 계획은 유지하되 고객의 상황 변화에 맞게 새로운 주제나 목표로 수정 또는 변경할 수 있게 지원한다. 이 또한 고객의 목표와 계획을 고객 스스로 주도적으로 관리하고 집중하기를 유지하게 하는 방법이다. 구체적으로는 "향후 계획한 대로 되지 않을 수 있는 상황이 있다면, 어떤 경우입니까?" "그와 같이 예견하지 못한 상황에서 어떻게 대응하겠습니까?" "예측하지 않았던 상황이 발생하여 계  획을 변경할 필요가 있다면, 신속히 코치에게 연락 주시겠습니까?" 등의 질문과 요청을 한다. 이는 코치로서 고객이 코칭 계획을 유지하면서도 상황에 유연하게 대응할 수 있도록 지원하는 파트너로서 함께 한다.

이와 같이 코치가 고객의 코칭 목표를 개발하고 코칭 계획을 세우도록 지원한다면 효과적으로 이 역량을 발휘하게 될 것이다. 다음 MCC 합격 사례를 통해 역량 10을 성공적으로 발휘하기 위한 노력에 참고가 되길 바란다.

합격 사례 피드백

코치는 고객이 지금 당면하고 있는 우려되는 문제점, 즉 성과 향상에 대한 주제로 코칭을 시작하였으나, 코칭이 진행되면서 더 이상의 것을 장기적으로 성취할 수 있는 목표(전략적 계획)에 대해 언급하기 시작하였습니다. 코치는 그 새로운 목표에 대해 진지하게 반응하고, 그 목표를 분명하고 자세하게 정의했으며, 그것을 개발하기 위해 고객과 파트너십을 유지하면서 고객과 함께 협력했습니다. 코치는 고객의 사고방식을 바탕으로 창의적인 실행 계획을 포함하도록 코칭 계획을 수립했습니다.

실제 MCC 지원자의 합격 피드백 사례에서 보면 코치는 고객이 제시한 목표를 넘어 더 크고 새로운 목표를 개발하고 실행 계획을 수립하였다. 이 과정에서 코치는 파트너십을 유지하고 협력하면서 고객의 사고방식과 창의성을 실행 계획에 포함하여 코칭 계획을 지원한 것이다. 그러면 코치가 어떻게 고객으로 하여금 효과적으로 코칭 목표를 설정하고 그에 맞는 코칭 계획을 세우게 하는지 알아보자.

3. '계획 수립과 목표 설정' 역량 정의 및 실행 지침

가. 정의

'계획 수립과 목표 설정'은 고객과 함께 효과적인 코칭 계획을 개발하고 유지하는 능력을 말한다.

나. 실행 지침

> ① 수집한 정보를 통합하고, 학습과 개발을 위한 관심사와 주요 영역의 코칭 계획과 개발 목표를 고객과 함께 수립한다.
> ② 달성 가능하고, 측정 가능하고, 구체적이며 목표 날짜가 있는 계획을 수립한다.
> ③ 코칭 과정과 상황이 변하면 사전에 합의한 바에 따라 계획을 조정한다.
> ④ 고객이 학습을 위해 다양한 자료(예: 책, 다른 전문가)를 찾고 활용할 수 있도록 돕는다. 고객에게 중요한 것이 초기 성공이 무엇인지를 확인하고 목표를 정한다.

1) 수집한 정보를 통합하고, 학습과 개발을 위한 관심사와 주요 영역의 코칭 계획과 개발 목표를 고객과 함께 수립한다

다음 사례에서 고객의 목표 개발과 코칭 계획을 세우도록 어떻게 지원하는지 살펴보자.

사례

C 고객은 현재 일과 생활에서 뒤죽박죽인 것 같아 정리가 필요하다고 한다. 그녀가 우선적으로 정리하고 싶은 것은 집안에 쌓인 물건들을 비롯해서 집 환경을 새롭게 하는 것이다. 그녀에게 소중한 물건들이 이젠 짐으로 여겨져 이를 정리하기 위해 코칭을 받고 있었다. 고객이 초기에 '정리'라는 주제어로 코칭을 시작하면서 시급하게 물건을 정리하는 것이었지만 더 살펴보게 된 '정리'의 의미가 있었다. 코치는 고객이 말했던 것을 상기하면서 다음과 같이 코칭 대화를 이어 가고 있다.

코치: 팀장님. '정리'와 여러 가지 말씀해 주셨어요. 팀장의 역할이나 리더십 그리고 팀원 지원, 선배와의 관계, 건강 등 두루 말씀하셨어요. 팀장님이 우선적으로 정리하고 싶은 것은 무엇인가요?

고객: 네. 제가 많이 고민하는 것이 먼저 해소가 되었으면 하는데, 팀원들을 지원하는 거예요. 나름 한다고는 하는데, 저랑 스타일이 다른 경우에 어떻게 해야 할지 고민입니다.

코치: 아, 그래요. 팀원들을 지원하는 것을 먼저 해야 하는 이유는 무엇인가요?

고객: 사실 팀원들의 성과는 그들의 급여와 제 급여로 직결이 되는 구조예요. 영업 조직이라면 비슷할 텐데, 팀원들이 많아야 좋지만 팀원마다 실적이 좋아야 모두 좋거든요.

여기에서 코치는 팀장이 언급했던 여러 측면에서의 관심사를 통합하면서 우선적으로 고객이 다루고 싶은 영역의 주제를 정하도록 하였다. 코칭 초기에 고객의 주제는 '물건을 정리'하는 것이었지만, 코칭이 진행됨에 따라 팀리더로서의 '역할 정리'라는 영역으로 넓혀졌다. 이렇게 목표가 확장됨에 따라 코치는 고객이 코칭 계획을 세울 수 있도록 다음과 같이 접근하고 있다.

코치: 그런 이유가 있군요. 팀원들을 지원하는 것에 대해 어떤 결과를 얻기를 바라세요?

고객: 일단 팀원들의 스타일을 알고 그들이 실적을 올릴 수 있는 방법을 같이 찾고 싶어요. 결국 팀원들 실적 향상인데요. 자연스럽게 팀장 리더십하고도 관련되겠네요.

코치: 향후 5회의 코칭 세션을 하게 될 텐데, 어떻게 코칭받고 싶으세요?

고객: 네, 가능하다면 우선 말씀드린 팀원 지원에 관해서 2회 코칭을 받고요. 그 후로 세션마다 한 가지 주제로 코칭받으면 좋겠어요. 이 기회에 정리될 수 있게 집중하려고요.

코치: 네. 좋습니다.

코치는 고객이 정한 주제에 관하여 기대하는 결과가 무엇인지 확인하게 함으로써 향후 코칭 세션을 고객이 주도하여 계획하게 하였다. 코칭 계획 및 절차를 개발하는 과정은 코칭 계약을 합의하는 프로세스와 같이 진행한다.

2) 달성 가능하고, 측정 가능하고, 구체적이며 목표 날짜가 있는 계획을 수립한다

코치가 고객으로 하여금 효과적으로 코칭 목표와 계획을 세우도록 지원한다. 일반적으로 계획은 SMART하게 하는 것으로 이해되지만 여기서는 SMAT로 살펴보기로 하자.

코치: 이 목표는 팀장님께 어떤 의미가 있는 목표인가요?

고객: 하하. 사실 고생한 팀원들과 같이 여행가는 게 꿈이에요. 그러려면 연말에 특별상을 받는 팀이 되는 거고요. 성취감도 크고요.

코치: 꿈이 담긴 주제이고 목표였군요. 의미가 있는 목표여서 그런지 목소리나 표정에서 강한 의지가 보여요. 팀장님께서 그 목표들을 이룰 수 있게 구체적이고, 측정 가능하고, 달성 가능하며 목표 날짜가 있게 목표를 정리해 주시겠습니까?

고객: 네, 좋아요. 구체적으로 하나씩 말해 보겠습니다. 팀원들 개개인의 업무 스타일과 강점을 안다. 일대일 면담을 해서 칭찬하고 문제를 파악한다. 문제는 바로바로 해결한다 등 세 가지입니다.

코치: 이 세 가지는 언제 하겠습니까?

고객: 워크숍은 2주 이내, 일대일 면담은 매주 1회씩, 문제는 매주 수요일에 하겠습니다.

코치: 그럼. 성공적으로 된 것을 어떻게 확인 가능한가요?

고객: 음, 일단 급여가 가장 확실하죠. 매월. 그리고 민원이 줄거나, 팀원과 자주 대화하는 것으로 알 수 있겠네요. 나아지고 있다는 것을 매월 확인할 수 있으니까요. 꼭 급여만이 아니라도 대화하는 횟수나 대화 분위기를 보면 알 수 있고요.

코치: 이것은 2개월 내에 가능한 것들입니까?

고객: 물론입니다.

코치는 고객이 말하는 목표 달성이 팀의 성장과 인정받고 싶은 욕구에 기반하고 있다는 것을 확인하였다. 이를 바탕으로 구체적으로 계획을 수립할 수 있도록 질문하였고 고객과 함께 작성하거나 고객으로 하여금 직접 작성하도록 요청할 수 있다. 이렇게 고객이 참여하거나 주도하는 계획과 목표는 고객 자신의 것으로 인식하게 되어 계획한 것을 유지하는 것에 책임감을 느끼게 된다.

3) 코칭 과정과 상황이 변하면 사전에 합의한 바에 따라 계획을 조정한다

코칭 관계가 지속되고 코칭 세션이 이어지는 과정 중에 고객의 상황이 변하여 기존의 목표를 조정해야 한다면 코치는 이를 지원해야 한다. 우리의 일과 삶은 돌발 상황이 발생할 수 있으며, 계획한 것을 실행하는 데 언제든 변화가 일어날 수 있다. 그러한 상황이 발생하면 코칭 합의 단계에서 합의한 대로 고객의 상황 변화를 코치에게 신속히 알려 주도록 안내하여야 한다.

4) 고객이 학습을 위해 다양한 자료(예: 책, 다른 전문가)를 찾고 활용할 수 있도록 돕는다. 고객에게 중요한 초기 성공이 무엇인지를 확인하고 목표를 정한다

다시 C 팀장의 사례에서 살펴보자. C 팀장은 팀원들을 지원하기 위해 '팀원들의 스타일을 안다' '면담을 해서 칭찬하고 문제를 안다' '문제는 바로바로 해결한다' 등과 같은 계획을 세웠다. 이 계획을 실행하기 위해 가용 자원이나 필요한 것을 떠올리게 하였다.

코치: 팀장님. 이 가운데 먼저 성과를 얻고 싶은 것은 무엇인지요?

고객: 가장 먼저 팀원들의 강점을 알고 적용하여 성과를 내는 거예요.

한편, 코치는 C 팀장이 지원받을 필요가 있는 것 또는 배움이 필요한 것에 대해 생각해 보게 할 수 있다.

코치: 커뮤니케이션 기술을 습득하기 위해 어떤 지원(학습)을 받을 수 있습니까?

고객: 마침 사내에 관련 교육이 매월 있어요. 과연 필요할까 했는데, 이번에 참여해야겠어요.

코치: 이 스킬을 습득하여 면담을 잘하기 위해 누가 당신을 도울 수 있습니까?

고객: 음. 그러고 보니 선배 팀장들 중에 참 잘하는 분이 계세요. 이참에 그분께 부탁해서 배울 기회도 가지고, 선배 관계도 풀어갈 기회로 삼아야겠어요.

코치: 축하드립니다. 팀장님께 제가 참고가 될 책을 추천해도 될까요?

고객: 네, 좋습니다. 부탁드립니다.

고객이 우선적으로 성공할 목표를 정하도록 다음과 같이 질문할 수도 있다.

"직업적 성장을 위해, 가장 먼저 성공적으로 해내고 싶은 일은 무엇입니까?"

"당신이 원하는 균형 이룬 삶을 위해, 무엇을 먼저 하겠습니까?"

"리더로 자리매김하기 위해, 가장 영향력이 큰 것은 어떤 것입니까?"

그리고 코치는 고객이 관심을 기울일 필요가 있는 것과 관련한 정보를 확인하고 새로운 코칭 계획을 세울 수 있도록 고객에게 제안하기 위해 다음과 같이 질문할 수 있다.

코치: 팀장님. 우리는 그동안 팀장으로서 '정리'에 관하여 코칭을 진행했습니다. 그러면서 때때로 삶의 균형의 중요성을 거듭 언급하셨지요. 팀장님의 삶의 균형에 대해 같이 계획해 보면 어떻습니까?

고객: 맞아요. 코치님. 제가 늘 삶의 균형을 중요시하는데, 쉽지가 않아요.

코치: 그렇다면 팀장님의 삶의 균형에 대해서 코칭 계획을 세워 볼까요?

고객: 네, 좋습니다. 할까 말까 고민하던 중이었던 주제였습니다. 그럼 어떻게 계획하면 될까요?

코치: 향후 이 주제와 관련하여 기간과 횟수를 정해 보도록 하지요. 삶의 균형이란 측면에

서 A 도구를 활용하시면 어떨까요? (도구 사용 설명 후) 다음 세션 전까지 결과를 제

게 보내 주시겠습니까?

고객: 네 그러겠습니다. 벌써부터 기대가 되네요.

이처럼 코치는 '고객의 성장'을 위해서 주저하지 않고 새로운 제안을 할 수

있도록 한다. 이는 코치로서 고객과의 코칭 관계를 계속 발전시켜 나가는 방

법이기도 하다.

4. 수준별 역량

가. '계획 수립과 목표 설정' 역량에서 요구되는 최소 기술

다음은 ICF의 자격 인증을 위한 최소 기술 요구 사항(minimum skills
requirements) 중 역량 10 '계획 수립과 목표 설정'에 관한 평가 대상 핵심 기술
(key skills evaluated)이다.

① 코치는 고객의 학습과 창조 스타일, 고객의 어젠다 및 원하는 결과에 부
   합하는 목표와 계획을 도출하고 탐구하기 위해 고객과 얼마나 좋은 파
   트너가 되고 있는가?
② 설계된 계획과 목표는 생각, 느낌, 학습 및 창조를 아우를 만큼 폭넓고
   깊이가 있는가?
③ 설계된 계획 및 목표는 적절할 때마다 고객 전체를 통합시키는가?
④ 설계된 계획과 목표는 세션 내용, 고객의 어젠다 및 원하는 결과를 이루
   는 데 적절한가?
⑤ 설계된 계획 및 목표가 고객의 생각, 배움, 통합, 창조 방식과 적절하게

어울리는가?

⑥ 적절할 때마다, 코치는 고객이 원하는 궁극적 결과를 위한, 측정 가능한 성취를 고객이 설계하도록 돕는가?

이를 수준별로 구체화하면 다음과 같다.

03　마스터코치(MCC)

- 코치는 단순히 고객이 보이는 것 이상을 성취할 수 있는 목표가 무엇인지를 명확하게 하고 그것을 개발하기 위해 고객과 함께 작업한다.
- 코치는 고객으로 하여금 목표와 계획 설계를 주도하거나 또는 대안으로서 목표와 계획을 만들기 위해 고객과 완전한 파트너십을 이루어 작업한다.
- 코치와 고객은 고객의 목표, 학습 스타일 그리고 고객이 원하거나 필요한 활동의 진행 속도에 적합한 목표와 계획을 개발한다.
- 코치는 계획에 생각하고, 창조하고 행동하는 내용이 포함되도록 한다.
- 코치는 고객이 원하는 것 너머의 다른 측면에까지 관련된 목표와 계획으로 고객이 참여하게 함으로써 고객의 학습과 성장의 범위를 넓혀 나간다.

02　전문코치(PCC)

- 코치는 목표와 계획 개발에서 고객과 어느 정도 협력하지만 완전한 파트너십을 이루지는 못한다.
- 다시 말하면, 행동은 고객이 제시한 상황적 이슈를 해결하는 데에 맞춰져 있고, 상황 너머를 보면서 현재 상황에 내재되어 있을 수도 있는 또 다른 폭넓은 배움을 찾아내는 데까지는 이르지 못한다.
- 마지막으로, PCC 수준의 코치는 고객이 제시한 계획을 다시 수정하려는 경향을 보인다.

01　인증코치(ACC)

- 코치는 고객이 생각해 낸 목표를 최대한 확실하게 채택하려는 경향을 보인다.
- 계획과 목표 수립은 완전히 일차원적이고, 코치는 때때로 고객의 전문성 대신 자신의 전문성으로도 내세하는 경향이 있다.

나. '계획 수립과 목표 설정' 역량 향상하기

1) 인증코치(ACC) 수준

> ○ 코치는 고객이 생각해 낸 목표를 최대한 확실하게 채택하려는 경향을 보인다.
>
> ○ 계획과 목표 수립은 완전히 일차원적이고, 코치는 때때로 고객의 전문성 대신 자신
> 의 전문성으로 대체하는 경향이 있다.

사례

사업가 L 대표는 시장이 어려움에도 불구하고 견실하게 사업체를 운영하기 위해 코칭을 받아 왔다. 이번 세션에서 그는 직원들과의 커뮤니케이션을 중심으로 코칭을 진행하고 있었는데, 그는 "기회가 되면, 삶의 균형에 대해 코칭받고 싶다."고 말했다. 코치는 자연스럽게 L 대표가 언급한 '관계 회복'에 관한 코칭 계획을 세울 것을 제안하려고 한다.

코치: (좀 전까지 커뮤니케이션에 대한 코칭을 진행했는데 새롭게 고객이 말한 삶의 균형에
   대해 코치가 놓치지 않고 고객과 대화한다.) 대표님, 오늘 세션에서 관계 회복에 대해
   코칭받고 싶다고 말씀하셨어요. 그 주제에 대해서 같이 코칭을 계획해 볼까요?

고객: 네, 좋아요. 제가 요즘 정신적, 신체적으로 많이 지치다 보니 주위 사람들과 관계가
   참 힘들어요.

코치: 그러시군요. 관계 회복에서 특히 관심을 가진 것은 무엇인가요?

고객: 네. 사실 일에 치우치다 보니 직원이나 가족에 대해 소홀하고 대화도 줄고 제 자신이
   뭘 위해 일하나 싶은 생각이 들어서요.

코치: 아, 그런 뜻이었군요. 대표님. 관계 회복에 대하여 다음 세션까지 추구하는 모습이나
   구체적인 목표와 계획을 세워 오시길 바랍니다.

고객: 네, 좋습니다.

인증코치(ACC) 수준의 코치는 고객의 새로운 목표 설정을 지원하는 것에서, 고객이 말한 것을 그대로 채택하는 경향을 보인다. 고객이 언급한 적이 있었던 목표나 의제에 관하여 목표를 정하도록 한다. 이때 코치는 도구나 구조를 제안하여 고객의 원하는 결과를 달성하려는 목표를 정하도록 과제를 낼 수도 있다.

2) 전문코치(PCC) 수준

> ○ 코치는 목표와 계획 개발에서 고객과 어느 정도 협력하지만 완전한 파트너십을 이루지는 못한다.
> ○ 다시 말하면, 행동은 고객이 제시한 상황적 이슈를 해결하는 데에 맞춰져 있고, 상황 너머를 보면서 현재 상황에 내재되어 있을 수도 있는 또 다른 폭넓은 배움을 찾아내는 데까지는 이르지 못한다.
> ○ 마지막으로, PCC 수준의 코치는 고객이 제시한 계획을 다시 수정하려는 경향을 보인다.

사례

코치: (좀 전까지 커뮤니케이션에 대한 코칭을 진행했는데 새롭게 고객이 말한 관계 회복에 대해 코치가 놓치지 않고 고객과 대화한다.) 대표님, 오늘 세션에서 관계 회복에 대해 코칭받고 싶다고 말씀하셨어요. 그 주제에 대해서 같이 코칭을 계획해 볼까요?

고객: 네, 좋아요. 제가 요즘 정신적, 신체적으로 많이 지치다 보니 주위 사람들과 관계가 참 힘들어요.

코치: 그러시군요. 말씀하신 관계 회복에서 걱정되시는 것이 있다면 어떤 것인가요?

고객: 사실 이런 얘기를 누구한테 물어봐야 될지 잘 모르겠습니다. 실은 요즘 아들과 사이가 좋지 않아요. 대화도 거의 하지 않고요. 혹시 부자간 관계 회복에 대한 코칭도 가능한가요?

코치: 가능하지요. 그럼요. 그리고 코치로서 대표님께 제안 하나 드려도 되겠습니까?

고객: 그럼요. 좋습니다.

코치: 제가 대화하면서 대표님의 심적인 안녕에 대해 생각해 보시길 제안드립니다. 현재는 모든 시간이 일에 대한 생각으로 가득한데 자기 자신의 마음과 정신을 돌보는 것에 대해서도 계획해 보시는 것입니다. 대표님 생각은 어떤가요?

고객: 아, 그렇죠. 제가 일에 너무 매몰되는 경향이 있지요. 좋습니다. 어떻게 하면 될까요?

코치: 네. 말씀하신 것 중에 부자간 관계 회복에 관한 것과 대표님의 마음과 정신을 돌보는 것에 대해 향후 코칭 계획을 같이 세워 보시지요. 어떤 것을 먼저 목표로 하면 좋겠습니까?

고객: 네. 아무래도 아들과의 관계 회복이 좋습니다. 제가 늘 마음이 쓰이거든요.

코치: 네. 좋습니다. 그럼 다음 세션은 언제하면 될까요? (날짜와 시간을 정한다.) 그때까지 아들과의 관계 회복에 관하여 구체적으로 목표와 계획을 세워 오시겠습니까?

고객: 예. 좋습니다.

전문코치(PCC) 수준의 코치는 고객이 말한 것을 곧바로 채택하기보다 '다른 것' '다른 목표'를 질문하여 고객이 생각하고 있던 목표들을 추가적으로 탐색하게 하고 있다. 이는 새로운 코칭 목표를 정하는 것에서 고객의 중요한 목표나 관심사를 탐색하여, 목표를 찾아내고 우선순위를 정하여 코칭 계획을 세우기에 어느 정도 파트너십을 발휘한다. 그렇다면 마스터코치(MCC) 수준의 코치가 완벽한 파트너십을 발휘하는 모습은 어떠한가? 고객의 더 큰 성장이나 다른 영역으로의 확장을 위해 배움과 개발이 필요한 영역과 목표를 개발하는 모습을 살펴보자.

3) 마스터코치(MCC) 수준

○ 코치는 단순히 고객이 관심을 보이는 것 이상을 성취할 수 있는 목표가 무엇인지를 명확하게 하고 그것을 개발하기 위해 고객과 함께 작업한다.

○ 코치는 고객으로 하여금 목표와 계획 설계를 주도하게 하거나 또는 대안으로서 목표와 계획을 만들기 위해 고객과 완전한 파트너십을 이루어 작업한다.

○ 코치와 고객은 고객의 목표, 학습 스타일, 그리고 고객이 원하거나 필요한 활동의 진행 속도에 적합한 목표와 계획을 개발한다.

○ 코치는 계획에 생각하고, 창조하고 행동하는 내용이 포함되도록 한다.

○ 코치는 고객이 원하는 것 너머의 다른 측면에까지 관련된 목표와 계획으로 고객이 참여하게 함으로써 고객의 학습과 성장의 범위를 넓혀 나간다.

사례

코치: 대표님. 반갑습니다. 관계 회복에 대해 코칭을 계획하였습니다. 요청드린 것처럼 관계 회복에 관한 목표는 어떤 것이 있었는지요?

고객: 네. 시간이 걸렸지만 하길 잘했습니다. 회사에서도 사용하고 있는 GCC 도표를 활용해서 그려 보았습니다. 한번 보시겠어요? 여기 있습니다.

코치: GCC 도표요. 흥미롭네요. 설명해 주시겠어요?

고객: 우선 세 개의 원이 있어요. 주어진 목표(given goal)의 원에는 제가 대표이다 보니 대표로서 직원들과 소통을 잘하는 것이 필요하더군요. 직원들도 상호 간 소통이 잘 되면 일도 수월히 풀릴 수 있겠더라고요. 둘째는 제가 선택하는 목표(chosen goal)인데 오늘 코칭 주제인 아들과의 관계 회복입니다. 그런데 셋째로 가치에 부합한 목표(core value goal)를 그리다 보니 다른 그림이 나와서 놀랐습니다. 제가 간과하고 있었던 것인데 생각하는 시간을 가지다 보니 문득 하고 있던 명상을 안 한지 오래된 거예요. 명상을 통해 나 자신과 대화하면서 나 자신과의 관계가 잘 되면 제가 여유가 생기고 중심을 잡을 수 있는데……. 이걸 놓치고 있었더라고요. 아차 싶어서 이번에

코칭받을 목표로 하려고요.

코치: 아, 잊고 있던 중요한 것을 상기하게 되셨군요. 그럼 자신과 대화를 하시는 명상에 관하여 향후 어떻게 코칭을 받고 싶은가요?

고객: 이제 남은 코칭이 한 번밖에 없잖아요. 그래서 코칭 5회를 더 받았으면 합니다.

코치: 좋습니다. 그럼 어떤 것을 우선으로 진행할까요?

고객: (그림을 보면서) 네. 우선 나를 여유 있게 대하기 그리고 명상. 아니네요. 명상을 먼저 해야 하겠네요. 그리고 나를 여유 있게 대하기 순으로 해야겠어요.

코치: 네. 그림으로 설명해 주시니 서로 쉽게 확인할 수 있어서 참 좋네요. 대표님, 관계 회복이라는 주제로 자신, 가족 중 아드님, 회사의 영역에 걸쳐서 두루 회복되면 어떤 변화가 예상되세요?

고객: 갑자기 마음이 푸근해지네요. 여유도 생기고. 제가 힘이 납니다. (잠시 상념에 잠기고 나서) 하길 잘했네요. 혼자 고민스러웠는데, 관계로부터 제가 힘을 얻는다는 것을 알았어요. 감사드립니다.

코치: 대표님께 관계 회복은 힘을 얻는 것이군요. 자, 그럼 코칭을 시작해 볼까요?

코치는 고객이 주도하여 목표를 개발하도록 요청한 것에 대해 고객은 도구(GCC)를 활용하여 목표를 개발해 온 것을 설명하고 있다. 코치는 고객의 목표에 관해 경청한 후에 고객에게 중요한 것을 우선으로 하여 코칭을 계획하도록 질문하였다. 코치는 고객이 '관계 회복' '회복된 상태'를 떠올리게 하여 중요한 목표로 인식하고 그 의미를 새롭게 일깨우고 새롭게 하면서 코칭을 진전시키고 있다는 것을 알 수 있다.

정리하면 인증코치(ACC) 수준에서는 고객이 말하는 것을 그대로 채택하고, 전문코치(PCC) 수준에서는 부분적으로 코치가 참여하여 파트너십을 발휘한다. 그리고 마스터코치(MCC) 수준에서는 고객이 주도하여 고객의 관심사 이상으로 성장의 범위를 확장하며 의제를 정하고 목표를 설정하고 코칭 계획을 세우도록 지원한다.

5. 핵심 요약

○ '계획 수립과 목표 설정'은 고객과 함께 효과적인 코칭 계획을 개발하고 유지하는 능력을 말한다. 이를 효과적으로 지원하기 위해 코칭 목표 개발하기, 코칭 계획하고 유지하기에 대해 이해해야 한다.

○ 고객의 새로운 목표는 고객이 코칭 중에 언급했던 것, 다른 영역으로 성장하기 위해 학습이 필요한 것들이다. 고객이 새로운 코칭 계획을 세우고 목표를 정할 때 코칭 계획과 목표 개발은 고객이 주도하고 코치는 완전한 파트너로서 협업한다.

○ 코치는 고객이 목표를 개발할 때 SMAT, 즉 구체적이고 달성 가능하고 측정 가능하며 목표하는 날짜가 있게 지원한다. 목표들 중에는 '실행력 향상' '리더십 향상'처럼 측정 가능해 보이지 않는 것도 있다. 이 경우 고객의 내적 판단 기준을 확인하면 측정 가능한 목표가 될 수 있다.

○ 메타-뷰(meta-view)의 시각으로 고객의 목표 설정을 지원하면 고객 삶을 전체적으로 조망하면서 목표를 개발할 수 있다. 이때 코치는 고객이 주도적으로 자신의 목표를 개발할 수 있도록 적절한 도구를 활용할 수 있으며, 고객이 활용할 수 있게 도구에 대해 잘 이해하고 설명할 수 있어야 한다.

○ 코치는 고객의 상황이 변하면 고객이 신속히 코치에게 알리도록 안내해야 한다. 고객의 상황은 언제든 변할 수 있으므로 코치는 코칭 계획은 계속 유지하면서 코칭 프로세스나 목표 수정 또는 변경 여부를 고객과 함께 토의하여 정한다.

○ 코치는 스스로 자신의 일과 삶에서 필요한 목표를 개발하기 위해 메타-뷰 도구를 활용하거나 자신이 알고 있는 도구를 활용하여 실천(practice)한다.

6. 자기 개발을 위한 성찰 및 연습(S-A-C)

○ 잠시 멈추고 바라보기(Stop)

잠시 멈추어 코칭 진행 과정을 바라본다.

○ 알아차리기(Aware)

- 고객이 언급한 새로운 관심사에 대해 다루고 있는가?
- 고객이 다른 영역으로 확장되고 성장하기 위해 필요한 목표 개발을 지원하고 있는가?
- 고객의 새로운 목표에 대해 코칭 계획하도록 질문하고 있는가?

○ 도전(challenge)

- 메타-뷰(meta-view) 도구를 활용하여 나의 중요한 목표를 개발하라.

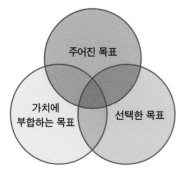
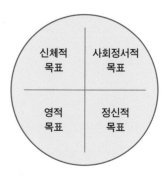

- 알고 있는 메타-뷰 도구를 고객이 활용할 수 있게 설명하라.

진행 및 책무 관리

Managing Progress and Accountability

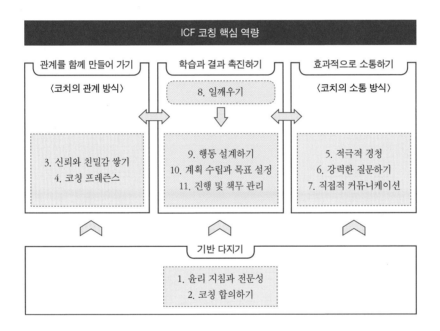

1. '진행 및 책무 관리' 역량을 이해하기 위한 사전 질문
2. 고객의 성장을 고무하다
3. '진행 및 책무 관리' 역량 정의 및 실행 지침
4. 수준별 역량
5. 핵심 요약
6. 자기 개발을 위한 성찰 및 연습

1. '진행 및 책무 관리' 역량을 이해하기 위한 사전 질문

가. '진행 및 책무 관리'란 무엇인가?

나. 고객의 책임감을 끌어내는 방법은 어떤 것이 있는가?

다. 탁월한 코치는 코칭 과정을 어떻게 관리하는가?

라. 고객을 임파워링하는 구체적인 방법은 어떤 것이 있는가?

마. 고객이 실행하지 않을 때 코치로서 어떻게 하겠는가?

2. 고객 성장을 고무하기

어떻게 하면 고객 스스로 실행을 유지하고 성장을 지속하게 할 수 있을까? 아마도 코치라면 이 질문을 자신에게 묻고 답하기를 수시로 하고 있을 것이다. 역량 11은 고객 자신의 중요한 목표를 달성하기 위해 실행하기로 약속한 것을 책임감을 가지고 실행하고 성장을 유지하도록 고객에게 책임을 맡기는 능력이다. 그러기 위해 코치는 고객의 목표 달성을 위한 실행을 지지하고 격려하며 성취한 것에 대해 축하한다. 또 고객이 눈 앞의 목표를 넘어 자신의 성장에 대한 책임의식을 가지도록 고무한다. 특히 고객의 행동, 사고, 관점, 존재 방식 등에서 일어난 변화와 전환을 코치는 알아차리고 고객이 알도록 한다. 이러한 바탕에는 고객을 지속적으로 성장하는 존재로서 바라보고 고객의 잠재력과 존재에 대한 무한한 존경과 신뢰를 보여 주는 것이다.

　　코치로서 고객이 책임감을 가지고 실행에 집중할 수 있도록 하려면 어떻게 하면 되는가? 우리는 이 역량을 이해하고 발휘할 수 있도록 '코칭 과정 관리하기' '책무 관리하기' '임파워링(empowering)하기' '신뢰로 고무하기'에 대해 살펴볼 것이다. 고객이 실행하기로 한 약속을 지키지 않거나 미루고 있을 때, 기대하는 결과를 성공적으로 얻지 못하는 상황일 때에도 유용하게 적용할 수 있다.

　　우선, 고객 존재와 고객의 잠재력을 신뢰하며 고객은 계속 성장하고 있다는 것을 믿는 관점으로 시작하자.

가. 코칭 과정 관리하기

　　코칭은 합의한 계약 기간 동안 여러 세션으로 진행된다. 코칭 목표에 따라 기간과 횟수를 정하고 매 세션마다 고객이 기대하는 코칭 결과를 확인한다. 각 세션에서는 결과를 내기 위한 한 개 이상의 행동(사고, 행동, 정신적인 것을 포함한 행동)을 약속한다. 그리고 지난 세션에서 약속한 실행사항을 확인하고

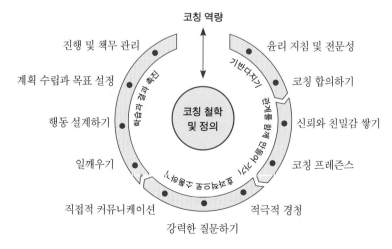

[그림 11-1] 코칭 과정 관리

성공을 기대하면서 격려로 코칭 세션을 마무리한다.

일반적으로 코칭 과정은 다음과 같다. 코치와 고객은 초기에 코칭 관계에 상호 합의하고 동의서를 작성했다. 고객이 달성하려는 목표와 기대에 초점을 맞추었고(역량 2), 고객과 친밀감과 신뢰를 다짐으로써 코칭 관계를 만들고 코칭 프레즌스를 함께 만들었다(역량 3, 4). 효과적인 커뮤니케이션을 함으로써 고객이 원하는 것이 더 분명히 드러나고 명료화되었다(역량 5, 6, 7). 특히 코칭 대화를 통해 얻은 정보를 통합하여 새로운 발견과 깨달음을 얻고, 앞으로 나아갈 수 있는 관점을 분명히 할 수 있었다(역량 8). 이를 토대로 코치는 고객이 기대하는 결과에 이르는 행동을 설계하고 실행하도록 지원했다(역량 9). 다음으로 코치는 고객의 당면한 목표를 넘어 새로운 목표를 개발하고 코칭 계획을 세우도록 했다(역량 10).[1]

코치는 하나의 세션만을 관리하는 것이 아니라 코칭 과정 전체를 책임지고 관리한다. 코칭 합의 시점부터 코칭 종료까지, 초기에 정한 고객의 중요한 목표와 기대하는 결과에 대해 초점을 유지한다. 이 과정에서 고객의 상황이 변하거나 코칭에 집중하지 못해 실행하지 못하게 될 수도 있다. 이 경우 코치는 코칭 계획은 유지하되 고객 스스로 목표를 수정하거나 변경할 수 있도록 지원한다. 코치는 상황 변화에도 고객이 목표한 것에 집중할 수 있도록 즉각적으로 지원하고 관리하여야 한다.

[그림 11-2] 전체 코칭 과정

---

1) 코칭 현장에서는 항상 역량의 순서와 같이 선형적, 순차적으로 이루어지기보다 고객의 주제나 상황 및 고객과의 상호작용에 따라 비선형적으로 코칭이 이루어진다는 것을 이해한다.

나. 책무 관리하기

우리는 평소에 책무(accountability)와 책임(responsibility)이라는 표현을 자주 사용한다. 이 두 용어 모두 '책임'의 뜻을 가지고 있다. 스티븐 코비는 "책무는 책임을 낳는다(Accountability breeds responsibility)."라고 말했다. 책무(accountability)는 책임(responsibility)을 포함하는 말이다. 일반적으로 책임이 사장, 조직 또는 직책에 의해 위임된다면 책무는 업무에 대해 본질적인 주인의식(ownership)을 가지고 직면함으로써 스스로에게 부과된다. 이런 의미에서 책무는 책임에 대한 주인의식을 가지게 하는(taking ownership of responsibility) 것이라고 말할 수 있다(Browning, 2012).

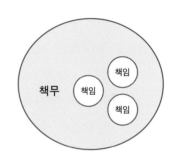

코칭에서도 코치는 고객에게 책무를 부여하고 지원함으로써 고객의 성장을 고무한다. 고객이 하기로 한 행동을 실행에 옮기는 것은 고객의 책무이고, 고객이 실행하여 성장하도록 지원하는 것은 코치의 책무이다.

그러면 코치는 어떻게 책무를 다하는가? 우선 코치는 고객이 주인의식을 가지고 행동하도록 요청한다. 그리고 실제로 행동했는지 관리하고 코칭 세션 이후 새롭게 배우거나 인식하게 된 것에 대해 고객이 성찰하게 한다. 현재 논의하고 있는 것이 정말 가고자 하는 곳과 일치하는지 확인한다. 이 과정에서 고객의 자기 규율을 촉진하고 고객이 하겠다고 말한 것, 의도한 행동의 결과 또는 시간 계획과 관련하여 고객이 자발적 책임을 지도록 한다. 이 외에도 고객의 의사 결정 능력, 핵심 관심사를 말하는 능력, 그리고 자기 개발 능력을 개발하게 한다. 고객이 합의된 행동을 실행하지 않았을 경우라도 긍정적으로 대한다(실행 지침 참조).

다. 임파워링하기

임파워링(empowering)이란 고객이 스스로 잠재력을 발휘하도록 하는 것이다. 코치는 고객이 중요한 것에 초점을 맞추고 실행에 옮기고 유지하도록 영감을 주고 동기를 부여한다. 고객을 임파워링하는 구체적인 방법으로는 고객이 성취한 것을 축하하고 성찰하게 하기, 전환한 것 인정하기, 요청하기가 있다.

1) 고객이 성취한 것에 대해 성찰하기

코치가 세션 이후 성찰과 마무리를 통하여 고객이 성취한 것을 확인하면 고객의 자신감, 자부심, 자존감이 높아진다. 코치가 코칭 중에 고객이 이루어 내거나 이루어 낼 수 있는 성취의 예는 다음과 같다.

- 초점이 맞춰진 주제 또는 문제에 대한 자기 탐색을 통해 목표를 이루어 낸 것
- 자기표현 특히 감정 표현을 솔직히 나타냄으로써 내면의 어두운 부분을 털어 내놓은 것
- 누군가(코치)로부터 인정 격려를 받아 본 경험을 가진 것
- 평소 하는 일에만 집중하고 있었는데 나의 존재에 대해 생각을 해 본 것
- 과거의 잘못된 가정을 알아차린 것, 피드백을 통해 그것을 알아차린 것
- 창의적인 뭔가를 행동으로 옮겨 본 것
- 코칭 중에 생각지도 않은 다른 영역에서 새로운 비전을 발견한 것
- 액션 플랜을 구체화한 것
- 삶의 큰 그림과 구체적 계획을 연결시킨 것
- 주변 사람과 상황에 깊이 연결되어 있음을 알아차린 것
- 삶의 균형점이 있다는 것을 발견한 것

- 자기 성찰을 해 본 기회를 가진 것
- 기타 새롭게 발견한 것(가치관, 강점, 잠재력 등)

코칭 중에 고객은 코치라는 거울을 통해 자기를 비추어 보고 성찰하고 뭔가를 발견하게 된다. 고객이 자신이 이루어 낸 것들을 인식하게 되면 유사한 문제나 삶에서 부딪치는 다른 어려움을 풀어내는 씨앗이 된다. 이를 위해 코치는 고객이 성취한 것을 인식하도록 말해 주고 인정과 격려를 한다. 더 나아가 고객 스스로 성찰하고 자신이 이룬 것을 인정, 축하하도록 한다. 또 코치가 고객의 성장에 주목하여 "나는 당신이 어떠어떠한 일에 더 많이 자신감을 갖게 되는 걸 보았어요."라든가 "이 상황에서 당신 내면에 중심 잡고 있는 가치관을 확인했어요."라고 전한다. 그러면 고객은 그들이 기대했던 것이든 아니든지 간에 자신이 성장하고 있다는 것을 새삼 깨닫게 될 것이다.

2) 고객 전환을 인정하기

고객은 코칭 중에 크고 작은 시각의 전환이 일어난다. 시각의 전환이 일어나면 행동의 변화가 일어나게 마련이다. 특히 예상할 수 있는 방법이 아닌 새로운 대안이나 창의적이고 과감한 행동(breakthrough)을 고객이 구상하게 되면 그것은 이미 전환이 일어났다는 것이다.
코칭 중에 나타날 수도 있고 단순한 신체적 표현으로 나타날 수도 있는데 코치는 이를 민감히게 알아치려야 힌다. 이것은 고칭의 진체 흐름에서 살펴야 하며 코치가 알아차릴 것은 다음과 같다.

- 과거로부터 벗어나 새로운 생각/시각으로 전환된 것
- 기존의 가정에 전환이 일어난 것
- 성찰을 통해 미래를 보는 안목이 넓어진 것
- 과거나 현재의 불행한 것으로부터 새로운 가능성을 발견한 것
- 타인이나 주변 상황에 탓을 돌리지 않고 자기 탓으로 돌리는 것
- 의존적 태도에서 독립적 태도로 옮겨 간 것
- 고객 안에 있는 축적된 리소스를 발견하는 것
- 자기 스스로가 축복 받은 사람이라는 것을 알아차리는 것
- 자기 존재 방식에 대한 자부심을 느끼는 것
- 안정적인 것에서 실험적 도전으로의 전환
- 행동의 결과에 자부심을 느끼는 것

코치가 알아차려야 할 고객의 언어로 나타나는 전환은 다음과 같다.

"아하" 또는 "이크"
"아차" 또는 "아이고, 이런"
"맞아요. 맞아."
"찾았어요, 알았어요."
"왜 그걸 몰랐을까? 이런 멍청이"
"아, 그게 내 탓이군요."
"오랜 침묵"

고객에게서 비언어적인 전환이 일어난 것을 알아차리고 인정, 격려할 순간은 다음과 같다.

- 자신감 없는 자세에서 자신감 있는 몸동작을 사용할 때

- 에너지가 낮은 목소리 톤에서 목소리 톤이 밝아지고 경쾌해졌을 때
- 염려와 걱정, 고민스럽던 표정이 더 밝고 쾌활하며 생기가 돌 때
- 질문에 대답하는 방식에서 대화에 적극적이고 목소리에 힘이 느껴질 때
- 코치의 눈을 피하는 듯하다가 정면으로 보면서 얘기할 때

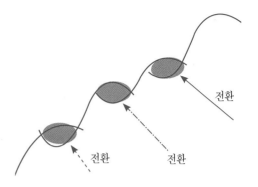

코치는 고객이 이와 같은 모습을 할 때 전환이 일어난 것에 대해 고객이 알도록 하여야 한다.

3) 요청하기

코치는 고객 자신이 스스로 하는 것보다 더 좋은 결과를 얻고 싶어서 코치를 고용한다. 코치는 고객이 목표를 달성할 수 있도록 고객이 원하는 것에 초점을 맞추고 고객이 변화가 필요한 것을 요청, 요구할 수 있다. 요청은 고객마다 상황마다 다르게 해야 한다. 또한 코치가 사용하는 언어는 구체적이고 의식적으로 선택하며 고객이 원하는 것 또는 그 너머에 있는 것과 관련된 코치의 기대가 담긴 요청일 때 효과적이다. 다음과 같은 접근을 할 수 있다.

"당신의 여유로운 삶을 위해 지금 계획한 것을 50%로 줄일 것을 요청합니다."

"코치로서, 지금까지 안정적으로 하던 것에서 _____을 대담하게 도전하기를 권합니다."

"당신을 힘들게 했거나 참아 왔던 것을 더 이상 참지 않겠다고 다짐하기를 요청합니다."

"이번 기회를 통해 자존심보다는 진정한 자존감을 갖기를 권합니다."

코치의 요청은 실행에 대한 작은 요청일 수도 있고, 더 많은 결과에 대한 요청일 수도 있다. 더 나아가 고객의 더 큰 성장과 성숙, 더 큰 전환, 더 현명하게 행동하기를 바라는 큰 요청이 있을 수도 있다. 코치는 고객의 성장에 대한 책무를 지니고 있기 때문에 그 결과를 공유해 줄 것을 요청한다. 아울러 실질적인 실행 결과뿐만 아니라 고객에게 일어난 통찰도 공유하도록 요청한다.

그러나 요청과 관련하여 코치가 알아 두어야 할 것은 고객은 코칭의 요청에 대해 'yes'를 할 수도 있고, 'no'를 할 수도 있으며 '절충'할 수도 있다는 것이다. 그래서 코치는 고객에게 코치의 요청에 대해 'yes' 'no' '절충'할 수 있다는 것을 알려 주고 고객의 선택을 확인한다. 물론 다음 코칭 세션에서 코치가 요청한 것에 대한 진행사항을 재확인하는 것은 당연한 일이다.

라. 신뢰로 고무하기

코치는 고객이 성취하지 못하거나 계획한 대로 되지 않아 보일 때에도 고객을 신뢰해야 한다. 코치는 고객 존재와 고객의 삶과 연결된 관찰자이다. 고객이 목표하는 결과를 성취할 때나 고객의 일과 삶에서 성장과 성숙이 일어나는 것, 목표를 달성하지 못했다 하더라도 고객의 감정적, 정신적, 영적 측면에서 일어나는 변화와 성장에 관심을 기울여야 한다. 코치가 알게 된 것은 고객이 알 수 있도록 잊지 않고 공유하여야 한다. 이것이 고객의 성장을 지원하는 코치로서의 책무이다.

마스터코치(MCC)인 P 코치는 이러한 순간을 "고객이 코치를 깨닫게 한 것을 전할 때입니다."라고 전하면서 "당신이 나를 깨닫게 해 준 것, 배운 것은 ~입니다."라고 잊지 않고 고객에게 말한다고 한다. 또 K 코치(PCC)도 코칭 세션을 마무리하는 2분을 '황금 같은 2분'이라고 말하는데, 그는 고객에게서 얻은 배움과 깨달음, 감동을 받은 것을 고객에게 들려주면서 고객에 대한 존경과 신뢰를 전한다고 한다. 다음 예시를 통해 살펴볼 수 있다.

형 같은 리더가 되고 싶다고 말했던 고객에게 다음과 같이 말한다.

"팀장님, 코치로서 저는 팀장님의 모습에서 형 같은 리더의 모습을 늘 보았습니다."

팀원들의 상향 조정된 성과 달성을 지원하는 리더가 되고 싶어 하는 팀장에게는 다음과 같이 말한다.

"쉽지 않았던 A 팀원을 포함해 모든 팀원이 상향된 성과 달성을 무난히 할 수 있도록 팀장님이 얼마나 심혈을 기울이셨는지를 알겠습니다. 정말 감동을 주는 리더이시군요!"

현재 힘든 상황에서도 끈기 있게 앞으로 나아가는 고객에게는 다음과 같이 말한다.

"이따금 '내가 할 수 있을까요?'라고 자신 없어 하셨는데, 지금은 '해 볼게요!'라고 자연스럽게 말씀하시네요! 상황은 달라지지 않았지만 ○○ 님에게 상황마저 변하게 할 새로운 에너지가 생긴 듯합니다. 어떤가요?"

문제라고 생각했던 성향이 강점으로 발휘되었던 고객에게는 다음과 같이 말한다.

"우리는 A 목표를 위해 코칭을 진행해 왔습니다. 코치로서 ○○ 님에게서 본 엄청난 변화를 꼭 말씀드리고 싶습니다. 코칭 초기에 심사숙고하시는 신중함이 일을 더디게 한다고 말씀하신 적이 있었습니다. 그런데 이번 코칭 과정 동안에서는 그 모습이 오히려 핵심적이고 최상의 결과를 얻게 하는 강점이라는 것을 결과에서 보여 주셨습니다. ○○ 님의 생각은 어떤가요?"

그러면 코칭 마무리에서 고객을 고무하는 것이 왜 중요한가? 다음과 같이 고객들의 반응을 통해 짐작해 보자.

> "제가 저를 의심하고 있었는데, 제가 몰랐던 제 자신과 능력이 있다는 것을 알게 되어서 놀랍습니다. 저 자신을 믿는 계기가 되었고, 안심하고 해 나갈 수 있다는 자신감을 얻었습니다. 뭉클합니다."
> "누군가로부터 존경받고 신뢰받는다는 것이 이런 느낌이군요. 말로는 설명하기 어렵지만, 저도 이런 느낌을 주는 리더가 되고 싶은데 혹시 목표를 추가해도 되겠습니까?"
> "제가 목표한 것을 이룰 것이라는 기대가 커지고, 앞으로의 코칭이 더 기대가 됩니다."
> "처음엔 그냥 문제를 해결하기 위해 지원받는 정도라고 생각했는데, 울림이 있네요."
> "기대하지 않았던 깨달음도 얻으면서, 매번 코칭을 기다리게 됩니다."

이처럼 고객은 자기 자신에 대해 더 깨닫고 신뢰하게 되고 코치로부터 울림과 영감을 얻고 있고 코칭에 더 집중하게 되기 때문이다. 그리고 코치와 고객과의 관계가 더 돈독해지고 고객이 코칭에 자발적으로 참여하도록 동기부여를 하며 고객이 원하는 결과를 얻기 위한 행동을 하도록 고무하는 것과 연결되기 때문이다(역량 3, 4, 8, 9).

그러면 어떻게 하면 되는가. 코치는 코칭 과정 전체에 걸쳐 계속적으로 신뢰를 유지하면서 고객이 노력하고 있는 것과 이루고 있는 작은 성취나 성장 및 도약하고 있는 것들에 주목한다. 그리고 행동적인 변화 이외에도 고객의 사고방식, 관점, 가치관 및 태도와 존재 방식에서 일어나는 변화와 전환이 일어날 때마다 고객이 알아차리도록 전한다. 또한 고객이 무심코 행동하지만 능력을 발휘하고 있는 것, 성숙과 지혜를 보여 주는 것, 지향하는 삶의 방식으로 살고 있는 모습들에 대해서도 말해 주도록 한다. 이렇게 할 때 고객은 코치가 자신에게 보여 주는 신뢰와 존경, 인정하는 모습에서 영감을 얻게 된다.

설령 고객의 성장이 정체된 것처럼 보이더라도 코치는 고객이 성장하고 있다는 것을 믿어야 한다. 고객의 성장은 개별적이고 상황 맥락 속에서 일어나는 속도의 차이가 있고 쉽게 보기 어려운 고객의 사고, 관점, 존재 방식, 가치나 가치관 등에서 얼마든지 변화, 전환이 일어나기 때문이다. 따라서 코치는 고객이 어떤 영역에서든 성장하고 있는 존재라는 관점으로 고객을 바라보아야 할 것이다. 그러면 고객이 자신의 중요한 것에 집중하게 하고 실행에 대한 책임의식을 갖게 하는 방법에 대해 알아보기로 한다.

3. '진행 및 책무 관리' 역량 정의 및 실행 지침

가. 정의

'진행 및 책무 관리'란 고객에게 중요한 것이 무엇인지에 주의를 집중하고, 고객이 하기로 한 행동은 고객의 책임으로 남겨 두는 능력을 말한다.

나. 실행 지침

① 고객에게 정해진 목표를 향해 갈 수 있는 행동을 하도록 분명히 요청한다.
② 이전 세션에서 고객이 하겠다고 한 행동을 실제로 했는지를 묻고 지속하여 관리하는 모습을 보여 준다.
③ 지난번 코칭 세션 이후 한 일, 하지 않은 일, 배운 것 또는 인식하게 된 것을 고객에게 확인한다
④ 세션 중 얻은 고객 정보를 활용하여 효과적으로 준비, 구성 및 검토한다.
⑤ 코칭 계획과 코칭 결과, 합의된 행동, 향후 세션의 주제에 지속적으로 주의를 기울임으로써 세션과 세션 사이에도 고객이 순조롭게 나아가도록 한다.

⑥ 코칭 계획에 초점을 맞추지만, 코칭 과정에 따라 태도와 행동을 조정하고 세션 중에 방향을 바꿀 수도 있다.

⑦ 현재 논의되고 있는 맥락에서 고객이 지향하는 큰 그림과 고객이 정말 가고자 하는 곳 사이를 오갈 수 있다.

⑧ 고객의 자기 훈련을 장려하고, 고객이 하겠다고 말한 것, 의도한 행동의 결과 또는 시간 관련 계획에 대해 고객이 자발적 책임을 지도록 한다.

⑨ 고객의 의사 결정 능력, 핵심 관심사를 말하는 능력, 그리고 자기 개발 능력을 개발한다(피드백을 얻고, 우선순위를 결정하며, 학습 속도를 정하고, 경험을 반영하고 경험을 통해 배운다).

⑩ 고객이 합의된 행동을 실행하지 않았을 경우라도 긍정적으로 대한다.

1) 고객에게 정해진 목표를 향해 갈 수 있는 행동을 하도록 분명히 요청한다

코치: 지금까지 팀장다운 시간 관리에 대해 대화해 왔습니다. 달성하기 위해 무엇을 더 할 수 있습니까?

고객: 네, 팀원들과 면담하고 그들의 장점을 기록하는 것을 우선 하기로 했습니다.

코치: 맞습니다. 한 가지 요청이 있습니다. 팀장다운 시간 관리란 무엇인지를 정의하시는 것입니다.

코칭 세션의 마무리 단계에서 코치는 약속한 행동을 확인하고 코치로서 고객이 앞으로 더 나아갈 수 있는 요청을 할 수 있도록 한다.

2) 이전 세션에서 고객이 하겠다고 한 행동을 실제로 했는지를 묻고 지속하여 관리하는 모습을 보여 준다

코치는 후속 세션을 시작할 때 먼저 확인할 것이 있다. 이전 세션에서 하기로 한 것을 했는지, 하기로 한 것을 함으로써 얻을 가치를 상기하도록 돕는다. "○○ 님, 지난 세션에서 하기로 했던 것을 말씀해 주시겠습니까?" "계속 실행하는 것이 ○○ 님에게 어떤 가치가 있습니까?" "지속적으로 하기 위해 도움이 필요한 것(또는 제가 도울 것)은 무엇입니까?"와 같이 고객의 성취, 성장을 지원하는 관점으로 확인하고 관리하여야 한다.

3) 지난번 코칭 세션 이후 한 일, 하지 않은 일, 배운 것 또는 인식하게 된 것을 고객에게 확인한다

코치는 세션을 계속 이어 가게 되는데, 지난 세션에서 고객이 약속한 행동을 했는지 확인하고, 하거나 하지 않은 것을 관리한다.

사례 1

코치: 실장님, 지난 세션 이후로 하셨던 것에 대해 말씀해 주시겠어요?

고객: 네. 사정상 모두는 할 수 없었지만 팀원들 일부와 면담을 하였고 그들의 장점을 정리할 수 있었습니다.

코치: 실장님, 지난번 실행하시기로 다짐하신 것을 실행한 결과 보내 주셔서 감사드립니다. 실행 과정에서 무엇을 알게 되셨습니까?

고객: 실제 면담을 해 보니, 그들은 긍정적이고 팀워크가 좋아지고 있다는 것을 알게 되었습니다.

코치: 아, 그러셨군요. 실행한 것에 대해 실장님 자신에 대해 안 것은 무엇입니까?

고객: 네. 걱정을 많이 했는데 대화하기 시도를 잘했다고 느꼈고요. 이러한 시도를 계속 해야겠다는 다짐을 다시 하게 되었습니다.

사례 2

코치: 실장님, 지난 세션 이후로 하신 것을 메일로 주시기로 했는데 안 보내 주셨습니다. 무

슨 일이 있으셨습니까?

고객: 그게. 팀원들과 면담하기로 했는데요. 사실 갑자기 바쁜 일들로 하지 못했습니다.

코치: 아, 약속하셨던 면담을 하지 못하셨군요. 약속을 지키지 못함으로써 얻는 것은 무엇입니까?

고객: 약속을 지키지 못하니까 저 자신에 대해 찜찜했어요. 부하직원 관계에서도 그럴 것 같아요. 제가 한 말을 실천적으로 옮기는 것도 팀워크에 큰 영향을 미칠 것 같아요. 다음부터는 자신과의 약속부터 잘 지켜야겠어요.

이와 같이 "코칭 과정에서 무엇을 알아차렸는가?" "자기가 스스로 다짐한 것에 대해 어떻게 느끼는가?" "자기 자신에게 해 주고 싶은 말은 무엇인가?" 등의 질문을 하여 코치는 고객이 하기로 한 것에 대해 후속 세션에서 고객으로 하여금 말하게 한다. 코치는 고객이 실행한 것만이 아니라 실행 과정에서 고객이 발견하거나 깨닫게 된 것, 고객 자신에게 일어난 사고와 관점, 행동 등에서의 변화들을 말할 수 있게 한다. 왜냐하면 약속한 것을 지킨다는 것 이상으로 고객은 새로운 발견과 실행에 대한 의지를 더 다지고 강화되기 때문이다. 무엇보다 코치는 고객이 실행했거나 하지 않았어도 고객이 그 과정에서 일어난 것을 말하게 함으로써, 고객은 새로운 발견과 자각을 하게 되고 실행에 대해 더 집중할 수 있게 된다. 구체적으로, 다음과 같은 질문을 할 수 있다.

"○○ 님, 실행하신 것과 그 경험을 통해 무엇을 새롭게 알게 되셨습니까?"

"약속했던 것을 실행하지 못하셨군요. 실행하는 데에 걸림돌은 무엇이었습니까?"

"하지 못하시는 과정에서 목표한 것이나, 자신에 대해 안 것이 있다면 무엇입니까?"

"계획하진 않았지만 자연스럽게 하신 것은 무엇입니까?"

"하시면서 의외의 발견이 있었다면 무엇입니까?"

"당신이 진정 원하는 결과는 무엇입니까?"

"당신이 원하는 결과를 얻기 위한 관점은 무엇입니까?"

"당신의 삶에서 이 결과를 얻지 못한다면, 어떤 위기를 맞을 수 있습니까?"

고객의 성장이라는 관점에 있는 코치는 고객이 약속한 것을 실행했거나 하지 않았을 경우에도 성장이 일어날 수 있게 한다. 그것은 이와 같이 고객이 새로운 배움과 깨달음 및 자기 자신에 대한 새로운 인식 및 의외의 발견에 대해 질문할 때 일어난다. 이 같은 접근은 고객의 의식을 일깨우고 의식 수준을 계속 높이는 것과(역량 8) 관련되며 코치가 고객의 성장에 관심을 가질 것을 요구한다고 말할 수 있다.

4) 세션 중 얻은 고객 정보를 활용하여 효과적으로 준비, 구성 및 검토한다

"지난번 성공적으로 해 내신 경험을 살려서 이 일에 어떻게 활용할 수 있을까요?"
"작년에 섬 여행을 통해 자기만의 공간을 담고 오셨다고 말씀하셨습니다. 그 공간 에너지를 활용하여 현재 갈등 상황에 있는 팀워크를 어떻게 개선하도록 하겠습니까?"
"낚시를 좋아한다고 하셨고, 낚시는 기다림이라 말씀하셨습니다. 낚시터에서 가다리는 마음으로 이번 힘든 상황을 어떻게 대처하시겠습니까?"

고객이 더 효과적으로 성공에 이르도록 고객의 강점이나 성공에 이르는 방식들을 정보로써 활용한다. 고객의 성실성, 변화나 전환을 보이는 것, 탁월한 능력 및 결과를 창출하는 방식 등에 관한 정보를 활용하게 한다. 고객이 하기로 한 것을 실제 하거나 하지 않는 것, 잘되거나 잘 안 된 것, 더 나은 방식이나 행동을 찾도록 도울 수 있다.

5) 코칭 계획과 코칭 결과, 합의된 행동, 향후 세션의 주제에 지속적으로 주의를 기울임으로써 세션과 세션 사이에도 고객이 순조롭게 나아가도록 한다

"이전 세션에서 하기로 한 것이 무엇입니까?"

"실행하시면서 예상치 않게 얻으신 결과는 어떤 것입니까?"

"계속 잘 진행되는데, 더 집중하기 위해 어떤 지원을 받고 싶습니까?"

"하고 계시는 데에 참고 될 만한 자료를 보내 드려도 될까요?"

"실행하시면서 새로운 주제나 목표가 생겨난 것은 어떤 것입니까?"

코치는 세션과 세션 사이에서 일어나는 진척 정도에 집중하면서 지속적으로 고객이 책임을 다하도록 한다.

6) 코칭 계획에 초점을 맞추지만, 코칭 과정에 따라 태도와 행동을 조정하고 세션 중에 방향을 바꿀 수도 있다

"코치님, 갑자기 일이 많아져서 도통 시간을 낼 수가 없어요. 코칭을 미뤄야 될 것 같습니다."

"코치님. 제가 부서 이동을 했습니다. 그동안 받았던 코칭 목표를 다시 정해야 하겠는데요."

코치는 고객의 상황에 변화가 발생했을 때, 고객이 상황 변화에 대처할 수 있게 지원해야 한다. 그러기 위해 고객으로 하여금 자신의 상황을 코치에게 말할 수 있도록 사전에 안내한다. 왜냐하면 고객이 상황 변화가 있음에도 알리지 않는다면 고객은 코칭에 집중하지 못할 것이기 때문이다.

7) 현재 논의되고 있는 맥락에서 고객이 지향하는 큰 그림과 고객이 정말 가고자 하는 곳 사이를 오갈 수 있다

"지금 A에 대해 잠시 논의하였습니다. 처음에 말한 목표 F와 A는 서로 어떻게 연결됩니까?"

"코칭 목표인 A에 대해 진행하고 있었습니다. 지금 말한 더 시급한 주제로 변경하실 수 있습니다. 하지만 A로부터 벗어난 것은 아니므로 문제되지 않습니다."

코치는 고객이 그린 큰 그림과 고객이 정말 가고자 하는 곳 사이에서 일어나는 대화의 주제나 내용을 오갈 수 있고, 고객은 그 사이에 있는 연결성을 발견하도록 도울 수 있다. 또는 고객의 상황 변화로 인해 다루기로 한 주제와 다른 더 시급한 것으로 변경할 수 있게 함으로써 고객이 코칭에 계속 집중하고 고객 자신이 목표를 유지할 수 있도록 한다.

8) 고객의 자기 훈련을 장려하고, 고객이 하겠다고 말한 것, 의도한 행동의 결과 또는 시간 관련 계획에 대해 고객이 자발적 책임을 지도록 한다

"이 실행은 무엇을 위한 것입니까?"

"정말 원하는 것과 연결되어 있습니까?"

"그것들이 자신의 성장과 어떻게 관련되어 있습니까?"

"자기 내면의 공간에 더 집중하시길 요청합니다."

고객들은 때로 실행을 위한 실행을 하거나 중요한 목표를 잊은 채 실행에 치우칠 수 있다. 고객이 현재 하고 있는 모습을 성찰하게 하면서, 달성하려는 목표나 고객 자신의 삶에서 중요한 것에 초점을 유지하고 성장을 지속하는 것에 대한 책임감을 갖도록 한다.

9) 고객의 의사 결정 능력, 핵심 관심사를 말하는 능력, 그리고 자기
   개발 능력을 개발한다(피드백을 얻고, 우선순위를 결정하며, 학습
   속도를 정하고, 경험을 반영하고 경험을 통해 배운다)

'여러 가지 목표가 있을 때, 우선순위를 정하는 기준은 무엇인가?'

'성공적으로 이루기 위해 누구로부터 피드백을 구하겠는가?'

'코칭 중에 경험했던 것을 이후에 적용하고 싶은 것은 무엇인가?'

고객과 코치의 코칭 관계는 한시적이다. 그래서 고객 자신의 일과 삶에서
일어나는 일이나 목표하는 것에 대해 스스로 결정하게 해야 한다. 또 이를 결
정하는 고객 자신의 가치 기준을 알게 하며, 주요 관심사에 대해 발견하고 말
할 수 있게 한다. 앞의 질문들은 고객으로 하여금 성찰하도록 자극하고 성장
을 위한 책임의식을 가지게 하는 데 도움이 될 것이다.

10) 고객이 합의된 행동을 실행하지 않았을 경우라도 긍정적으로
    대한다

"당신이 약속한 것을 몇 세션에 걸쳐 실행하지 않지만, 무엇을 배우고 있습니까?"

"이번에는 실행하지 못하셨네요. 더 집중하려면 어떻게 하면 좋을까요?"

"당신이 리더로서 확실히 자리매김하기 위한 이 노력을 계속 이어 가시길 바랍니다."

고객이 불성실함을 보일 때에도 코치는 고객의 성장을 지원하는 관점을 유
지하며 고객이 원하는 결과를 얻게 될 것에 대한 강한 신뢰와 지지를 진심으
로 보여 준다. 코치는 고객을 지지하고 격려할 때 눈빛, 표정, 몸동작, 언어가

모두 일치하도록 한다. 그래야 고객은 말로만 하는 것이 아니라 진심으로 자신의 성장을 지지하는 코치의 태도에 감응하고 실행과 성장에 대한 책임의식을 더 강하게 가지게 된다.

4. 수준별 역량

가. '진행 및 책무 관리' 역량 향상하기

다음은 ICF의 자격 인증을 위한 최소 기술 요구 사항(minimum skills requirements) 중 역량 11 '진행 및 책무 관리'에 관한 평가 대상 핵심 기술(key skills evaluated)이다.

① 코치는 진행 상황을 측정하기 위한 상징물과 방법을 만들어 내고, 고객 스스로 진행에 대한 책무를 유지하도록 고객과 완벽한 파트너가 되고 있는가?

② 책무의 방법과 상징물은 적절할 때마다 고객 전체를 통합시키는가?

③ 설계된 책무 구조와 방법은 고객이 앞으로 나아가는 움직임을 만들어 낼 수 있는가, 또 코칭 세션 내용과 어젠다 그리고 원하는 결과를 이루어 내는 데 적절한가?

④ 설계된 책무 구조와 방법은 고객의 사고, 배움, 통합 및 창조 방식과 적절히 어울리는가?

⑤ 코치는 고객 스스로가 자신에게 책임질 것을 믿고, 합의된 방법에 따라 책무를 유지하게 할 수 있다는 자신감을 갖고 있는가?

이를 수준별로 구체화하면 다음과 같다.

03   **마스터코치(MCC)**

- 코치는 고객이 책무를 지기 위한 자신만의 방법을 정하도록 하고, 그 방법을 지원한다.
- 고객은 책무를 수행하기 위한 팀을 온전히 자기 스스로 구성한다. 그 팀 안에는 어떤 사람을(코치를 포함하여) 활용할 것인가를 결정한다.
- 코치는 고객이 자신에게 책임을 진다는 것을 믿고, 약속한 행동이 실행되지 않을 때에는 기꺼이 고객에게 전화하여 설명이나 상의를 한다.

02   **전문코치(PCC)**

- 코치는 일부 고객과의 파트너십에서는 책무를 증대시키는 방법을 개발하기도 한다.
- 이러한 방법은 종종 코치 훈련도구에 반영되거나 사용된다.

01   **인증코치(ACC)**

- 코치는 사실상 약간은 부모와 같은 입장에서 고객이 책무를 갖도록 제안하려는 경향이 있다.
- 책무가 일차원적으로 인식되는 경향이 있다.

나. '진행 및 책무 관리' 역량 향상하기

1) 인증코치(ACC) 수준

○ 코치는 사실상 약간은 부모와 같은 입장에서 고객이 책무를 갖도록 제안하려는 경향이 있다.

○ 책무가 일차원적으로 인식되는 경향이 있다.

사례

연구원인 D 팀장은 최근 팀장이 되었다. 그는 팀장이 되면서 커뮤니케이션 때문에 심한 스트레스를 받고 있다고 한다. 자신과 다른 스타일의 팀원들과 커뮤니케이션을 잘하기 위한 코칭을 받던 중이다.

코치: 팀장님. 세션 이후로 하기로 한 것을 정리해 주시겠어요?

고객: 네. 저를 포함해서 각자의 스타일을 이해하기 위한 팀 워크숍을 하기로 했습니다. 워크숍 이후 차이점을 극복하고 어떻게 시너지를 낼 것인지에 대해 계획을 세워 오기로 했습니다.

코치: 네. 맞아요. 팀장님께서 하신 것을 서로 알기 위해 한 가지 요청드려도 될까요?

고객: 네. 좋습니다. 뭔가요?

코치: 팀장님께서 시너지를 내기 위한 계획을 이 양식에 정리해서 제게 다음 세션 전날까지 보내 주시겠습니까?

고객: 네. 좋아요.

인증코치(ACC) 수준에서 코치는 고객이 하기로 한 것을 확인하고, 실행한 것을 알 수 있도록 코치가 구조화된 양식을 제안하여 작성하게 함으로써 고객의 실행에 대한 책임을 지원하고 있다. 이 수준의 코치는 코칭 중에 도구나 상징물 또는 구조물(목표차팅, 다이어그램, 메일 메시지 등)을 고객이 활용하도록 제안할 수 있다.

2) 전문코치(PCC) 수준

○ 코치는 일부 고객과의 파트너십에서는 책무를 증대시키는 방법을 개발하기도 한다.

○ 이러한 방법은 종종 코치 훈련도구에 반영되거나 사용된다.

사례
......

코치: 팀장님. 세션 이후로 실행하기로 한 것을 정리해 주시겠어요?

고객: 네. 저를 포함해서 각자의 스타일을 이해하기 위한 팀 워크숍을 하기로 했습니다. 워크숍 이후 차이점을 어떻게 극복할지 시너지를 내기 위해 노력할 것들에 대해 계획

을 세우기로 했습니다.

코치: 네. 하신 것을 제가 어떻게 알 수 있을까요?

고객: 네. 저는 플래너에 작성해 두고 체크를 하고, 알람 설정을 해 두어서 잊지 않는 편입니다.

코치: 아, 그렇게 하고 계시군요. 플래너에 작성하실 때에 다음 세 가지에 대해서도 함께 작성해 주시면 어떨까 제안합니다. 먼저 하기로 한 것, 하고 나서 느낀 것, 다음 코칭 때 얘기할 것으로 나누어서 간단히 작성하는 것입니다. 어떠세요?

고객: 네. 전에는 하기로 한 것만 적었는데, 하고 나서 느낀 것, 다음에 얘기할 것 등을 쓴다면 잠시 생각할 시간도 되겠군요. 좋습니다.

코치: 팀워크를 다지고 팀 리더로서 팀을 이끌기 위해 아이디어를 얻게 되시길 기대합니다.

전문코치(PCC) 수준에서는 고객이 책임 구조를 더 개발할 수 있도록 고객이 평소에 계획한 것을 실행하기 위해 쓰는 방법을 말하도록 하였다. 고객의 것을 활용하면서 고객이 실행을 통해 배움과 깨달음을 더 얻을 수 있도록 코치가 제안하였다. 또한 고객이 실행하고 그것에 대해 작성한 것을 코치에게 보내는 방법도 고객이 정하도록 하여 인증코치(ACC) 수준보다 고객이 좀 더 주도하게 하였다.

3) 마스터코치(MCC) 수준

○ 코치는 고객이 책무를 지기 위한 자신만의 방법을 정하도록 하고, 그 방법을 지원한다.

○ 고객은 책무를 수행하기 위한 팀을 온전히 자기 스스로 구성한다. 그 팀 안에는 어떤 사람을(코치를 포함하여) 활용할 것인가를 결정한다.

○ 코치는 고객이 자신에게 책임을 진다는 것을 믿고, 약속한 행동이 실행되지 않을 때에는 기꺼이 고객에게 전화하여 설명이나 상의를 한다.

사례

코치: 팀장님. 다음 세션까지 하기로 한 것이 무엇인지 말씀해 주시겠어요?

고객: 네. 저를 포함해서 각자의 스타일을 이해하기 위한 팀 워크숍을 하기로 했습니다. 워크숍 이후 차이점을 어떻게 극복할지 시너지를 내기 위해 계획을 세우기로 했습니다.

코치: 네. 맞습니다. 우리 팀장님께서 이와 같은 일을 성공적으로 해내시는 비결이 있다면 뭔가요?

고객: 저는 바로바로 기민하게 하는 스타일이에요. 그래서 일이 밀리지 않는 장점이 있지요. 이번에도 그렇게 될 것 같습니다. 저는 그것을 잊지 않기 위해 제 나름대로 상징물을 만들었습니다. 제 손목에 이상한 팔찌 보이죠. 이것을 보면서 시너지를 내기 위해 계획 세우기를 다짐하죠.

코치: 와. 상징물까지 만드시고. 실행에 대한 의지가 돋보이시네요. 팀장님과 대화했던 내용 중에서 자신의 성공 경험을 팀원들에게 공유한다는 것과 팀원들이 노력하는 것을 놓치지 않고 인정의 말을 꼭 해 준다는 것을 기억합니다. 계획한 일뿐만 아니라 사람에 대한 관심에서도 기민하게 알아차려 말씀해 주시니 팀원들이 팀장님과 함께 일하는 것에서 보람을 많이 느끼고 팀 성과나 분위기에도 좋은 영향을 미치겠습니다. 팀장님 견해는 어떤가요?

고객: 하하. 감사합니다. 우리 모두가 성공하길 바라니까요. 말씀해 주시니 에너지가 올라가네요.

코치: 아, 그래요? 이 일이 성공적으로 되기 위해 지원이 필요하다면 어떤 것인가요?

고객: 아. 네. 팀원들이 워크숍에 적극적으로 참여해 주길 요청하고, 팀원이나 저에 대해 알거나 더 나은 팀이 되기 위해 그들이 할 수 있는 것도 같이 토의하겠습니다. 팀 리포트가 될 것 같네요. 코치님은 가끔 한 번씩 격려 메시지라도 보내 주십시오.

코치: 와! 축하합니다. 그리고 격려 메시지 꼭 보내 드리도록 하겠습니다. 구상하신 것이 성공적으로 이루어진 것을 어떻게, 언제 알 수 있을까요?

고객: 네. 제가 한 것을 리포트로 만들어야겠습니다. 그것을 팀원들 면담 시에 활용할 수도

있으니까요. 그래서 코치님께 워크숍 다음날에 리포트를 메일로 보내드리겠습니다.

코치: 네. 좋습니다. 팀워크를 다지는데, 그리고 팀 리더로서 팀을 이끌기 위해 끊임없이 노
력하시는 팀장님의 모습을 보면서 진정한 리더는 어떻게 해야 하는가를 보여 주셨습
니다. 특히 부하직원을 부하로 생각지 않고 같이 일하는 파트너로 생각을 전환하신
이후 몇 가지 특별한 활동을 하셨습니다. 팀장님은 팀원들에게 참 특별하신 분입니
다. 이 코칭을 통해 제가 팀장님께 배운 게 더 큰 것 같습니다. 감사합니다.

마스터코치(MCC) 수준의 코치는 고객의 강점과 일을 성공적으로 해내는
스타일을 활용하여 책무를 지기 위한 고객 나름의 방법을 정하도록 지원하였
다. 특히 코치는 고객의 강점과 노력을 크게 인정하고 고객이 성장하고 있다
는 것을 알게 하였으며, 고객에 대한 깊은 신뢰와 존경을 보여 주었다. 이로
써 고객은 에너지가 높아지고 실행에 대한 책임의식을 강하게 느끼면서 대화
를 마무리하였다.

5. 핵심 요약

○ 진행 및 책무 관리는 고객에게 중요한 것이 무엇인지에 주의를 집중하고, 고객이 할 행동은 고객의 책임으로 남겨 두는 능력을 말한다.

○ 코치는 성장의 관점에서 고객의 책임감을 고취해야 한다. 구체적으로 코칭 과정 관리하기, 책무 관리하기, 임파워링(empowering)하기 그리고 신뢰로 고무하기를 이해하고 적용하도록 한다.

○ 임파워링하기는 성취한 것을 축하하고 성찰하게 하기, 전환한 것 인정하기, 요청하기를 통해 할 수 있다.

○ 코치는 고객이 약속한 실행을 하지 않거나 성장이 정체된 것처럼 보이더라도 고객을 신뢰해야 한다. 겉으로 보이는 목표 달성 외에도 고객의 감정적, 정신적, 영적 측면에서 일어나는 변화와 성장을 고객이 알도록 공유한다. 고객은 자신을 신뢰하고 성장하고 있는 것을 알게 하는 코치를 신뢰하게 되고, 자신의 실행과 성장에 대한 책임감을 더 크게 느끼게 된다.

○ 코치는 고객의 성장 과정을 지원한다는 관점으로 고객이 실행한 것에 성찰을 이끌어 내고, 실행하지 않았을 때에도 긍정적 관점에서 고객에게 중요한 것에 집중하고 실행하기를 요청하고 피드백한다.

○ 코칭 과정 중에 고객에게 상황 변화가 발생했을 때, 코치는 코칭 계획한 것은 유지하면서 코칭 프로세스 및 세션 진행 방향을 조정할 수 있도록 지원한다.

○ 고객을 임파워링하고 고무하는(inspiring) 언어를 계속해서 개발하도록 한다. 동료 코치와 주고받으면서 임파워링되고 고무되는지 점검하고 더 나은 방법을 고안한다.

6. 자기 개발을 위한 성찰 및 연습(S-A-C)

○ 잠시 멈추고 바라보기(Stop)

　잠깐 멈추고, 코칭 마무리 장면을 그려 본다.

○ 알아차리기(Aware)

　– 코치는 고객이 성취한 것에 관하여 성찰하도록 하고 있는가?

　– 코치는 고객이 전환을 이룬 것을 알아차리도록 하고 있는가?

　– 코치는 고객이 약속한 것을 하지 않아도 긍정적으로 대하는가?

　– 코치는 고객이 책무를 수행할 팀을 구성하고 지원이 필요한 것을 확

　　인하고 있는가?

○ 도전(Challenge)

　– 고객이 자발적 책무를 갖기 위해 코치가 해야 할 것들을 적어 보라.

　– 세션 중에 약속한 것을 실행하지 않는 고객에게 어떻게 책무를 지원

　　할 것인지 토의하라.

부록 1 코칭 핵심 역량

—번역: 김종성

The following eleven core coaching competencies were developed to support greater understanding about the skills and approaches used within today's coaching profession as defined by the International Coach Federation. They will also support you in calibrating the level of alignment between the coach-specific training expected and the training you have experienced.

Finally, these competencies and the ICF definition were used as the foundation for the ICF Coach Knowledge Assessment(CKA). The ICF defines coaching as partnering with clients in a thought-provoking and creative process that inspires them to maximize their personal and professional potential. The Core Competencies are grouped into four clusters according to those that fit together logically based on common ways of looking at the competencies in each group. The groupings and individual competencies are not weighted? They do not represent any kind of priority in that they are all core or critical for any competent coach to demonstrate.

다음 11가지 핵심 코칭 역량은 오늘날 코칭 직업 분야에서 사용되는 기술과 접근법에 대한 이해를 높이기 위해 국제코치연맹(International Coach Federation)에 의해 개발되었다. 이것은 코치들에게 요구되는 특정한 훈련 수준과 여러분이 현재 경험하고 있는 훈련 수준 간의 차이를 조절하는 데 도움을 줄 것이다.

이러한 역량과 ICF 정의는 ICF 코치 지식 평가(CKA)의 기초로 사용되었다. ICF는 코칭을 다음과 같이 정의한다. "코칭은 고객으로 하여금 창의적인 프로세스 안에서 생각을 진지하게 불러일으키는 파트너 관계를 형성하는 것이다. 코칭은 그러한 과정을 통하여 고객으로 하여금 개인적인 또는 전문적인 잠재 가능성을 최대한 발휘할 수 있도록 고무하고 영감을 주는 것이다."

핵심 역량은 각 그룹의 역량을 보는 일반적인 방법에 따라 논리적으로 결합된 네 가지 그룹으로 나뉜다. 각 그룹과 각 역량은 가중치가 부여되지 않는다. 다시 말해서 이 모든 항목은 유능한 고치가 보여 주이야 하는 중요 핵심 요소이며 우선순위를 말하는 것이 아니다.

A. Setting the Foundation 기반 다지기

1. Meeting Ethical Guidelines and Professional Standards 윤리 지침과 전문성

2. Establishing the Coaching Agreement 코칭 합의하기

B. Co-creating the Relationship 관계를 함께 만들어 가기

3. Establishing Trust and Intimacy with the Client 신뢰와 친밀감 쌓기

4. Coaching Presence 코칭 프레즌스

C. Communicating Effectively 효과적으로 소통하기

5. Active Listening 적극적 경청

6. Powerful Questioning 강력한 질문하기

7. Direct Communication 직접적 커뮤니케이션

D. Facilitating Learning and Results 학습과 결과 촉진하기

8. Creating Awareness 일깨우기

9. Designing Actions 행동 설계하기

10. Planning and Goal Setting 계획 수립과 목표 설정

11. Managing Progress and Accountability 진행 및 책무 관리

A. Setting the Foundation 기반 다지기

1. Meeting Ethical Guidelines and Professional Standards 윤리 지침과 전문성

Understanding of coaching ethics and standards and ability to apply them appropriately in all coaching situations.

코칭 윤리 및 표준을 이해하고 모든 코칭 상황에서 적절하게 적용할 수 있는 능력을 말한다.

1) Understands and exhibits in own behaviors the ICF Code of Ethics(see Code, Part III of ICF Code of Ethics).

ICF 윤리 강령을 이해하고 자신의 행동으로 나타낸다(ICF 윤리 강령 제3부 참고).

2) Understands and follows all ICF Ethical Guidelines(see list).

모든 ICF 윤리 지침을 이해하고 준수한다.

3) Clearly communicates the distinctions between coaching, consulting, psychotherapy and other support professions.

코칭, 컨설팅, 심리치료 및 기타 직업과의 차이를 명확하게 구별하여 소통한다.

4) Refers client to another support professional as needed, knowing when this is needed and the available resources.

다른 분야의 지원 전문가가 필요하다고 판단되면, 필요한 시기와 활용 가능한 자원에 맞춰서 그들에게 고객을 추천한다.

2. Establishing the Coaching Agreement 코칭 합의하기

Ability to understand what is required in the specific coaching interaction and to come to agreement with the prospective and new client about the coaching process and relationship.

특정한 코칭 상호작용에서 무엇이 요구되는지를 이해하고, 예상 및 신규 고객과 코칭 절차 및 코칭 관계에 대해 합의할 수 있는 능력을 말한다.

1) Understands and effectively discusses with the client the guidelines and specific parameters of the coaching relationship(e.g., logistics, fees, scheduling, inclusion of others if appropriate).

윤리 지침과 코칭 관계의 특정 요인(예: 장소와 음식 등의 물류 제공, 코칭 비용, 일정, 다른 사항 포함 여부 등)를 이해하고 고객과 효과적으로 의견을 나눈다.

2) Reaches agreement about what is appropriate in the relationship and what is not, what is and is not being offered, and about the client's and coach's responsibilities.

코칭관계에서 적절한 것과 적절치 않은 것, 제공되는 것과 제공되지 않는 것, 그리고 고객과 코치의 책임에 관한 합의에 도달한다.

3) Determines whether there is an effective match between his/her coaching method and the needs of the prospective client.

코치의 코칭 방식과 잠재 고객의 니즈가 효과적으로 일치하는지 여부를 확인한다.

B. Co-Creating the Relationship 관계를 함께 만들어 가기

3. Establishing Trust and Intimacy with the Client 신뢰와 친밀감 쌓기

Ability to create a safe, supportive environment that produces ongoing mutual respect and trust.

지속적인 상호 존중과 신뢰를 유지할 수 있는 안전하고 지지적인 환경을 만들어 내는 능력을 말한다.

1) Shows genuine concern for the client's welfare and future.

고객의 안녕과 미래에 대한 진정한 관심을 보여 준다.

2) Continuously demonstrates personal integrity, honesty and sincerity.

지속적으로 개인적인 성실성, 정직성 및 진실성을 보여 준다.

3) Establishes clear agreements and keeps promises.

명확한 계약을 맺고 약속을 지킨다.

4) Demonstrates respect for client's perceptions, learning style, personal being.

고객의 인식, 학습 스타일, 개인적 존재에 대한 존중을 표시한다.

5) Provides ongoing support for and champions new behaviors and actions, including those involving risk-taking and fear of failure.

실패의 두려움과 위험을 감수하는 새로운 태도와 행동을 지속적으로 지원하고 격려한다.

6) Asks permission to coach client in sensitive, new areas.

민감하거나 새로운 분야의 코칭은 고객의 승인을 요청한다.

4. Coaching Presence 코칭 프레즌스

Ability to be fully conscious and create spontaneous relationship with the client, employing a style that is open, flexible and confident.

코치가 충분히 깨어 있고, 개방적이고, 유연하며 자신감 있는 태도로 고객과 자발적인 관계를 만들어 내는 능력을 말한다.

1) Is present and flexible during the coaching process, dancing in the moment.

현재에 깨어 있고 코칭 과정에서 유연한 태도로 매 순간마다 춤춘다.

2) Accesses own intuition and trusts one's inner knowing? "goes with the gut."

자신의 직관을 활용하고 내면의 앎을 신뢰한다. - "직감을 따른다."

3) Is open to not knowing and takes risks.

'알지 못함'에 대해 열려 있고 위험을 감수한다.

4) Sees many ways to work with the client and chooses in the moment what is most effective.

고객과 함께 작업하는 여러 가지 방법을 찾고 지금 가장 효과적인 것을 선택한다.

5) Uses humor effectively to create lightness and energy.

경쾌함과 에너지를 만들기 위해 유머를 효과적으로 사용한다.

6) Confidently shifts perspectives and experiments with new possibilities for own action.

코치는 새로운 가능성을 위해 자신 있게 시각을 전환하고 실험한다.

7) Demonstrates confidence in working with strong emotions and can self-manage and not be overpowered or enmeshed by client's emotions.

강렬한 감정을 나타내는 고객을 대할 때는 자신 있는 태도를 보임으로써 고객의 감정에 압도되거나 그 감정에 빠지지 않고 스스로 조절할 수 있다.

C. Communicating Effectively 효과적으로 소통하기

5. Active Listening 적극적 경청

Ability to focus completely on what the client is saying and is not saying, to understand the meaning of what is said in the context of the client's desires, and to support client self-expression.

고객이 무엇을 말하고 무엇을 말하지 않는지에 완전히 초점을 맞추고, 고객이 말한 것의 의미를 고객이 원하는 것의 맥락에서 이해하며, 고객의 자기표현을 지지하는 능력을 말한다.

1) Attends to the client and the client's agenda and not to the coach's agenda for the client.

   고객과 고객의 어젠다(의제)에 따르고 고객에 대한 코치의 어젠다는 드러내지 않는다.

2) Hears the client's concerns, goals, values and beliefs about what is and is not possible.

   가능한 것과 가능하지 않은 것에 대한 고객의 관심사, 목표, 가치 및 믿음에 대해 듣는다.

3) Distinguishes between the words, the tone of voice, and the body language.

   단어, 음성의 톤 및 신체 언어를 구별한다.

4) Summarizes, paraphrases, reiterates, and mirrors back what client has said to ensure clarity and understanding.

   명확한 이해를 위하여 고객이 말한 내용을 요약하고, 바꿔 말하고, 반복하고, 거울처럼 되돌려 준다.

5) Encourages, accepts, explores and reinforces the client's expression of feelings, perceptions, concerns, beliefs, suggestions, etc.

   고객이 감정, 지각, 관심사, 신념, 제안 등을 표현하는 것을 격려하고 수용하고 탐구하고 강화한다.

6) Integrates and builds on client's ideas and suggestions.

   고객의 아이디어와 제안을 통합하고 그 기반 위에서 만들어 낸다.

7) "Bottom-lines" or understands the essence of the client's communication and helps the client get there rather than engaging in long, descriptive stories.

고객의 대화 핵심을 요약하거나 본질을 이해하고, 고객이 길고 장황한 설명으로부터 벗어나서 본질에 도달하도록 돕는다.

8) Allows the client to vent or 'clear' the situation without judgment or attachment in order to move on to next steps.

다음 단계로 넘어가기 위해 고객이 자기 나름대로의 판단이나 집착 없이 상황을 풀거나 '종결'시킬 수 있도록 한다.

6. Powerful Questioning 강력한 질문하기

Ability to ask questions that reveal the information needed for maximum benefit to the coaching relationship and the client.

코칭 관계 및 고객에게 최대의 이익이 되는 필요한 정보가 드러나도록 질문하는 능력을 말한다.

1) Asks questions that reflect active listening and an understanding of the client's perspective.

적극적 경청한 결과를 반영하고 고객 관점의 이해를 반영하는 질문을 한다.

2) Asks questions that evoke discovery, insight, commitment or action(e. g. those that challenge the client's assumptions).

발견, 통찰력, 다짐 또는 행동(예: 고객의 가정에 도전하는 행동)을 불러일으키는 질문을 한다.

3) Asks open-ended questions that create greater clarity, possibility or new learning.

더 큰 명확성, 가능성 또는 새로운 학습을 창출하는 개방형 질문을 한다.

4) Asks questions that move the client toward what they desire, not questions that ask for the client to justify or look backward.

고객을 정당화하거나 뒤돌아보게 하는 질문보다는 고객이 원하는 것을 향해 이동시키는 질문을 한다.

7. Direct Communication 직접적 커뮤니케이션

Ability to communicate effectively during coaching sessions, and to use language that has the greatest positive impact on the client.

코칭 과정 중에 효과적으로 소통하고, 고객에게 최대의 긍정적 영향을 주는 언어를 사용하는 능력을 말한다.

1) Is clear, articulate and direct in sharing and providing feedback.

고객과 공유하고 피드백할 때는 진행사항을 분명하고 명료하게 그리고 직접적으로 한다.

2) Reframes and articulates to help the client understand from another perspective what he/she wants or is uncertain about.

고객이 원하거나 불확실하게 생각하는 것을 다른 관점에서 이해하도록 재구성해서 분명하게 해 준다.

3) Clearly states coaching objectives, meeting agenda, and purpose of techniques or exercises.

코칭 목표나 만남을 통해 다룰 의제를 분명하게 말해 주고, 또한 어떤 기법을 사용할 때나 과제를 수행할 때도 그 목적을 명확하게 말해 준다.

4) Uses language appropriate and respectful to the client(e.g., non-sexist, non-racist, non-technical, non-jargon).

고객에게 적절하고 존중하는 언어를 사용한다(예: 성차별, 인종 차별, 기술용어, 전문용어를 사용하지 않는다).

5) Uses metaphor and analogy to help to illustrate a point or paint a verbal picture.

요점을 묘사하거나 말하고자 하는 내용을 그림 그리듯 표현하기 위해 은유와 비유를 사용한다.

D. Facilitating Learning and Results 학습과 결과 촉진하기

8. Creating Awareness 일깨우기

Ability to integrate and accurately evaluate multiple sources of information and to make interpretations that help the client to gain awareness and thereby achieve agreed-upon results.

여러 가지 정보 소스를 통합하여 정확하게 그 가치를 평가하는 능력과, 고객이 깨달음을 얻어 합의된 결과를 성취하는 데 도움이 되도록 해석할 수 있는 능력을 말한다.

1) Goes beyond what is said in assessing client's concerns, not getting hooked by the client's description.

고객의 관심사를 평가할 때, 고객의 표현에 빠져들지 않고 말한 것 너머를 본다.

2) Invokes inquiry for greater understanding, awareness, and clarity.

더 큰 이해, 인식 및 명확성을 위한 성찰 질문을 한다.

3) Identifies for the client his/her underlying concerns; typical and fixed ways of perceiving himself/herself and the world; differences between the facts and the interpretation; and disparities between thoughts, feelings, and action.

다음과 같은 사항을 확인하거나 찾아낸다. 고객의 내면에 깔려 있는 관심사를 확인하고, 고객이 자신과 세계를 인식하는 전형적이고 고정된 방법을 이해한다. 또한 사실과 해석의 차이, 생각과 감정과 행동 사이의 불일치 등을 찾아낸다.

4) Helps clients to discover for themselves the new thoughts, beliefs, perceptions, emotions, moods, etc. that strengthen their ability to take action and achieve what is important to them.

고객 자신에게 중요한 것을 얻기 위해 행동하고 성취할 수 있는 능력을 강화시켜 주는 새로운 생각, 신념, 지각, 감정, 기분 등을 발견할 수 있도록 도와준다.

5) Communicates broader perspectives to clients and inspires commitment to shift their viewpoints and find new possibilities for action.

보다 광범위한 시각으로 고객과 소통하고, 그들의 관점을 전환하고 새로운 행동 가능성을 찾도록 고무한다.

6) Helps clients to see the different, interrelated factors that affect them and their behaviors(e.g., thoughts, emotions, body, and background).

고객이 자신과 행동에 영향을 주는, 다르지만 여러 상호 연관된 요소(예: 생각, 감정, 신체 및 배경)를 파악할 수 있도록 도와준다.

7) Expresses insights to clients in ways that are useful and meaningful for the client.

고객에게 유용하고 의미 있는 방식으로 통찰을 표현한다.

8) Identifies major strengths vs. major areas for learning and growth, and what is most important to address during coaching.

학습과 성장을 위한 주요 강점은 무엇이고 주요 영역은 무엇인지를 파악한다. 그리고 코칭에서 다뤄야 할 가장 중요한 것이 무엇인지를 확인한다.

9) Asks the client to distinguish between trivial and significant issues, situational vs. recurring behaviors, when detecting a separation between what is being stated and what is being done.

말한 것과 실제 하는 행동 사이의 간격을 발견했을 때에는 사소한 문제와 중요한 문제, 상황적 행동과 반복적 행동을 구분할 것을 고객에게 요청한다.

9. Designing Actions 행동 설계하기

Ability to create with the client opportunities for ongoing learning, during coaching and in work/life situations, and for taking new actions that will most effectively lead to agreed-upon coaching results.

고객과 함께 코칭 세션과 일/삶에서 지속적인 학습 기회를 창출하고, 코칭에서 기대하는 결과에 가장 효과적으로 이어질 새로운 행동을 하게 하는 능력을 말한다.

1) Brainstorms and assists the client to define actions that will enable the client to demonstrate, practice, and deepen new learning.

고객이 행동으로 보여 주고 연습하면서 새로운 배움을 심화할 수 있는 행동이 무엇인지를 정의할 수 있도록 브레인스토밍하고 돕는다.

2) Helps the client to focus on and systematically explore specific concerns and opportunities that are central to agreed-upon coaching goals.

합의된 코칭 목표에서 중요한 고객의 관심사와 기회에 초점을 맞추고 체계적으로 탐구하도록 도와준다.

3) Engages the client to explore alternative ideas and solutions, to evaluate options, and to make related decisions.

고객이 대안과 해결책을 탐구하고, 옵션을 평가하고, 관련된 결정을 내리는 데 몰입하도록 해 준다.

4) Promotes active experimentation and self-discovery, where the client applies what has been discussed and learned during sessions immediately afterward in his/her work or life setting.

활발한 실험과 자기 발견을 촉진한다. 고객이 세션에서 토론하고 배운 것을 일이나 삶에서 즉시 적용하도록 한다.

5) Celebrates client successes and capabilities for future growth.

고객의 성공을 축하하고 미래의 성장 역량을 축하한다.

6) Challenges client's assumptions and perspectives to provoke new ideas and find new possibilities for action.

새 아이디어를 자극하고 새로운 행동의 가능성을 찾아내기 위해 고객의 가정과 관점에 도전한다.

7) Advocates or brings forward points of view that are aligned with client goals and, without attachment, engages the client to consider them.

고객의 목표에 부합하는 관점을 갖도록 지지하고 제시해 준다. 다만 코치는 자신의 의견에 집착하지 않고, 고객이 그 관점들을 고려할 수 있도록 해 준다.

8) Helps the client 'Do It Now' during the coaching session, providing immediate support.

고객이 코칭 세션 중에 '당장 실행'하도록 돕고, 즉각적인 지원을 제공한다.

9) Encourages stretches and challenges but also a comfortable pace of learning.

뻗어 나가기와 도전뿐 아니라 편안한 학습 속도도 유지하도록 격려한다.

10. Planning and Goal Setting 계획 수립과 목표 설정

Ability to develop and maintain an effective coaching plan with the client.

고객과 함께 효과적인 코칭 계획을 개발하고 유지하는 능력을 말한다.

1) Consolidates collected information and establishes a coaching plan and development goals with the client that address concerns and major areas for learning and development.

수집한 정보를 통합하고, 학습과 개발을 위한 관심사와 주요 영역의 코칭 계획과 개발 목표를 고객과 함께 수립한다.

2) Creates a plan with results that are attainable, measurable, specific, and have target dates.

달성 가능하고, 측정 가능하고, 구체적이며 목표 날짜가 있는 계획을 수립한다.

3) Makes plan adjustments as warranted by the coaching process and by changes in the situation.

코칭 과정과 상황이 변하면 사전에 합의한 바에 따라 계획을 조정한다.

4) Helps the client identify and access different resources for learning(e.g., books, other professionals). Identifies and targets early successes that are important to the client.

고객이 학습을 위해 다양한 자료(예: 서적, 다른 전문가)를 찾고 활용할 수 있도록 돕는다. 고객에게 중요한 초기 성공이 무엇인지를 확인하고 목표를 정한다.

11. Managing Progress and Accountability 진행 및 책무 관리

Ability to hold attention on what is important for the client, and to leave responsibility with the client to take action.

고객에게 중요한 것이 무엇인지에 주의를 집중하고, 고객이 하기로 한 행동은 고객의 책임으로 남겨 두는 능력을 말한다.

1) Clearly requests of the client actions that will move the client toward his/her stated goals.

고객에게 정해진 목표를 향해 갈 수 있는 행동을 하도록 분명히 요청한다.

2) Demonstrates follow-through by asking the client about those actions that the client committed to during the previous session(s).

이전 세션에서 고객이 하겠다고 한 행동을 실제로 했는지를 묻고 지속하여 관리하는 모습을 보여 준다.

3) Acknowledges the client for what they have done, not done, learned or become aware of since the previous coaching session(s).

지난번 코칭 세션 이후 한 일, 하지 않은 일, 배운 것 또는 인식하게 된 것을 고객에게 확인한다.

4) Effectively prepares, organizes, and reviews with client information obtained during sessions.

세션 중 얻은 고객 정보를 활용하여 효과적으로 준비, 구성 및 검토한다.

5) Keeps the client on track between sessions by holding attention on the coaching plan and outcomes, agreed-upon courses of action, and topics for future session(s).

코칭 계획과 코칭 결과, 합의된 행동, 향후 세션의 주제에 지속적으로 주의를 기울임으로써 세션과 세션 사이에도 고객이 순조롭게 나아가도록 한다.

6) Focuses on the coaching plan but is also open to adjusting behaviors and actions based on the coaching process and shifts in direction during sessions.

코칭 계획에 초점을 맞추지만, 코칭 과정에 따라 태도와 행동을 조정하고 세션 중에 방향을 바꿀 수도 있다.

7) Is able to move back and forth between the big picture of where the client is heading, setting a context for what is being discussed and where the client wishes to go.

현재 논의되고 있는 맥락에서 고객이 지향하는 큰 그림과 고객이 정말 가고자 하는 곳 사이를 오갈 수 있다.

8) Promotes client's self-discipline and holds the client accountable for what they say they are going to do, for the results of an intended action, or for a specific plan with related time frames.

고객의 자기 훈련을 장려하고, 고객이 하겠다고 말한 것, 의도한 행동의 결과 또는 시간 관련 계획에 대해 고객이 자발적 책임을 지도록 한다.

9) Develops the client's ability to make decisions, address key concerns, and develop himself/herself(to get feedback, to determine priorities and set the pace of learning, to reflect on and learn from experiences).

고객의 의사 결정 능력, 핵심 관심사를 말하는 능력, 그리고 자기 개발 능력을 개발한다 (피드백을 얻고, 우선순위를 결정하며, 학습 속도를 정하고, 경험을 반영하고 경험을 통해 배운다).

10) Positively confronts the client with the fact that he/she did not take agreed- upon actions.

고객이 합의된 행동을 실행하지 않았을 경우라도 긍정적으로 대한다.

부록 2　ICF의 ACC-PCC-MCC 자격 취득 시에 평가되는 핵심 기술

－번역: 김종성

다음은 ICF의 'ACC-PCC-MCC 자격을 위한 최소 기술 요구 사항'(Minimum Skills Requirements for ACC/PCC/MCC Credentials) 중에 명시된 평가 대상 핵심 기술(Key Skills Evaluated)을 발췌한 것이다. 이 부분은 자격 수준에 관계없이 모두 동일한 기준이 적용되며, ACC-PCC-MCC 자격별로 요구되는 정도가 다를 뿐이다. 자세한 내용은 ICF의 https://coachfederation.org/msr에 수록되어 있다.

1. Meeting Ethical Guidelines and Professional Standards(윤리 지침과 전문성)

해당사항 없음

2. Establishing the Coaching Agreement(코칭 합의하기)

1) The depth of creation of agreement for session.

세션을 위한 합의를 얼마나 깊이 있게 도출해 내는가?

2) The coach's ability to partner and the depth of partnering with the client in the creation of agreement, measures of success, and issues to be addressed

코치가 고객과 파트너가 되어 합의를 이루어 내고, 성공의 척도 및 다뤄야 할 주제를 찾기 위해 얼마나 깊이 고객과 협력할 수 있는가?

3. Establishing Trust and Intimacy with the Client(신뢰와 친밀감 쌓기)

1) The coach's depth of connection to the client.

코치는 고객과 얼마나 깊게 연결되어 있는가?

2) The coach's depth of demonstration of trust in the client and the client's processes of thinking, creating.

코치가 고객을 얼마나 믿는지를 보여 주는가. 그리고 고객이 사고하고 창조해 내는 과정을 얼마나 깊이 있게 믿는지를 보여 주는가?

3) The coach's willingness to be completely comfortable with their own authenticity with the client.

코치는 진정성을 가지고 고객을 온전히 편안하게 대하고자 하는가?

4. Coaching Presence(코칭 프레즌스)

1) The coach's depth of partnership with the client.

코치는 고객과 얼마나 깊이 있게 파트너 관계를 이루고 있는가?

2) The coach's depth of observation of and use of the whole of the client in the coaching process.

코치는 코칭 과정 중 전체적인 고객의 모습을 얼마나 깊이 있게 관찰하고 적용하는가?

5. Active Listening(적극적 경청)

1) The coach's depth of hearing what the client says in relations to the client's agenda.

코치는 어젠다와 관련하여 고객이 말하는 내용을 얼마나 깊이 있게 듣는가?

2) The coach's ability to hear on multiple levels including both the emotional and substantive content of the words.

코치는 고객의 말에 담긴 감정적 내용과 실질적 내용 모두를 아우르는 수준에서 경청하는 능력을 갖추고 있는가?

3) The coach's ability to hear underlying beliefs, thinking, creating, and learning that are occurring for the client including recognizing incongruities in language, emotions, and actions.

코치는 고객의 언어, 감정 및 행동의 부조화를 인지하는 것을 포함하여 고객의 저변에 깔린 신념, 생각, 창조 및 배움을 들을 수 있는 능력을 갖추고 있는가?

4) The coach's ability to hear the client's language and to encourage the client to deepen descriptive language for themselves.

코치는 고객의 언어를 듣고, 고객이 더 깊게 언어 표현을 하도록 용기를 북돋우는 능력을 갖추고 있는가?

6. Powerful Questioning(강력한 질문하기)

1) The coach's depth of questioning that evokes the core issues that are either contained in or underlie the client's agenda.

   코치는 고객의 어젠다에 포함되어 있거나 저변에 깔린 핵심 이슈를 떠올리게 하는 질문을 얼마나 깊이 있게 하는가?

2) The coach's ability to explore with and to evoke exploration by the client of the emotional and substantive content of the words.

   코치는 고객의 말에 담긴 감정적 내용과 실질적인 내용을 고객과 함께 탐구하고, 고객 스스로도 탐구하도록 해 주는 능력을 갖추고 있는가?

3) The coach's ability to explore with and evoke exploration by the client of the underlying beliefs and means of thinking, creating, and learning that are occurring for the client.

   코치는 고객의 저변에 깔린 신념과 사고, 창조 및 고객에게서 일어나는 배움을 고객과 함께 탐구하고, 고객 스스로도 탐구하도록 해 주는 능력을 갖추고 있는가?

4) The depth at which the coach's questions provide a thinking space for and elicit new perspectives from the client.

   코치의 질문은 고객에게 사고의 공간을 제공하고 새로운 관점을 이끌어 내는 데 얼마나 깊이가 있는가?

7. Direct Communication(직접적 커뮤니케이션)

1) The ease, directness, and depth with which the coach shares perspectives, thoughts, intuition, and feedback.

   코치는 얼마나 쉽고, 직접적이고 깊이 있게 코치의 관점, 생각, 직관 및 피드백을 나누는가?

2) Whether the coach appears to have any attachment to the coach's perspective.

   코치가 자기의 관점에 집착하는 듯이 보이지는 않는가?

3) The coach's effective use of the client's language and learning models.

   코치는 효과적으로 고객의 언어와 학습 모델을 사용하는가?

4) The breadth of the invitation the coach gives to the client to share his/her own perspectives, thoughts, intuition, and feedback.

코치는 코치 자신의 관점, 생각, 직관 및 피드백을 나누기 위해 얼마나 폭넓게 고객의 참여를 요청하는가?

8. Creating Awareness(일깨우기)

1) The coach's ability to partner fully with the client in exploration of new and broader perspectives, learning, creating, and actions.

코치는 새롭고 더 넓은 관점, 학습, 창조 및 행동을 탐구할 때 고객에게 얼마나 만족할 만한 파트너가 되어 주고 있는가?

2) The coach's ability to share perspectives without attachment and invitation to the client to share their own thinking, perspectives, and intuition.

코치는 집착 없이 고객과 관점을 나누고, 고객에게도 자기의 생각, 관점, 직관을 나누도록 초대할 수 있는가?

3) The coach's invitation to and acceptance of the client's intuition, thinking, and language as critical tools in the coaching process.

코치는 고객의 직관, 사고, 언어를 코칭 과정에서의 중요한 도구로 받아들이고, 고객이 그것을 사용하도록 권유하는가?

4) The coach's ability to illuminate the client's fixed ways of thinking that might inhibit growth or accomplishment of the client's goals without treating the coach's observation as truth, but only as the coach's thoughts.

코치는 코치 자신의 관찰이 진실이 아니라 단지 코치의 생각일 뿐이라고 간주하면서 고객의 성장이나 목표 성취를 저해할 수 있는 고객의 고정된 사고방식을 조명할 수 있는가?

5) The coach's ability to use the client's language as a tool of creating awareness.

코치는 고객의 언어를 일깨우기의 도구로 활용하는 능력을 갖추고 있는가?

6) The coach's ability to integrate beginning, middle and end of the session together if appropriate to the client's learning and creating.

코치는 고객의 배움과 창조에 맞도록 세션의 시작, 중간 및 끝을 하나로 통합할 수 있는가?

9. Designing Actions(행동 설계하기)

1) The coach's ability to fully partner with the client in designing actions that relate to and move forward towards the client's stated agenda.

코치는 고객이 행동을 설계할 때 완벽한 파트너가 되어 고객이 말한 코칭 어젠다를 향해 앞으로 나아갈 수 있도록 해 주는가?

2) That actions are of a breadth and depth that they may include thinking, feeling, and learning.

그 행동은 생각, 느낌 및 배움을 아우를 수 있을 만큼 폭넓고 깊이가 있는가?

3) That the designed actions integrate the whole of the client whenever appropriate.

그 설계된 행동은 적절할 때마다 고객 전체를 통합시키고 있는가?

4) That the designed actions are appropriate to what occurred in the session, where the client is with their stated agenda and desired outcomes.

그 설계된 행동은 코칭 세션 중에 고객이 말한 어젠다 및 원하는 결과를 달성하는 데 적절한가?

5) That the designed actions are appropriate to the client's methods of thinking, learning, integrating, and creating.

그 설계된 행동은 고객의 생각, 배움, 통합, 창조 방식과 적절하게 어울리는가?

10. Planning and Goal Setting(계획 수립과 목표 설정)

1) The coach's ability to fully partner with and explore with the client in order to create goals and plans that match the client's learning and creating style, stated agenda and desired outcomes.

코치는 고객의 학습과 창조 스타일, 고객의 어젠다 및 원하는 결과에 부합하는 목표와 계획을 도출하고 탐구하기 위해 얼마나 고객과 좋은 파트너가 되고 있는가?

2) That the plans and goals designed are of a breadth and depth that they may include thinking, feeling, learning, and creating.

설계된 계획과 목표는 생각, 느낌, 학습 및 창조를 아우를 수 있을 만큼 폭넓고 깊이가 있는가?

3) That the designed plans and goals integrated the whole of the client whenever appropriate.

설계된 계획 및 목표는 적절할 때마다 고객 전체를 통합시키는가?

4) That the designed plans and goals are appropriate to what occurred in the session, and where the client is with their stated agenda and desired outcomes.

설계된 계획과 목표는 세션 내용, 고객의 어젠다 및 원하는 결과를 이루는 데 적절한가?

5) That the designed plans and goals are appropriate to the client's methods of thinking, learning, integrating, and creating.

설계된 계획 및 목표가 고객의 생각, 배움, 통합, 창조 방식과 적절하게 어울리는가?

6) That wherever appropriate, the coach helps the client design measurable achievements that are steps toward the client's ultimate desired outcome.

적절할 때마다, 코치는 고객이 원하는 궁극적 결과를 위한, 측정 가능한 성취를 고객이 설계하도록 돕는 능력을 돕는가?

11. Managing Progress and Accountability(진행 및 책무 관리)

1) The coach's ability to partner fully with the client to create structures and methods for measuring progress and holding the client accountable to themselves for the progress.

코치는 진행 상황을 측정하기 위한 상징물과 방법을 만들어 내고, 고객 스스로 진행에 대한 책무를 유지하도록 고객과 완벽한 파트너가 되고 있는가?

2) That the methods and structures of accountability integrate the whole of the client whenever appropriate.

책무의 방법과 상징물은 적절할 때마다 고객 전체를 통합시키는가?

3) That the designed structures and methods of accountability are capable of producing forward movement by the client, appropriate to what occurred in the session, and to where the client is with their stated agenda and desired outcomes.

설계된 책무 구조와 방법은 고객이 앞으로 나아가는 움직임을 만들어 낼 수 있는가, 또 코칭 세션 내용과 어젠다 그리고 원하는 결과를 이루어 내는 데 적절한가?

4) That the designed structures and methods of accountability are appropriate to the client's methods of thinking, learning, integrating, and creating.

설계된 책무 구조와 방법은 고객의 사고, 배움, 통합 및 창조 방식과 적절히 어울리는가?

5) The coach's ability to trust the client to be accountable to themselves and confidence in holding the client accountable as per the agreed upon methods of accountability.

코치는 고객 스스로가 자신에게 책임질 것을 믿고, 합의된 방법에 따라 책무를 유지하게 할 수 있다는 자신감을 갖고 있는가?

부록 3 Core Competencies Comparison Table(핵심 역량 비교표)

ICF CORE COMPETENCIES RATING LEVELS(ICF 핵심 역량 평가 수준)

—번역: 김종성(PCC)

—Adapted from the Minimum Skills Requirements documents for each credential level.

각 인증 수준에 대한 최소 기술 요구(MSR) 자료에서 추출함.

---

1. Ethics and Standards 윤리 지침과 전문성(ACC, PCC, MCC 공통, 구두시험 등이 직접적으로 평가되지 않음)

Applicant will NOT pass this competency if applicant.

신청자가 아래 사항에 해당되는 경우엔 불합격 처리된다.

—Focuses primarily on telling the client what to do or how to do it(consulting mode).

고객이 해야 할 일이 무엇이고 어떻게 해야 하는가에 주로 초점을 맞춰 이야기 할 때(컨설팅 모드).

—Primarily in the past, particularly the emotional past(therapeutic mode).

대화가 주로 과거 중심으로 이루어지고, 그중에서도 과거의 정서 상태 위주의 대화가 이루어질 때(치료모드)

—Is not clear on basic foundation exploration and evoking skills that underlie the ICF definition of coaching; that lack of clarity in skill use will be reflected in skill level demonstrated in some of the other competencies listed below.

ICF 코칭 정의를 뒷받침하는 기초적인 탐구와 일깨우는 스킬이 미숙할 때, 이 스킬 사용이 명확하지 않으면 이하에 설명하는 다른 역량 수준에 영향을 미치게 된다.

For example, if a coach almost exclusively gives advice or indicates that a particular answer chosen by the coach is what the client should do, and a credential at any level would be denied.

예를 들어, 만약 코치가 자신이 선택한 특정 해답이 바로 고객이 해야 할 일이라고 지적하거나 조언이 거의 독점적으로 제시되면, 상호 신뢰와 친밀감, 코칭 프레즌스, 강력한 질문, 일깨워 주기, 그리고 고객이 제시한 행동과 책무 등이 나타나지 않게되며 모든 수준에 걸쳐 자격 인증이 거부된다.

역량	ACC 수준	PCC 수준	MCC 수준
2. Establishing the Coaching Agreement 코칭 합의하기 Ability to understand what is required in the specific coaching interaction and to come to agreement with the prospective and new client about the coaching process and relationship. 특정한 코칭 상호작용에서 무엇이 요구되는지를 이해하고, 예상 및 신규 고객과 코칭 절차 및 코칭 관계에 대해 합의할 수 있는 능력을 말한다. • Initially establishing the "rules of engagement." 먼저 '코칭 계약의 규칙'을 정한다. • Establishing the agreement for the current session. What is it the client wants to work on today? What will make the next 30 minutes most worthwhile? Establishing a focus 이번 세션에서 해야 할 것을 고객과 합의한다. ☞ 오늘 고객이 다루고 싶어하는 것은 무엇인가? ☞ 남은 30분을 가장 가치 있게 만드는 것은 무엇인가? ☞ 초점 정하기	• Coach takes what client says they want to work on at surface level. 코치는 고객이 다루고 싶다고 말하는 내용을 표면적인 수준에서 받아들인다. • Attends to that agenda, but little further exploration is done. 고객의 이제에 주의를 기울이지만 더 깊은 탐구는 거의 이루어지지 않는다.	• Coach takes what client says they want to work on, 코치는 고객이 다루고 싶다고 말하는 내용을 받아들인다. • Attends to that agenda with some exploration as to measures of success for each topic in session. 이제에 주의를 기울이며 세션별 주제의 성공 기준에 대해 조금 더 탐구한다.	• Coach explores fully what client wants from session, establishes measures of success for client in session, and ensures that client and coach are both clear about coaching purpose. 코치는 세션을 통해 고객이 원하는 것이 무엇인지를 충분히 탐구하고, 세션에서 고객의 성공 기준을 확실히 정하고, 고객과 코치 모두 코칭의 목적을 분명히 한다. • Coach returns to check regularly of whether direction of coaching is continuing to serve client's coaching purpose and makes changes in direction if necessary based on feedback from client. 코치는 코칭이 고객의 코칭 목적에 기여하는 방향으로 가고 있는지를 주기적으로 점검하고, 고객의 피드백에 따라 필요하다면 방향을 조정한다.

Applicant will NOT receive a passing score if:
신청자는 다음 경우 합격 점수를 받지 못한다.

• Coach chooses the topic for the client. 코치가 고객을 위해 주제를 선정하는 경우 • Coach does not coach around the topic the client has chosen. 코치가 고객이 선정한 주제에 대해 코칭하지 않는 경우	• Coach does not coach around the topic(s) the client has chosen. 코치가 고객이 선정한 주제에 대해 코칭하지 않는 경우 • The coach does not engage in some exploration of the measures of success for each topic with the client or defines those measures for the client. 코치가 고객과 함께 각 주제별 성공 기준과 정의에 대해 더 탐구하려고 하지 않을 때 • Coach does not engage in some exploration of underlying issues related to achievement of the outcomes or agenda or does not check with client about whether the client is moving toward what the client wanted from the session. 코치가 결과나 이제의 성과와 관련된 근본적인 쟁점에 대해 탐구하지 않거나 또는 세션에서 고객이 원했던 방향으로 제대로 나아가는지 여부를 고객과 함께 점검하지 않을 때

• If full partnership with the client is not demonstrated.
고객과의 완벽한 파트너십을 보여주지 못하는 경우
• Coach chooses the topic(s) for the client.
코치가 고객을 위해 주제를 선정하는 경우
• Coach does not coach around the topic(s) the client has chosen.
코치가 고객이 선정한 주제에 대해 코칭하지 않는 경우
• Coach does not explore the measures of success for each topic with the client to a degree that achieves clarity about the client's intent or direction for the session.
코치가 세션에서 고객이 고객의 의도나 방향이 분명해질 때까지 각 주제의 성공 기준에 대해 고객과 함께 탐구하지 않을 때
• Coach does not allow the client full input into the issues that should be discussed relative to the client's stated objectives for the session.
코치가 고객이 언급한 세션의 목표와 관련하여 토론되어야 할 사항을 고객이 충분히 말하도록 허용하지 않을 때
• Coach does not check with the client about whether the client is moving toward what the client wanted from the session.
코치가 세션에서 고객이 원했던 방향으로 제대로 나아가고 있는지 여부를 고객과 함께 점검하지 않을 때

역량	ACC 수준	PCC 수준	MCC 수준
3. Establishing Trust and Intimacy with the Client 신뢰와 친밀감 쌓기 Ability to create a safe, supportive environment that produces ongoing mutual respect and trust. 지속적인 상호 존중과 신뢰를 유지할 수 있는 안전하고 지지적인 환경을 만들어 내는 능력을 말한다. • Setting a strong foundation upfront for partnership with the client. 고객과의 파트너십을 위한 견고한 토대를 만든다. • Establishing expectations for an open and honest relationship. 정직하고 열린 관계를 만들기 위해 필요한 사항을 정한다. • Demonstrating integrity, confidentiality, respect and support. 정직하고, 비밀을 보장하며, 존중하고 지지하는 모습을 보여 준다. • Holding the client in "unconditional positi've regard." 고객에게 '무조건적인 긍정적 배려'를 유지한다.	• Coach attends to client's agenda, but is attached to his/her own performance and therefore trust and intimacy is not the strongest competency. 코치가 고객의 이해에 주의를 기울이지만 코치 자신의 성과에 집착한다. 따라서 '신뢰와 친밀감'은 가장 강력한 역량으로 보지 못한다.	• Coach may have some degree of trust in client and connected relationship to client, 코치는 고객과의 신뢰와 유대감을 어느 정도 갖고 있다. • Coach still conscious of presenting image of "good coach", so less willing to risk or not know which stands in way of complete trust in and intimacy with coach's self, the client, and the coaching relationship. 코치는 '좋은 코치'라는 이미지를 보여 주려 하기 때문에, 코치 자신이나 고객, 또는 코칭 관계에서의 완전한 신뢰와 친밀감을 방해하는 것이 무엇인지를 알지 못하거나 굳이 그것을 알아내려는 시도를 하려 하지 않는다.	• Coach is connected to complete trust in new and mutual state of awareness that can only arise in the moment and out of joint conversation, 코치는 오직 서로 연결된 대화 순간에만 일어날 수 있는 새롭고 상호적인 깨달음의 상태가 있다는 것에 대한 완전한 신뢰를 갖고 있다. • Coach is comfortable not knowing as one of the best states to expand awareness in. 코치는 '알지 못함'의 상태에 편안하게 있을 수 있다. 알지 못함은 인식을 확장하기 위한 최고의 상태 중 하나이기 때문이다. • Coach is willing to be vulnerable with client and have client be vulnerable with coach. 코치는 기꺼이 고객에게 취약함을 보일 수 있고, 고객도 코치에게 취약함을 보이도록 한다. • Coach confident in self, process, and the client as a full partner in the relationship. 코치는 자기 자신, 코칭 과정 그리고 고객에 대한 완전한 파트너로서 자신감을 가진다. • Sense of complete ease and naturalness in conversation; coach does not have to "work" to coach. 대화에서 완전한 편안하고 자연스러운 감각을 보인다. 코치가 '코칭'하기 위해 일부러 애쓰지 않는다.

Applicant will NOT receive a passing score if: 신청자는 다음 경우 합격 점수를 받지 못한다.			
	• Coach demonstrates significant interest in the coach's view of the situation than the client's view of the situation. 코치가 상황에 대한 고객의 관점보다는 자신의 관점에 더 큰 관심을 보이는 경우 • Coach does not seek information about the client's goals regarding the situation. 코치가 상황에 관한 고객의 목표에 생각으로부터 고객의 목표에 관한 정보를 얻으려 하지 않는 경우 • The attention seems to be on the coach's own performance or demonstration of knowledge about the topic. 코치 자신의 성과나 주제에 대한 지식을 드러내는 데에 관심 있는 것처럼 보일 경우	• Coach demonstrates significant interest in the coach's view of the situation rather than the client's view of the situation. 코치가 상황에 대한 고객의 관점보다는 자신의 시각에 더 큰 관심을 보이는 경우 • Coach does not seek information from the client about the client's thinking around the situation. 코치가 상황에 대한 고객의 생각으로부터 고객의 목표에 관한 정보를 찾지 않는 경우 • Coach does not seek information about the client's goals regarding the situation. 코치가 상황으로부터 고객의 목표에 관한 정보를 얻으려 하지 않는 경우 • The attention seems to be on the coach's own performance or demonstration of knowledge about the topic. 코치 자신이 성과나 주제에 대한 지식을 드러내는 데에 관심 있는 것처럼 보일 경우 • Coach does not invite the client to share his/her thinking on an equal level with coach. 코치 자신과 동등한 수준에서 고객의 생각을 함께 나누도록 요청하지 않는 경우	• Does not treat the client as a full partner choosing not only the agenda, but also participating in the creation of the coaching process itself. 코치가 의제 선택뿐 아니라 코칭 프로세스 자체를 만들어갈 때에도 고객을 완전한 파트너로서 대하고고 참가시키지 않는 경우 • Coach exhibits an interest in the coach's view of the situation rather than the client's view of the situation. 코치가 상황에 대한 고객의 관점보다는 자신의 관점에 더 중요를 보일 때 • Coach does not seek information from the client about the client's thinking around the situation. 코치가 상황에 대한 생각으로부터 고객의 목표에 관한 정보를 얻으려 하지 않는 경우 • Coach does not seek information about the client's goals regarding the situation, or any attention seems to be on the coach's own performance or demonstration of knowledge about the topic. 코치가 상황에 관한 고객의 목표 관련 정보를 탐색하지 않거나 주제와 관련된 코치 자신이나 실적이나 지식을 보여주는 것에 관심을 가지는 것처럼 보일 때 • In addition, coach does not invite the client to share his/her thinking on an equal level with the coach and/or chooses the direction and tools in the session without significant input from the client. 추가적으로, 코치는 자신과 동등한 수준에서 생각을 공유하도록 고객에게 요청하지 않을 때, 그리고 세션에서 고객으로부터 중요한 정보를 얻지 않고 방향과 도구를 선택할 때 • Any indication that the coach is teaching rather than coaching will also create a score below the MCC level. 코치가 코칭을 하기보다는 가르치는 것처럼 보이는 어떤 사다리도 있으면 MCC 이하의 점수를 받게 된다.

역량	ACC 수준	PCC 수준	MCC 수준
4. Coaching Presence **코칭 프레즌스** Ability to be fully conscious and create spontaneous relationship with the client, employing a style that is open, flexible and confident. 코치가 충분히 깨어 있고, 개방적이고, 유연하며 자신감 있는 태도로 고객과 자발적인 관계를 만들어 내는 능력을 말한다. • Being fully present and flexible with the client, "dancing in the moment" 코칭이 진행되는 동안 고객과 함께 온전히 유연하게 현재에 있으며, '그 순간'에 맞춰 춤춘다.' • Being curious, trusting your gut, experimenting, using humor. 호기심 있고, 직감을 믿으며, 실험적이고, 유머를 사용한다.	• Coach attends to client's agenda, but is attached to his/her own performance and therefore presence is diluted by coach's own attention to self. 코치는 고객의 의제에 주의를 기울이지만 자신의 성과에 집착한다. 따라서 코치 자신에 대한 관심 때문에 프리젠스가 희석된다. • Coach substitutes thinking and analysis for presence and responsiveness much the time. 코치는 고객에 대해 프레즌스와 민감성을 보이는 대신 생각하고 분석하는 데 많은 시간을 소비한다.	• Coach will attend to client's agenda, but drives the coaching and choice of tools. 코치는 고객의 의제에 주의를 기울이지만 코칭과 도구 선택을 주도한다. • Coach will choose objective or subjective perspective, but rarely hold both simultaneously. 코치는 객관적 혹은 주관적 관점을 취하지만 양쪽을 동시에 취하는 경우는 드물다. • Coach will evidence need to have direction toward solution versus simply being in the moment with the client. 코치는 해결방안을 찾는 쪽으로 방향을 정할 것인지 아니면 단순히 고객과 그 순간에 머물러 있을 것인지에 대한 방향을 정할 필요를 느낀다. • Coach will be choosing ways to move versus letting client teach coach ways to move. 코치는 코칭을 어떻게 진행할지를 코치 자신이 선택하는 방법과 고객이 코치에게 알려준 방법 중 하나를 선택한다. • Partnership is present, but mixed with coach as expert and greater than client. 파트너십은 존재하지만, 전문가인 코치와 고객보다 뛰어난 코치가 혼재되어 있다. • Coach may be present to whether and how much value they are adding to client. 코치는 고객에게 가치를 제공하는 만큼 함께 머물러 줄 수 있다.	• Coach is a completely connected observer to client. 코치는 고객에게 완전히 연결된 관찰자이다. • The connection is to whole of who client is, how the client learns, what the client has to teach the coach. 이 연결이란 고객이 정말 누구인지, 고객이 어떻게 학습하는지, 고객이 코치에게 알려 주어 하는 것은 무엇인지에 관한 모든 것을 의미한다. • The coach is ready to be touched by the client and welcomes signals that create resonance for both the coach and client. 코치는 고객으로부터 감동받을 준비가 되어 있고, 코치와 고객 양자에게 모두 울림을 줄 수 있는 신호가 보이면 이를 환영한다. • The coach evidences a complete curiosity that is undiluted by a need to perform. 코치는 성과의 필요성 때문에 희석되지 않은 온전한 호기심을 보여 준다. • The coach is in fully partnered conversation with client. 코치는 고객과 완전한 파트너가 되어 대화한다. • The coach trusts that value is inherent in the process versus having any need to create value. 코치는 가치를 창조할 필요가 있다고 믿기보다는 코칭 과정 안에 가치가 내재되어 있다고 믿는다.

Applicant will NOT receive a passing score if: 신청자는 다음 경우 합격 점수를 받지 못한다.			
	• Coach demonstrates significant interest in the coach's view of the situation than the client's view of the situation. 코치가 상황에 대한 고객의 관점보다는 자신의 시각의 경우 더 큰 관심을 보이는 경우 • Coach does not seek information from the client about the client's thinking around the situation. 코치가 상황에 대한 고객의 생각으로부터 정보를 얻는 경우 • Coach is unresponsive to that information. 코치가 그 정보에 대해 반응을 보이지 않는 경우 • Coach does not seek information about the client's goals regarding the situation.	• Coach demonstrates significant interest in the coach's view of the situation rather than the client's view of the situation. 코치가 상황에 대한 고객의 관점보다는 자신의 시각에 더 큰 관심을 보이는 경우 • Coach does not seek information from the client about the client's thinking around the situation or is unresponsive to that information. 코치가 상황에 대한 고객의 생각으로부터 정보를 얻으려 하지 않거나 그 정보에 반응하지 않는 경우 • Coach does not seek information about the client's goals regarding the situation or is unresponsive to that information. 코치가 상황에 대한 고객의 목표에 관한 정보를 얻으려 하지 않거나 그 정보에 반응하지 않는 경우	• Coach does not treat the client as a full partner choosing not only the agenda, but also participating in the creation of the coaching process itself. 코치가 의제 선택뿐 아니라 코칭 프로세스 자체를 창조할 때에도 고객을 완전한 파트너로서 대하고 참가시키지 않는 경우 • Coach exhibits interest in the coach's view of the situation than the client's view of the situation. 코치가 상황에 대한 고객의 관점보다는 자신의 관점에 더 흥미를 보일 때 • The coach does not seek information from the client about the client's thinking around the situation. 코치가 상황에 대한 고객의 생각으로부터 정보를 얻으려 하지 않는 경우 • Coach does not seek information about the client's goals regarding the situation, or any attention seems to be on the coach's own performance or demonstration of knowledge about the topic. 코치 자신의 성과나 주제에 대한 지식을 드러내려는 것에 관심이 있는 것처럼 보일 경우 • Coach does not invite the client to share his/her thinking on an equal level with the coach and/or chooses the direction and tools in the session without input from the client.

코치가 상황에 대한 고객의 생각으로부터 고객의 목표에 관한 정보를 얻으려 하지 않는 경우
- The attention seems to be on the coach's own performance or demonstration of knowledge about the topic.

코치 자신의 성과나 주제에 대한 지식을 드러내려는 것에 관심 있는 것처럼 보일 경우
- The attention seems to be on the coach's own performance or demonstration of knowledge about the topic.

코치 자신의 성과나 주제에 대한 지식을 드러내려는 것에 관심 있는 것처럼 보일 경우
- Coach, rather than being present and responsive to the client, is overly reliant on an obvious coaching tool, or standard coaching questions.

코치가 고객과 함께 하며 고객에게 반응하기보다는 뻔한 코칭 공식, 특정한 구체적인 코칭 도구나 틀, 표준 코칭 질문에 과도하게 의존할 때
- Coach does not allow the client to contribute to creating the method or way that the coaching session will evolve.

코치가 코칭 세션을 발전시키기 위해 새로운 방법을 만들어 내는 데 고객이 기여할 수 있는 기회를 제공하지 않는 경우

코치가 자신과 동등한 수준에서 생각을 공유하도록 고객에게 요청하지 않을 때, 그리고/혹은 세션에서 고객을 참여시키거나 고 방향과 도구를 선택할 경우
- Any indication that the coach is teaching rather than coaching will also create a score below the MCC level.

코치가 코칭을 하기보다는 가르친다고 보이는 어떤 조짐이라도 있으면 MCC 이하의 점수를 받게 된다.
- Coach does not allow the client to help develop coaching tools for themselves and instead relies on standard coaching formulas, tools, or questions.

코치가 고객으로 하여금 스스로 코칭 도구들을 개발하도록 돕지 않고, 표준화된 코칭 공식과 도구와 질문에 의존할 때

역량	ACC 수준	PCC 수준	MCC 수준
5. Active Listening 적극적 경청 • Ability to focus completely on what the client is saying and is not saying, to understand the meaning of what is said in the context of the client's desires, and to support client self expression. 고객이 무엇을 말하고 무엇을 말하지 않는지에 완전히 초점을 맞추고, 고객이 말한 것의 의미를 고객이 원하는 것이 맥락에서 이해하며, 고객의 자기 표현을 지지하는 능력을 말한다. • Listening without an agenda, distinguish between the words, tone of voice and body language. Level 2 and Level 3 Listening. 어젠다(코치의 생각이나 판단) 없이 듣고, 고객의 말, 목소리 톤, 그리고 보디랭귀지의 차이를 식별한다. 이것은 2단계, 3단계 수준의 경청이다.	• Coach hears what client says and responds to it, but only at obvious and surface level. 코치는 표면적인 수준에서만 고객의 답을 듣고 반응한다. • In general, coach will evidence attachment to "what's the problem," "how do I help fix it," and "how do I give value in fixing it." 일반적으로, 코치는 "문제가 뭐죠?" "이를 해결하는 데 제가 어떻게 도와드릴까 요," 그리고 "문제를 해결할 때 제가 어떻게 부여해 드릴까 요?" 등에 집착한다.	• Coach is doing listening on a very conscious level. 코치는 매우 높은 의식 수준에서 경청한다. • The listening is focused on the client's agenda and can change direction if the client changes direction. 고객의 의제에 집중하여 경청하며, 만약 고객이 방향을 전환하면 경청의 방향도 바꿀 수 있다. • The direction change may or may not be best for the topic at hand. 그 방향 전환은 해당 주제에 당장 최선이 될 수도 있고 아닐 수도 있다. • The coach is focused on what client is saying, but more from the perspective of gathering information that fits into coach's particular tool or discovery model. 코치는 고객이 하는 말에도 초점을 맞추지 만, 코치의 특정 도구나 발견 모델에 맞는 정보를 수집하려는 데에 더 집중한다. • Listening tends to be more linear and concentrates on content of words. 직선적으로 경청하는 경향이 있으며 말 자체의 내용에 집중하려는 경향이 있다.	• Coach's listening is completely attuned as a learner and listening happens at the logical, emotional, and organic level at one time. 코치의 완벽한 학습자의 입장에서 경청하며, 경청은 논리적, 정서적, 유기적으로 동시에 일어난다. • The listening is both linear and non-linear and responses from coach evidence learning about the client at many levels. 경청은 선형적, 비선형적인 방법으로 모두 이루어지며, 코치가 여러 단계로 고객에 관해 알게 된 내용은 코치의 반응을 통해 확인될 수 있다. • The coach recognizes both hers and the client's ability of intuitive and energetic perception that is felt when the client speaks of important things, when new growth is occurring for the client, and when the client is finding a more powerful sense of self. 코치는 고객이 중요한 것을 말할 때나, 고객에게 새로운 성장이 일어날 때 그리고 고객에게 세한 자아감이 일어날 때에 코치와 고객 모두는 직관적이고 에너지 넘치는 인식을 할 수 있다는 점을 이해한다. • The coach's listening is in the present, but hearing also the client's future develop. 코치는 현재 시점에서 경청하지만 동시에 고객의 미래 발전을 위해서도 듣는다.

• Understands the essence of the client's communication. Helps the client gain clarity and perspective rather than engaged in the story. 고객이 말하는 본질을 이해한다. 고객이 자신의 스토리에 사로잡히지 않고 명확한 관점을 갖도록 도와준다.	• Coach is listening for answers, next question to ask, or looking for what to do with what they hear and will try to fit what they hear into a model they understand. 코치는 질문에 대한 대답을 듣거나 다음 질문을 하기 위해 경청한다. 혹은 자신이 듣는 바를 가지고 무엇을 해야 할지를 결정하거나 자신의 이해하는 모델에 듣은 내용을 적용하려고 노력한다. • They will often respond out of that model rather than client's model. 코치는 종종 고객의 모델에 반응하기보다는 자신의 모델을 기준으로 반응한다. • Listening will include some depth, but often will miss key nuances that a master level coach catches. 상당히 깊이 있는 경청을 하지만 종종 마스터 수준의 코치가 잡아내는 미묘한 해심을 놓친다. • Listening tends to be session by session rather than cumulative. 경청이 각 세션별로만 이루어지고 전체에 걸쳐 누적적으로 이루어지지는 못하는 경향이 있다.	• The coach hears the totality of the client's greatness and gifts as well as limiting beliefs and patterns. 코치는 고객의 탁월함과 재능을 총체적으로 듣는 것뿐 아니라, 고객을 제한하는 신념과 패턴도 경청한다. • The coach's listening is cumulative from session to session and throughout each individual session. 코치의 경청은 각각의 세션을 통하여 이루어지고, 또한 한 세션에서 다른 세션으로 진행되면서 누적된다.

Applicant will NOT receive a passing score if: 신청자는 다음 경우 합격 점수를 받지 못한다.			
• Coach does not demonstrate listening that is focused on and responding to what the client says. 코치가 고객의 초점에 집중하지 못하고 고객의 말에 제대로 반응하지 못할 때	• Coach does not demonstrate listening that is focused on and responding to what the client says. 코치가 고객이 말하는 바에 초점을 맞추지 못하거나 이에 반응하는 경청을 보여 주지 못할 때	• Coach does not demonstrate listening that is based on the whole client and an ability to hear the client's thinking, learning, and feeling at multiple levels. 코치가 고객을 온전하다는 인식을 기본으로 하여 경청하지 않고, 고객의 생각, 배움, 감정을 다양한 수준에서 들을 수 있는 능력을 보여 주지 못할 때	
• Coach's response is not related to what the client is trying to achieve. 코치의 반응이 고객이 얻고자 하는 것과 무관할 때	• Coach's response is not related to what the client is trying to achieve. 코치의 반응이 고객이 얻고자 하는 바와 무관할 때	• The listening is filtered only through the coach's methods of thinking, learning and creating. 코치 자신의 사고, 학습 및 창조 방법으로만 걸러서 들을 때	
• Coach appears to be listening for the place where the coach can demonstrate their knowledge about the topic or tell the client what to do about the topic. 코치가 주제에 관련된 자신의 지식을 보여 주거나, 고객에게 주제에 관해 말할 일을 말하기 위해 경청하는 것처럼 보일 때	• Their hearing is limited to listening problems or weaknesses. 코치의 경청이 문제나 약점에만 한정되어 있을 때	• Coach does not actively hear and use as a significant coaching tool, the client's methods of thinking, learning, and creating. 코치가 고객의 사고, 학습 및 창조 방식을 적극적으로 경청하거나 중요한 코칭 도구로 사용하지 않는 경우	
	• Coach appears to be listening for the place where the coach can demonstrate their knowledge about the topic or tell the client what to do about the topic. 코치가 주제에 관련된 자신의 지식을 보여 주거나, 고객에게 주제에 관해 말하기 위해 경청하는 것처럼 보일 때	• Nuances of the client's language are not reflected in the coach's responses. 고객이 사용하는 언어의 미묘한 느낌이 코치의 반응에 반영되지 못할 때	
		• The listening is not focused on and responding to what the client says or the coach's response is not related to what the client is trying to achieve or their hearing is limited to listening for problems or weaknesses. 경청이 고객이 말하는 바에 초점을 맞추거나 반응하는 것이 아니거나, 고객이 성취하려는 것과 관련이 없거나, 문제나 약점에 대한 경청으로 한정되는 경우	

경청이 고객이 말하는 것에 대한 반응에 초점이 맞춰져 있지 않거나 혹은 코치의 반응이 고객이 성취하려고 하는 것과 관련이 없거나 문제나 약점을 경청하는 데에 한정되어 있을 때 • Coach appears to be listening for the place where the coach can demonstrate their knowledge about the topic or tell the client what to do about the topic. 코치가 주제에 관련된 자신의 지식을 보여 주거나, 고객에게 주제에 관해 할 일을 말하기 위해 경청하는 것처럼 보일 때	• Coach demonstrates that they can only hear through their own perceptions, and models of thinking, learning, and creating rather than being able to hear some of the client's models and methods of thinking, learning, and creating. 코치가 자신이 감지한 내용과 사고, 학습 및 창조 모델을 통해서만 들으려 하고, 고객이 가지고 있는 사고, 학습 및 창조 방식의 모델을 듣지 못할 때

역량	ACC 수준	PCC 수준	MCC 수준
6. Powerful Questioning 강력한 질문하기 Ability to ask questions that reveal the information needed for maximum benefit to the coaching relationship and the client. 코칭 관계 및 고객에게 최대의 이익이 되는 필요한 정보가 드러나도록 질문하는 능력을 말한다. • Clear direct questions that lead to new insight and move the client forward. Open ended questions using What and How that are clear, direct and succinct 고객이 새로운 통찰을 얻고 앞으로 나아가게 해 주는 명료하고 직접적인 질문 분명하고 직접적이며 간결하게 What과 How를 사용하는 개방형 질문	• Questions attend to client's agenda, but are generally seeking information, are formulaic, and sometimes leading or have a "correct answer" anticipated by the coach. 질문은 고객의 의제에 관련된 내용이지만, 주로 정보를 구하는 질문이나 틀에 박힌 질문, 그리고 때로는 코치가 기대하는 '정답'으로 이어지는 질문을 한다. • Generally, questions are very geared to solving issues set by client as quickly as possible. 일반적으로, 고객이 정한 이슈를 최대한 빨리 해결하기 위한 질문을 한다.	• Questions attend to client's agenda and generally are a mix of informational and powerful questions. 질문은 고객의 의제에 관련된 내용이며, 일반적으로 정보 탐색적 질문과 강력한 질문이 섞여 있다. • Even powerful questions tend to focus toward solution of issue presented by client and may be more responsive to the client agenda than to the client 강력한 질문마저 고객이 제시한 이슈의 해결에 초점이 맞춰지는 경향이 있으며 고객 의제에 반응하기보다는 이슈에 반응하는 경우가 많다. • Questions will tend to use coaching terminology or language easy for the coach versus using and exploring the client's language. 질문을 할 때 고객의 언어를 파악하고 사용하기보다는 코치에게 익숙한 코칭 용어나 언어를 사용하는 경향을 보인다. • Occasional leading questions will appear as well. 가끔 유도 질문을 하기도 한다. • The coach will tend to ask comfortable rather than uncomfortable questions. 코치는 불편한 질문보다는 편한 질문을 하는 경향이 있다.	• The coach asks mostly, if not always, direct, evocative questions that are fully responsive to the client in the moment and that require significant thought by client or take client to a new place of thinking. 코치는 항상은 아니라 하더라도, 대부분 그 순간 고객에게 충분히 반응해 주는 직접적이고 좋은 질문을 마음대로 하는 질문을 한다. 그것은 고객에게 특별한 의미가 있는 생각을 하도록 요구하거나, 그러한 생각할 수 있는 새로운 장소(중간)으로 고객을 이동시킨다. • The coach uses the client's language and learning style to craft questions. 코치는 고객의 언어와 학습 스타일을 사용하여 질문한다. • The coach is fully based in curiosity and the coach does not ask questions to which the coach knows the answer. 코치는 온전히 호기심에 기반을 두며, 자신이 답을 알고 있는 질문은 하지 않는다. • The questions often require the client to find deeper contact with the client's shadow and light sides and find hidden power in himself/herself. 질문은 고객이 자기의 어두운 면과 밝은 면을 깊이 찾도록 하고, 자기 안에 숨겨진 힘을 찾도록 한다. • The coach asks questions that help the client create the future rather than focus on past or even present dilemmas. 코치는 고객의 과거나 현재의 딜레마에 초점을 맞추기보다는 미래를 창조하도록 돕는 질문을 한다. • The coach is not afraid of questions that will make either the coach or the client or both uncomfortable. 코치는 자신이나 고객 혹은 두 사람 모두에게 불편할 수 있는 질문을 하기를 두려워하지 않는다.

Applicant will NOT receive a passing score if:

신청자는 다음 경우 합격 점수를 받지 못한다.

- Coach does not focus on an inquiring versus telling methodology.

  코치가 질문에 집중하지 않고 말하는 방법론에 조점을 맞출 때

- The majority of questions contain already pre-determined answers by the coach.

  대부분의 질문에 코치가 이미 사전에 결정한 답변이 들어가 있을 때

- The questions attend to an agenda or issues not set by the client, but by the coach.

  질문이 고객이 정한 의제나 이슈가 아니라 코치가 정한 이슈를 다루기 위한 것일 때

- Coach asks questions that reflect the coach's view of the situation or a preconceived answer decided on by the coach.

  코치가 상황에 대한 자신의 관점이 반영된 질문을 하거나 또는 사전에 답이 정해진 질문을 할 때

- The questions are leading the client in a direction chosen by the coach without discussion with and assent to the direction by the client.

  질문이 고객과의 협의 및 방향에 대한 동의 없이 코치가 정한 방향으로 고객을 유도할 때

- Coach is unable to move beyond standardized coaching questions or the coach's models of thinking and learning to the exclusion of the client's models of thinking and learning.

  코치가 표준화된 코칭 질문 혹은 코치 자신의 사고와 학습모델을 넘어서서 고객의 사고와 학습모델을 찾아가지 못할 때

- Coach does not demonstrate questions that are evocative and ask the client to think in a larger space or an experimental space related to the client's agenda and stated objectives.

  코치가 고객의 어젠다 및 목표와 관련하여 생각을 불러 일으키는 질문을 하지 못하고, 더 큰 공간에서 또는 실험적인 공간에서 생각하도록 하는 질문을 하지 못할 때

- Coach frequently asks informational questions or questions that keep the client in the past or in present detail of a situation rather than in forward thinking.

  코치가 정보 탐색 질문을 자주 할 때, 또는 고객이 미래 지향적인 생각을 하도록 질문하지 않고 오히려 고객을 과거에 머물게 하거나 현재의 세부사항을 묻는 질문을 할 때

- The questions do not make frequent use of the client's language, thinking and creating style or do not make use of what the coach has learned about the client.

  코치의 언어, 사고 방식 및 창조 스타일을 사용하는 질문을 자주 하지 않거나 코치가 고객에 대해 학습한 것을 활용하는 질문을 하지 않을 때

- The questions reflect the coach's view of the situation, the coach's learning and processing style, or a preconceived answer by the coach.

  질문이 상황에 대한 코치의 관점, 코치의 학습과 처리 스타일을 반영한 것일 때, 또는 코치가 미리 생각한 답을 반영한 것일 때

- Coach is unable to move beyond standardized coaching question or standardized model.

  코치가 표준화된 코칭 질문이나 표준 모델을 벗어나지 못할 때

역량	ACC 수준	PCC 수준	MCC 수준
7. Direct Communication 직접적 커뮤니케이션 Ability to communicate effectively during coaching session, and to use language that has the greatest positive impact on the client. 코칭 과정 중에 효과적으로 소통하고, 고객에게 최대의 긍정적 영향을 주는 언어를 사용하는 능력을 말한다. • Being clear, articulate and direct in question, observations and feedback. 질문, 관찰, 피드백을 할 때 잃지 않는 가 쉽고 명료하며 직접적으로 하기 • Noticing language and the impact on the client. Using language that supports and respects the client. Draw on their language/interests for metaphor and analogy for learning. 사용하는 언어와 그 언어의 고객에 대한 영향에 대해 주목한다. 고객을 지지하고 존중하는 언어 사용한다. 고객의 언어나 흥미에 관한 은유나 비유적 표현으로부터 배움을 유추해 낸다. 학습을 위해 은유와 비유를 위한 언어/관심사를 그린다.	• The coach is fairly direct, but usually uses too many words or feels a need to "dress up" a question or observation. 코치는 꽤 직접적 대화를 하지만 보통 많은 말을 너무 많이 하거나 질문이나 관찰 내용을 '예쁘게' 포장하려는 욕구를 느낀다. • Questions and observations generally contain vocabulary from the coach's training. 질문과 관련 내용을 향한 때 코치 훈련에서 배운 용어를 대체로 많이 사용한다. • Most communication occurs on a very safe level for the coach. 대부분의 대화가 코치에게 매우 안전한 수준에서 일어난다.	• The coach is usually direct, but at times feels a need to "dress up" a question or observation. 코치는 보통 직접적 대화를 하지만 가끔은 질문이나 관찰 내용을 '예쁘게' 포장하려는 욕구를 느낀다. • The coach occasionally treats their intuitions as the truth. 코치는 종종 자신의 직관을 진실인 것처럼 취급한다. • The coach also occasionally does not say what is occurring for the coach for fear that the client is not ready to hear it. 코치는 고객이 들을 준비가 되어 있지 않을 것이라는 두려움 때문에 때때로 코치 자신에게 일어나는 일을 말하지 않는다. • The coach may also evidence a need to soften communication for fear of being wrong. 코치는 자신이 틀릴 수도 있다는 두려움 때문에 대화를 부드럽게 하려고 한다. • The coach tends to use some coaching language versus the language of the client. 코치는 고객의 언어보다는 코칭 언어를 사용하는 경향이 있다. • The coach has a sufficient, but not broad base of language tools to use with the client. 코치의 언어 기반은 충분하지만, 고객과 함께 사용하기에는 광범위한 언어 도구의 기반을 갖고 있지 않다.	• The coach easily and freely shares what is so for the coach without attachment. 코치는 자신에게 일어나는 일을 집착 없이 쉽고 자유롭게 나눈다. • The coach shares directly and simply and often incorporates the client's language. 코치는 직접적이고 간단하게 생각을 나누며 자주 고객의 언어를 포함시킨다. • The coach fully trusts the client to choose the responses to the coach's communication that is best for the client. 코치는 고객의 대화에서 자신에게 최선의 반응을 선택할 것이라는 점을 충분히 믿는다. • The coach invites, respects, and celebrates direct communications back from the client. 코치는 고객의 직접적인 대화로 반응할 것을 권유하고, 존중하며 축하한다. • The coach creates sufficient space for the client to have equal or more communication time than the coach. 코치는 고객이 코치 자신과 동일하거나 더 많은 대화시간을 가질 수 있도록 충분한 공간을 만들어 낸다. • The coach has a broad language base to use and play with and uses the client's language to broaden the base. 코치는 고객과 함께 사용하고 활용할 수 있는 광범위한 언어 기반을 갖고 있으며, 그 기반을 더 넓히기 위해 고객의 언어를 사용한다.

Applicant will NOT receive a passing score if:

신청자는 다음 경우 합격 점수를 받지 못한다.

- Coach does not attend to the client's agenda, changes the agenda without input from the client, or appears attached to a particular outcome or solution.

  코치가 고객의 의제에 주의하지 않고 고객의 의견을 반영하지 않은 채 의제를 바꾸거나 특정한 결과나 해결책에 집착하는 것처럼 보일 때

- The communication frequently occurs in a convoluted, meandering or circuitous manner.

  소통이 매우 난해하고, 두서없이, 방병 돌아가는 양상으로 자주 전개될 때

- Coach significantly or dominantly relies on their own language, thinking models, and models of learning without use of the client's skill set in these areas.

  코치가 그 분야 관련한 고객의 스킬을 활용하지 않고, 코치 자신만의 언어와, 사고 모델, 그리고 학습 모델에만 크게 혹은 전적으로 의존할 때

- Coach does not invite the client to share these areas as well as the client's intuition with the coach.

  코치가 고객에게 이들 분야에 관한 스킬과 직관을 코치와 나눌 수 있는 기회를 주지 않을 때

- The coach is attached to a particular direction or outcome in the coaching.

  코치가 코칭에서 특정한 방향이나 결과에 집착할 때

- Coach does not fully invite the client's participation in the coaching dialogue on an equal level.

  코치가 고객이 코칭과 동등한 수준으로 코칭 대화에 참여할 수 있도록 충심껏 분위기를 만들지 못할 때

- Coach's communication reflects an agenda or directing of any kind by the coach.

  코치의 대화가 어떤 식으로든 코치가 정한 의제나 방향을 반영할 때

- The communication does not evidence frequent use of the client's language, learning, thinking and creating styles.

  대화에서 고객의 언어, 학습 방법, 사고방식과 창조 스타일을 자주 사용하는 것을 확인할 수 없을 때

- The communication does not often create a place for the client to engage in deeper thinking, learning, and discovery.

  코칭 대화에서 더 깊은 고객의 사고, 학습, 그리고 발견을 할 수 있는 기회를 자주 만들어 내지 못할 때

- Coach's communication limits the thinking and learning direction for the client without specific interaction with, discussion of, and assent

  코치의 대화가 특정한 상호작용, 토론 또는 고객의 동의 없이 고객의 생각과 학습 방향을 제한할 때

역량	ACC 수준	PCC 수준	MCC 수준
8. Creating Awareness 일깨우기 Ability to integrate and accurately evaluate multiple sources of information, and to make interpretations that help the client to gain awareness and thereby achieve agreed-upon results. 여러 가지 정보 소스를 통합하여 정확하게 그 가치를 평가하는 능력과, 고객이 깨달음을 얻어 합의된 결과를 성취하는데 도움이 되도록 해석할 수 있는 능력을 말한다. • Going beyond the immediate goal. Engaging in exploration for discovery, perspective, learning and growth with the client, 눈 앞의 목표 너머로 나아가기. 고객과 함께 발견하고, 예측하며, 배우고 성장하기 위해 탐구하기 • Identifying and acknowledging strengths, Noticing connections or threads between what is said and what is done. 강점을 파악하고 인식하기. 말한 것과 실천한 것 사이에 어떤 관계와 연결고리가 있는지에 주목하기	• Awareness generated at level of what will solve problem or achieve goal. 문제 해결이나 목표 달성 방법을 찾는 수준에서 찾은 깨달음을 얻는다. • Limited generally to awareness of new techniques versus new learning about self. 주로 새로운 기술에 관한 깨달음에 한정되고 자기 자신에 대한 새로운 배움으로 까지는 이르지 못한다.	• The coach helps the client to create new awareness by engaging in problem solving. 코치는 고객이 문제를 해결하면서 새로운 깨달음을 얻을 수 있도록 돕는다. • The majority of awareness geared to new technique; new awareness about who the client is more limited. 대부분의 깨달음은 새로운 기법에 관한 것이며, 고객 자신이 누구인가에 대한 새로운 깨달음은 별로 일어나지 않는다. • In addition, awareness tends, as a result to be more defined in scope. 이에 더해서, 깨달음은 결과적으로 그 범위 내에서 더 명확하게 정의되는 경향이 있다. • The coach will generally help the client integrate new awareness as it pertains to a particular situation versus learning to more fully broaden the scope of new awareness, 코치는 고객이 특정한 상황과 관련하여 얻은 새로운 깨달음을 통합하도록 돕고, 배움을 이용하여 새로운 깨달음의 범위를 충분히 넓히도록 도와준다.	• The coach's invitation to exploration precedes and is significantly greater than invitation to solution. 해결을 위한 것보다 탐구를 위한 코치의 초대가 선행되어야 하고 이것이 훨씬 더 중요하다. • The coach appears as much an explorer as well as client. 코치는 고객만큼이나 탐험가처럼 보인다. • The coach has not concluded what awareness should be (coach is willing not to know). 코치는 깨달음이 어떠해야 하는가에 대해 결론을 내리지 않는다(코치는 기꺼이 모르는 상태로 있으려 한다). • The of the client's greatness invited and welcomed. There is no evidence of "fixing" a problem or the client, 고객의 탁월함의 사용이 권유되고 기꺼이 환영받아야 한다. 문제를 해결하거나 고객을 바로잡으려고 하지 않는다. • The coach allows client to make coach aware and the client's voice more prevalent than coach's, 코치는 고객이 코치에게 깨달음을 주고, 코치의 말보다 고객의 말이 많이 함을 얻을 수 있도록 허용한다. • There is a lovely sense of connected observation of totality of who client is and what client wants, sharing that with client, and creating space for client to share back. 코치는 고객이 누구이고 고객이 원하는 것이 무엇인지를 총체적으로 연결하여 바라볼 수 있는 멋진 감각이 있으며, 이를 고객과 함께 나누고, 고객도 코치와 공유할 수 있는 공간을 만들어 준다. • The coach does not force awareness. 코치는 깨달음을 강요하지 않는다.

Applicant will NOT receive a passing score if: 신청자는 다음 경우 합격 점수를 받지 못한다.			
	• Coach does not attend to the client's agenda, changes the agenda without input from the client, or appears attached to a particular outcome or solution. 코치가 고객의 의제에 주의하지 않고 고객의 의견을 받은 채 의제를 바꾸거나 특정한 결과나 해결책에 집착하는 것처럼 보일 때 • Coach narrows the exploration of awareness significantly to a single issue without discussion that decision with the client and without the client's consent. 코치가 고객의 논의나 동의를 얻지 않은 채 깨달음의 탐구 범위를 심각하게 좁혀서 하나의 이슈로 국한시킬 때	• Coach does not attend to the client' s agenda, changes the agenda without input from the client, or appears attached to a particular outcome or solution. 코치가 고객의 의제에 주의하지 않고 고객의 의견을 받지 않은 채 의제를 바꾸거나 특정한 결과나 해결책에 집착하는 것처럼 보일 때 • Coach does not use the client's thinking and learning tools within the coaching or does not use the client's language as a coaching tool. 코치는 고객의 사고 및 학습 도구를 코칭 시 도구로 사용하지 않거나 고객의 언어를 코칭 도구로 사용하지 않을 때 • Coach seems to substitute assessments or standard coaching exercises or standard coaching exercises to the exclusion of using the tools already existing within the client to create awareness. 코치가 고객이 알아차림을 만들어 내기 위해 이미 사용하고 있는 도구를 배제하고 평가나 표준 코칭 방식으로 대치하는 것처럼 보일 때	• Coach drives the client toward solution without fully exploring issues that may be important to gaining complete solution or accomplishment for the client. 코치가, 고객이 완전한 해결책을 얻거나 성취하는데 중요할 수도 있는 쟁점을 충분히 탐구하지 않고 해결책 쪽으로 고객을 몰아갈 때 • Coach does not fully invite and allow the client to use as coaching tools, the client's intuition, thinking and learning. 코치가 고객으로 하여금 자신의 직관, 사고 및 학습을 코칭 도구로서 사용할 것을 허용하고 전적으로 권유하지 않을 때 • The dialogue of awareness does not provide sufficient space for the client's full participation in creating awareness. 알아차림에 대한 대화에서, 고객이 어떤 깨달음을 얻었는지에 대해 고객이 완전히 참여하고 말할 수 있는 충분한 공간이 제공되지 않을 때 • Coach's communication reflects an agenda or directing of any kind by the coach. 코치의 대화에 코치가 정한 의제와 방향이 어떤 행태로든 반영되어 있을 때

• Coach seems to substitute assessments or standard coaching exercises for powerful questioning or inquiry. 코치가 과위폴한 질문이나 문의 대신 평가나 표준인 코칭 방식을 사용하는 것 같이 보일 때	• Coach states what awareness is without exploring with the client what the client's awareness is or seeking the client's input on whether the coach's observations are correct and giving the client a chance to add their own observations. 코치가 고객이 어떤 깨달음을 얻었는지를 고객과 함께 탐구해 보지 않은 채 말하거나, 코치의 관찰이 맞는지 아닌지 여부에 대해 고객의 의견을 구하지 않거나 고객이 관찰을 덧붙일 수 있는 기회를 주지 않은 채 말한 때	• Coach's voicing of awareness does not evidence frequent use of the client's language, learning, thinking, and creating styles, 코치가 알아차림에 대해 말하면서, 고객의 언어, 학습, 사고 및 창조 스타일을 자주 사용하지 않을 때 • Coach does not often create an easy place for the client to engage in deeper thinking, learning and discovery. 코치가, 고객이 심도 있는 사고, 학습과 발견에 참여할 수 있도록 하는 쉬운 공간을 자주 만들지 않을 때 • Coach's communication limits the thinking and learning direction for the client without specific interaction with, discussion of, and assent by the client to the limitation, 코치의 대화가 고객과의 특정한 상호작용, 토의, 동의 없이 고객의 생각과 배우는 방향을 제한할 때

역량	ACC 수준	PCC 수준	MCC 수준
9. Designing Actions 행동 설계하기 Ability to create with the client new opportunities for ongoing learning, during coaching and in work/life situations and for taking new actions that will most effectively lead to agreed-upon coaching results. 코치는 고치와 함께 코칭 세션이나 일/삶에서 지속적인 학습 기회를 창출하고, 코칭에서 기대하는 결과에 가장 효과적으로 이어질 새로운 행동을 하게 하는 능력을 말한다. • Working with the client to design actions or activities (fieldwork) outside of the coaching session to continue exploration, increase awareness and learning and move toward the desired goal. 코칭 세션이 아닌 때 코치와 고객이 탐구를 계속하고, 자기인식과 배움을 향상시키며, 동시에 원하는 목표를 향해 (현장 활동을) 코치와 함께 설계한다. • Coach may initially assign field work with increasing shift to coach/client designing action to support the client's goals, learning style and desired pace. 코치는 초기에 현장활동 과제를 부여할 수 있다. 과제는 고객의 목표, 학습 스타일, 원하는 진행 속도를 돕기 위하여 점차 코치와 고객이 함께 디자인하는 형태로 바뀔 수 있다.	• The coach tends to suggest homework and action that they think would best handle the problem or achieve the goal. 코치는 문제를 해결하거나 목표를 달성하기에 가장 좋다고 생각되는 과제와 행동을 제안하는 경향이 있다. • Actions tend to be one dimensional in nature. (이러한) 행동은 본질적으로 일차원적인 경우가 많다. 〈역자 주〉 일차원적=단선적, 하나의 효과만을 위한 행동 • And for taking new actions that will most effectively lead to agreed-upon coaching results, 코칭 세션이 아닌 때도 고객이 합의한 코칭 결과로 가장 효과적으로 이어질 새로운 행동을 취하기 위한 게	• The coach engages in some, but not a complete partnership with the client to develop actions. 행동을 개발할 때, 코치는 어느 정도 고객과 함께 협력하지만 완전한 파트너십을 이루지는 못한다. • Again, the actions are attuned to solving the situational issue the client has presented rather than looking beyond the situation to other, broader learning that might be inherent in the situation. 다시 말하면, 그 행동들은 고객이 제시한 현재의 상황적 이슈를 해결하는 데 조정이 맞춰지며, 상황 너머의 또 다른 폭넓은 또는 상황에 내재되어 있는 또 다른 배움을 찾지 못한다. • Finally, the PCC level coach tends to define forward motion only in terms of physical action, 결국, PCC 수준의 코치는 고객의 행동을 물리적 행동의 측면에서만 정의하는 경향이 있다.	• The coach works in complete partnership with the client to design actions or, in the alternative, lets the client lead in designing actions, 코치는 고객과 완전한 파트너십을 이루어 행동을 설계하거나, 반대로 고객이 행동 설계를 주도할 수 있도록 한다. • The coach and client design actions that fit the client's goals, learning style, and pace of wanted or necessary movement, 코치와 고객은 고객의 목표와 학습 스타일, 고객이 원하는 진행 속도에 맞는 행동이나 필요한 행동을 설계한다. • The coach allows action to include thinking, creating and doing. 코치는 설계한 행동이 (고객의) 사고와 창의력, 실천하는 내용을 포함하도록 한다. • The coach engages the client in relating designed actions to other aspects of what the client wants, thereby broadening the scope of learning and growth, 코치는 고객과 함께 설계된 행동을 고객이 원하는 다른 측면에 연관시킴으로써 고객의 배움과 성장의 범위를 넓힐 수 있도록 한다. • The coach encourages informed experimentation to help clients develop more powerful, leveraged actions, 코치는 고객이 더 강력하고 한 차원 높은 행동을 개발할 수 있도록 실험을 하는 것을 격려한다.

Applicant will NOT receive a passing score if: 신청자는 다음 경우 합격 점수를 받지 못한다.			
	• Coach insists the client to what the coach has prescribed as homework. 코치가 자신이 고객에게 숙제로 내준 것을 하도록 고집할 때 • The suggested homework does not have a clear relationship to the client's stated agenda. 제시한 숙제가 고객이 말한 이해와 분명한 관련성이 없을 때 • The homework does not have a clear purpose and potential to move the client forward. 숙제에 고객을 앞으로 나아가게 하기 위한 분명한 목적과 잠재성이 없을 때 • Suggested tools and structures clearly do not bear a relationship to the needs of the particular client or his/her agenda. 제시된 도구와 구조가 고객의 니즈 혹은 이해와 분명한 관련이 분명히 없을 때	• There is little or no co-creation in the process of designing actions. 행동 설계 과정에 공동 창출이 거의 또는 전혀 없을 때 • The actions do not have a clear relationship to the client's stated agenda and the client's style of learning and creating. 설계된 행동이 고객이 진술한 이해나 고객의 학습 및 창조 스타일과 분명한 관계가 없을 때 • The actions do not have a clear purpose and potential to move the client forward. 설계된 행동에 고객을 앞으로 나아가게 하는 분명한 목적과 잠재성이 없을 때 • Suggested tools and structures clearly do not bear a relationship to the needs of the particular client or his/her agenda, or are imposed on the client without discussion. 제시된 도구와 구조가 그 고객의 니즈 혹은 이해와 분명한 관계가 없거나, 고객과의 토론 없이 부과된 경우	• Coach does not invite full client participation in the design of activities or dominates in any way the design of activities. 행동 설계시 코치가 고객의 완전한 참여를 허용하지 않거나 어떤 형태로든 행동 설계를 독점한 경우 • The designed activities do not reflect a clear potential for forward learning or movement by the client related to the client's agenda, desired outcomes, or to some other learning that the client has defined as necessary for their growth. 설계된 행동이 추가적인 배움의 가능성을 명백하게 반영하고 있지 않을 경우, 또는 고객의 이해 및 원하는 결과와 관련된 행동이 아닐 경우, 또는 고객이 자신의 성장에 필요하다고 규정한 또 다른 배움의 가능성을 명백하게 반영하고 있지 않을 때 • Designed actions and/or discussion designed actions involves only physical activity with no attention to the thinking, learning, being and creativity structures of the client. 설계된 행동과 행동 설계 논의 과정에서 고객의 사고, 학습, 존재 및 창의력 구조에 주목하지 않은 채 신체적인 활동만을 한 경우

역량	ACC 수준	PCC 수준	MCC 수준
10. Planning and Goal Setting 계획 수립과 목표 설정 Ability to develop and maintain an effective coaching plan with the client. 고객과 함께 효과적인 코칭 계획을 개발하고 유지하는 능력을 말한다. • Partnering with the client to develop goals that are (SMART) specific, measurable, attractive, realistic and have target dates. 구체적(Specific)이고 측정 가능(Measurable)하고 매력적(Attractive)이며, 현실적(Realistic)이고 마감일(Target Date)이 있는 목표(SMART 목표)를 개발한다. • Staying aware of client's plan, learning style, pace and commitment to the goal. 고객의 목표 달성을 위한 계획, 학습 스타일, 진행 속도, 그리고 임무나 전념하는지에 늘 관심을 기울인다. • Identifying successes that are important to the client. 고객에게 중요한 성공은 무엇인지를 인식한다.	• The coach tends to adopt goals suggested by the client at their most obvious level. 코치는 고객이 생각해낸 목표를 최대한 확실하게 채택하려는 경향을 보인다. • Planning and goal setting tend to be one dimensional in nature with the coach sometimes substituting his/her expertise for the clients. 계획과 목표 수립은 완전히 일차원적이고, 코치는 때때로 고객의 전문성을 대신 자신의 전문성으로 대체하는 경향이 있다.	• The coach engages in some, but not a complete partnership with the client to develop goals and plans. 코치는 목표와 계획 개발에서 고객과 어느 정도 협력하지만 완전한 파트너십을 이루지는 못한다. • Again, the actions are attuned to solving the situational issue the client has presented rather than looking beyond the situation to other, broader learning that might be inherent in the situation. 다시 말하면, 행동은 고객이 제시한 상황적 이슈를 해결하는 데에 맞추어져 있고, 상황 너머를 보면서 현재 상황에 내재되어 있을 수도 있는 또 다른 폭넓은 배움을 찾아내는 데까지는 이르지 못한다. • Finally, the PCC level coach tends to edit plans presented by the client. 마지막으로, PCC 수준의 코치는 고객이 제시한 계획을 다시 수정하려는 경향을 보인다.	• The coach works with the client to clarify and develop goals that achieve more than just the presenting concerns of the client. 코치는 단순히 고객이 관심을 보이는 것 이상을 성취할 수 있는 목표가 무엇인지를 명확하게 하고 그것을 개발하기 위해 고객과 함께 작업한다. • The coach lets the client lead in designing goals and planning or, in the alternative, works in complete partnership with the client to create goals and plans. 코치는 고객으로 하여금 목표와 계획 설계를 주도하게 하거나 또는 대안으로서 목표와 계획을 만들기 위해 고객과 완전한 파트너십을 이루어 작업한다. • The coach and client create goals and plans that fit the client's goals, learning styles and pace of wanted or necessary movement. 코치와 고객은 고객의 목표, 학습 스타일, 그리고 고객이 원하거나 필요한 활동의 진행 속도에 적합한 목표와 계획을 개발한다. • The coach allows plans to include thinking, creating, and doing. 코치는 계획에 생각하고, 창조하고 행동하는 내용이 포함되도록 한다. • The coach engages the client in relating goals and plans to other aspects of what the client wants, thereby broadening the scope of learning and growth. 코치는 고객이 원하는 것 그 너머의 다른 측면에까지 관련지어 목표와 계획으로 고객이 관여하게 함으로써 고객의 배움과 성장의 범위를 넓혀 나간다.

Applicant will NOT receive a passing score if:
신청자는 다음 경우 합격 점수를 받지 못한다.

- Coach insists that the client follow a prescribed plan familiar to the coach,
- Coach is unable to support the client in developing an effective coaching plan.
- The plan or goals do not have a clear relationship to the client's stated agenda and desired outcome,
- The plan or goals do not have a clear purpose and potential to move the client forward,
- Suggested tools and structures clearly do not bear a relationship to the needs of the particular client or his/her agenda,

- 코치가 자신에게 익숙한 체화을 고객이 따르도록 고집할 때,
- 코치가 효과적인 코칭 체화을 개발할 수 있도록 고객가 지원할 수 없을 때,
- 체화 또는 목표가 고객이 언급한 결과와 분명한 관련성이 없을 때,
- 체화 또는 목표가 고객을 앞으로 나아가게 하기 위한 분명한 목적과 잠재성이 없을 때,
- 제시된 도구와 구조가 고객의 니즈 혹은 이해와 분명한 관계가 없을 때,

- There is little to no partnership or co-creation of the plans and goals,
- Coach is the most significant voice in suggesting plans and goals.
- Coach is unable to support the client in developing an effective coaching plan.
- The plan or goals do not have a clear relationship to the client's stated agenda and desired outcomes or the client's learning and creating processes,
- The plan or goals do not have a clear purpose and potential to move the client forward.
- Suggested tools and structures clearly do not bear a relationship to the needs of the particular client or his/her agenda.
- Coach suggests standard coaching tools or exercises without discussing with the client the extent to which they might be of value to the client.

- 체화와 목표 설정 시에 파트너십체 공동 창조가 거의 또는 전혀 없을 때,
- 체화와 목표를 제시하는 코치의 목소리가 가장 중요하게 부각되는 경우,
- 효과적인 코칭 체화을 개발할 수 있도록 코치가 고객을 지원한다지 못할 때,
- 설정된 체화 또는 목표가 고객이 언급한 이해 및 원하는 결과 혹은 고객의 학습과 창조 과정과 분명한 관련성이 없을 때,
- 체화 또는 목표가 고객을 앞으로 나아가게 하기 위한 분명한 목적과 잠재성이 없을 때,
- 제시된 도구나 행동이 특정 고객이나 니즈 혹은 이해와 분명한 관계가 없을 때,
- 코치가 표준화된 코칭 도구나 행동을 제안하면서 그것이 고객에게 얼마나 가치가 있는지에 대해 고객과 의견을 나누지 않을 때,

- Coach does not invite full client participation in planning strategies or designing goals or dominated in any way the creation of plans and goals,
- Plans and goals do not reflect a clear potential for forward learning or movement by the client related to the client's agenda, desired outcomes, or to some other learning that the client has defined for as necessary for their growth.
- Designed plans and goals and/or discussion designed actions involves only physical activity with no attention to the thinking, learning, being, and creativity structures of the client,

- 코치가 전략 수립이나 목표 설정을 할 때 고객을 완전히 참여시키지 않거나, 체화와 목표를 창조할 때 어떤 형태로든 코치가 독점하는 경우
- 체화와 목표가 고객의 미래지향적 배움의 잠재력을 반영하지 못하거나, 고객의 이해다, 원하는 결과, 고객의 성장에 필요한 또 다른 배움과 관련된 행동의 잠재력을 명확하게 반영하지 않을 때,
- 설계된 행동과 목표, 그리고 토론에 의해 설계된 행동들이 신체적인 활동만 포함하며 고객의 사고, 학습, 존재, 존재와 창의력의 구조에는 관심을 보이지 않을 때,

역량	ACC 수준	PCC 수준	MCC 수준
11. Managing Progress and Accountability 진행 및 책무 관리 Ability to hold attention on what is important for the client, and to leave responsibility with the client to take action, 고객에게 중요한 것이 무엇인지에 주의를 집중하고, 그객이 할 행동은 고객의 책임으로 남겨 두는 능력을 말한다. • Staying focused or what is important for the client and holding them accountable, 고객에게 중요한 것이 무엇인지에 대한 초점을 유지하고, 고객이 그것에 대한 책무를 유지할 수 있도록 한다.	• The coach tends to suggest forms of accountability that my feel a bit parental in nature, 코치는, 사실상 약간은 부모 같은 입장에서 고객이 책무를 갖도록 제안하려는 경향이 있다. • Accountability tends to be one dimensional. 책무가 일차원적으로 인식되는 경향이 있다.	• The coach in some partnership with the client develops methods of accountability. 코치는 일부 고객과의 파트너십에서는 책무를 증대시키는 방법을 개발하기도 한다. • These methods are often reflective of or use coach training tools, 이러한 방법은 종종 코치 훈련 도구에 반영되거나 사용된다.	• The coach has the client determined their own methods of accountability and offers support to those methods. 코치는 고객이 책무를 지기 위한 자신만의 방법을 정하도록 하고, 그 방법을 지원한다. • The client helps determine or determines totally who should be on their accountability team and how to use each person, including the coach. 고객은 책무를 수행하기 위한 팀을 온전히 자기 스로로 구성한다, 그 팀 안에는 어떤 사람을—코치를 포함하여—활용할 것인가를 결정한다. • The coach trusts the client to be accountable to themselves and lovingly calls the client to account or discussion if agreed upon forward movement does not occur, 코치는 고객이 자신에게 책임을 진다는 것을 믿고, 약속한 행동이 실행되지 않을 때에는 기꺼이 고객에게 전화하여 설명이나 상의를 한다.

Applicant will NOT receive a passing score if: 신청자는 다음 경우 합격 점수를 받지 못한다.			
	• Coach insists that the client follow prescribed measures and structures familiar to the coach. 코치가 자신에게 익숙한 수단과 방식을 고객이 따르도록 고집함 때 • Coach is unable to support the client in developing as effective method of managing and measuring progress. 진척사항을 관리하고 측정하는 효과적인 방법을 개발할 수 있도록 코치가 고객을 지원할 수 없을 때 • The measures and methods of accountability do not have a clear relationship to the client's stated agenda and desired outcomes. 실행 수단과 책무 확보 방법이 고객이 말한 이제 및 원하는 결과와 분명한 관련성이 없을 때	• There is little or no partnership of co-creation of the measures of success and accountability structures. 성공을 위한 실행 수단과 책무 구조 설정 시에 파트너십과 공동 창조가 거의 또는 전혀 없을 때 • Coach is the most significant voice in setting accountability structures. 책무 구조를 세우는 데 코치의 목소리가 가장 중요하게 부각되는 경우 • Coach is unable to support the client in developing an effective measures and accountability structure. 효과적인 실행 수단과 책무 구조를 개발할 수 있도록 코치가 고객을 지원하지 못함 • The measures and structures do not have a clear relationship to the client's stated agenda and desired outcome or the client's learning and creating processes. 설정된 실행 수단과 책무 구조가 고객이 말한 이제 및 원하는 결과 혹은 고객의 학습 및 창조 과정과 분명한 관련성이 없을 때	• Coach does not invite full client participation or does not encourage client leadership in planning strategies and methods of accountability or dominates in any way the accountability mechanisms that are created. 코치가 전략 수립이나 책무 제고 방법을 계획할 때 고객의 완전한 참여를 허용하지 않거나 고객이 리더십을 발휘하도록 격려하지 않는 경우, 그리고 책임 구조를 만듦에 있어 어떤 형태로든 코치가 독점하는 경우 • Coach is the most significant voice in setting accountability structures. 책무 구조를 세우는 데 코치의 목소리가 가장 중요하게 부각되는 경우 • Coach is unable to support the client in developing an effective measures and accountability structure. 효과적인 실행 수단과 책무 구조를 개발할 수 있도록 코치가 고객을 지원하지 못할 때 • The measures and structures do not have a clear relationship to the client's stated agenda and desired outcome or the client's learning and creating processes. 효과적인 실행 수단과 책무 구조가 고객이 말한 학습 및 창조 과정과 분명한 관련성이 없을 때

- The measures and methods of accountability do not have a clear purpose and potential to move the client forward.

실행 수단과 책무 방법이 고객을 앞으로 나아가게 하기 위한 분명한 목적과 잠재성이 없을 때

- Suggested tools and structures clearly do not bear a relationship to the needs of the particular client or his/her agenda.

제시된 도구와 구조가 고객의 니즈 혹은 의제와 분명한 관계가 없을 때

- The methods and structures do not have a clear purpose and potential to move the client forward.

실행 수단과 책무 구조가 고객을 앞으로 나아가게 하기 위한 분명한 목적과 잠재성이 없을 때

- Suggested tools and structures clearly do not bear a relationship to the needs of the particular client or his/her agenda.

제시된 도구와 구조가 고객의 니즈나 의제와 분명한 관계가 없을 때

- Coach suggests standard coaching tools or exercises without discussing with the client the extent to which they might be of value to the client.

코치가 표준화된 코칭 도구나 행동을 제안하면서 그것이 고객에게 얼마나 가치가 있는지에 대해 고객과 의견을 나누지 않을 때

- 설정된 실행 수단과 책무 구조가 고객이 말한 의제 및 원하는 결과 혹은 고객의 학습 및 창조 과정과 분명한 관련성이 없을 때

- The methods and structures do not have a clear purpose and potential to move the client forward.

실행 수단과 책무 구조가 고객을 앞으로 나아가게 하기 위한 분명한 목적과 잠재성이 없을 때

- Suggested tools and structures clearly do not bear a relationship to the needs of the particular client or his/her agenda or deeper learning designated by the client.

제시된 도구와 구조가 고객의 니즈나 의제 또는 고객이 지향한 더 깊은 배움과 명확히 관계가 없을 때

- Coach suggests standard coaching tools or exercises without discussing with the client the extent to which they might be of value to the client or does not encourage invention of structures by the client based on the client's thinking, learning, being and creating style.

코치가 표준화된 코칭 도구나 행동을 제안하면서 그 것이 고객에게 얼마나 가치가 있는지에 대해 고객과 의견을 나누지 않을 때, 또는 고객이 자신의 사고, 학습, 존재 및 창의적인 스타일에 기초하여 구조를 발명한 것을 격려하지 않을 때

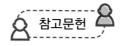
참고문헌

고영석(2018). 하이데거의 THINKING에 대한 소고. (사)한국정신과학학회 제49회 춘계학술대회 자료.

국제코치연맹 https://coachfederation.org/icf-credential

김상운(2016). 왓칭 2. 서울: 정신세계사.

다케우치 가오루(2018). 밤을 새워 준비해 혼을 다해 말했더니 그래서 하고 싶은 말이 뭔데? 백운숙 역. 서울: 청림출판.

두산백과. 무지의 지(Bewusstsein des Nichtwissens, 無知—知)

류량도(2013). 결과를 만드는 사람들의 공통적인 습관 첫 번째 질문. 8.0 에이트포인트.

박창규(2017). 임파워링하라. 서울: 넌 참 예뻐.

서용석(2013). 하이데거에서의 존재론과 교육론. 도덕교육연구, 25(2), 한국도덕교육학회.

아가와 사와코(2013). 듣는 힘. 정미애 역. 서울: 흐름출판.

아빈저 연구소(2010). 상자 밖에 있는 사람들. 서울: 아빈저연구소 코리아.

엄태동(2016). 하이데거와 교육. 경기: 교육과학사.

에네모토 히데다케(2004). 마법의 코칭. 황소연 역. 서울: 새로운 제안. (원저는 1999년에 출판).

오정근(2017). 고전 속에 담긴 코칭 원리. 국민대학교 대학원 박사학위논문.

오카다 다카시(2017). 나는 네가 듣고 싶은 말을 하기로 했다. 정미애 역. 서울: 카시오
    페아.

원경림(2017). 내러티브 코칭에 대한 탐색적 연구-Ho Law의 내러티브 코칭 이론을
    중심으로. 코칭연구, 10(2), 81-100.

이영분, 김유순, 심영화, 최선영, 최현미(2018). 가족상담과 가족치료. 서울: 학지사.

정용실(2018). 공감의 언어. 서울: 한겨레출판.

중앙일보(2018). 혜민 마음치유학교, 깨어있는 고요 투명한 앎.

최상복(2004). 산업안전대사전. 서울: 골드.

한근태(2018). 한근태의 재정의 사전. 서울: 클라우드나인.

Andrews, A. (2017). 사소한 것들[The little things]. 이경식 역. 서울: 세종서적.

Bennett, C., & Payne, M. (2016). *Expanding Horizons*. Kyros.

Brock, V. G. (2015). 코칭의 역사. 김경화 외 공역. 서울: 코쿱북스. (원저는 2012년
    출판).

Browning, H. (2012). *Accountability: Taking ownership of your responsibility*.
    Greensboro, NC: Center for Creative Leadership.

Canfield, J., & Chee, P. (2013). 불가능을 가능하게 만드는 코칭 파워[*Coaching for
    breakthrough success: Proven techniques for making impossible dreams
    possible*]. 정재완 역. 서울: 매일경제신문사.

Cherry, K. (2018). *What is client-centered therapy?* Reviewed by Steven Gans,
    MD.

Clifton, D. O., & Rath, T. (2017). 위대한 나의 발견 강점혁명. 갤럽 역. 서울: 청림출판.

Coach U Inc. (2016). *The couch u personal and corporate coach training
    handbook*.

Coleman, K. (2013). 원 퀘스천[*One question*]. 김정한 역. 서울: 홍익출판사.

Collins, G. R. (2011). 코칭 바이블. 양형주, 이규창 역. 서울: 한국기독학생회 출판부.

Corporate Coach U 회장 제니퍼 코빈, CEO 샌디 바일리스 외 공저(2016). Core Essential Program 참가자 매뉴얼. 한국코칭센터 역. 서울: 한국코칭센터.

Covey, S. (2017). 성공하는 사람들의 7가지 습관[*Negotiating the nonnegotiable*]. 김경섭 역. 경기: 김영사.

Cuddy, A. (2016). 프레즌스[*Presence: Bringing your boldest self to your biggest challenges*]. 이경식 역. 서울: 알에이치코리아.

Eblin, S. (2014). 무엇이 임원의 성과를 결정하는가. 고현숙 역. 서울: 올림.

Evered, R. D., & Selman, J. C. (1989). Coaching and the art of management. New York: American Management Association.

Fadem, T. J. (2010). Asking 성공하는 리더의 질문기술. 김재명 역. 경기: 쌤앤파커스.

Frankl, V. (2005). 의미를 향한 소리없는 절규[*Unheard cry for meaning*]. 오승훈 역. 서울: 청아.

Gunawardena, C. N., & Zittle, F. J. (1997). Social presence as a predictor of satisfaction within computer-mediated conferencing environment. *The American Journal of Distance Education, 11*(3), 8-26.

Hall, L. (2017). 마음챙김 코칭: 지금-여기-순간-존재-하기. 최병현, 이혜진, 김성익, 박진수 역. 서울: 한국코칭수퍼비전 아카데미.

Hawkins, P., & Smith, N. (2018). 코칭, 멘토링, 컨설팅에 대한 슈퍼비전. 고현숙 역. 서울: 박영story.

Heidegger, M. (2004). *What is called THINKING?* Glenngray J. 역. New York: Harper Perennial.

Heidegger, M. (2012). 동일성과 차이[*Identitat und differenz aus der erfahrung des denkens gelassenheit was*]. 신상희 역. 서울: 민음사.

Heidegger, M. (2014). 사유란 무엇인가[*Was heisst denken*]. 권순홍 역. 서울: 길.

Kimsey-House, H., Kimsey-House, K., Sandahl, P., & Whitworth, L. (2016). 코액티브 코칭[*Co-active coaching*]. 김영순, 이광수 역. 경기: 김영사.

Marquardt, M. J. (2006). 질문 리더십[*Leading with questions*]. 최요한 역. 서울: 흐

름출판.

Mehrabian, A. (1972). *Silent message: Implicit communication of emotions and attitudes.* Albert Mehrabian.

Metcalfe, J., & Shimamura, A. P. (1996). *Metacognition: Knowing about knowing.* Cambridge, MA: MIT Press "The term metacognition literally means cognition about cognition, or more informally, thinking about thinking. Flavell defined metacognition as knowledge about cognition and control of cognition."

Moore, M., Tschannen-Moran, B., & Jackons, E. (2009). *Coaching psychology manual.* Wolters Kluwer.

Nichols, M. P. (2016). 듣는 것만으로 마음을 얻는다[*Lost art of listening: How learning to listen can improve relationships*]. 이은경 역. 서울: 한국경제신문사.

O'Connor, J. (2005). NLP 코칭. 심교준 역. 서울: 해와달.

Peck, M. S. (2011). 아직도 가야 할 길[*The road less traveled: A new psychology of love, traditional values and spiritual growth*]. 최미양 역. 서울: 율리시즈.

Robbins, A. (2002). 네 안에 잠든 거인을 깨워라. 이우성 역. 서울: 씨앗을 뿌리는 사람들.

Rogers, C. R. (1950). A basic orientation for couselling. *Pastoral Psychology 1.*

Rogers, C. R. (1957). The necessary and sufficient of therapeutic personality. *Journal of Consulting Psychology, change,* 95-103.

Sinek, S., Mead, D., & Docker, P. (2013). 나는 왜 이일을 하는가?[*Start with why*]. 이영민 역. 서울: 타임비즈 출판.

Stewart, J., Zediker, K., & Witteborn, S. (2015). 소통: 협력적인 의사소통의 방법. 서현석, 김윤옥, 임택균 역. 서울: 커뮤니케이션북스.

Stone, D., & Heen, S. (2014). 하버드 피드백의 기술. 김현정 역. 경기: 21세기북스.

Stone, T. (2008). 순수의식[*Pure awareness*]. 하윤숙 역. 서울: 아시아코치센터.

Thorne, B. (2007). 칼 로저스. 이영희, 박외숙, 고향자 역. 서울: 학지사.

Tolle, E. (2008). NOW, 행성의 미래를 상상하는 사람들에게[*A new earth*]. 류시화 역. 경기: 위즈덤하우스.

Whitworth, L., Kimsey-House, H., Sandahl, P. (2005). 라이프 코칭 가이드[*Co-active coaching*]. 박현준 역. 서울: 아시아코치센터.

Yujin Park, Divine Action, Spiritual Audacity, https://youtu.be/pKkJUaitQu0ion, Spiritual Audacity, https://youtu.be/pKkJUaitQu0

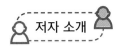

박창규 Park Chang Gyu

대한민국 최초로 국제코치연맹(ICF)으로부터 마스터코치(MCC)로 인증받은 코칭리더십 전문가이다. 현재 국민대학교 겸임교수로 MBA 과정에서 리더십코칭을 가르치고 있다. 미국에서 리더십과 코칭을 접한 이후 20여 년간 코칭을 강의하고 있으며 임파워링 코칭, 피드백 · 피드포워드 코칭, 그룹 코칭, NLPia 코칭, 영성코칭 등 여러 가지 코칭 프로그램을 개발하여 전파하고 있다. 특히 대한민국 미래의 코칭을 이끌어 갈 전문 코치를 육성하기 위해 1년간 지속되는 장기 트레이닝 프로젝트에 주력하고 있다. 저서로『임파워링하라』『온자신감』『당신 안에 있는 위대한 선택』등이 있고 공역서로『원칙 중심의 리더십』이 있다. 특이하게 그는 대한민국 유일한 전 육 · 공군 소장 출신이다.

권은경 Kwon Eun Kyung

코치들의 멘토이자 수퍼바이저이다. 코칭 핵심 역량을 연구하고 가르치고 있으며 (PCC by ICF) PCC 인증자격 심사를 맡고 있다. 교육학 박사과정을 수료하였고 경희대학교 교육대학원에서 '교사 리더십을 위한 의사소통론'을 강의하고 있으며, 교육의 목적을 실천하는 방법으로 코칭과 코칭 역량의 역할에 관하여 연구하고 있다. 코칭심화교육 '信뢰로운 코치되기' 인증프로그램을 개발 및 교육하고 있고 '코칭MBA'(리더십코칭센터) '코칭핵심역량 심화학습'(PMA코칭센터) 멘토코치로 활동하고 있다. 국제 공인 강점코치로서 대학과 기업에서 '강점워크숍'을 진행하고 있다.

김종성 Kim Jong Sung

한국코치협회 KPC코치 자격과 국제코치연맹 PCC코치 자격을 보유하였으며 Gallup Clifton Strengthsfinder 인증 강점코치이기도 하다. 한국코치협회의 이사로서 기획위원장과 홍보위원장을 역임하였고 현재는 코칭경영원 전문코치와 봉사코칭 단체인 사회적 코칭협회 아카데미 원장으로 활동하고 있다. 또한 10여 차례의 개인·단체 공모전 입상 경력을 가진 사진작가로도 활동 중이며, 비언어적인 수단인 사진 이미지를 코칭에 접목하여 새로운 코칭 영역을 개척해 나가고 있다.

박동진 Park Dong Jin

한국코치협회 이사이며, 홍보위원장, 인증 심사위원으로 활동하고 있다. 2018년 대한민국 코치대회 조직위원장을 역임하였다. 코치 자격으로는 한국코치협회 인증 수퍼바이저코치(KSC), 국제코치연맹(ICF) 전문코치(PCC) 등이 있다.

원경림 Won Kyung Rim

현재 남서울대학교 코칭학과와 아동복지학과 조교수로 재직 중이며, 한국리더십센터 전문교수, ICF 코리아 챕터 이사, 한국코칭학회 학술위원장으로 활동 중이고, 한국코치협회 KPC, 국제코치연맹 ACC 자격을 보유하고 있다. 이화여자대학교에서 간디의 비폭력 사상을 연구하여 박사학위를 받았으며, 연세대학교에서 청소년의 진로성숙 문제를 고찰함으로써 사회복지학 박사학위를 받았다. 이후 청소년 비행, 학교생활, 진로성숙, 코칭과 관련된 다수의 연구 논문을 발표하였다. 공저로『꿈과 끼를 펼쳐라 밤 하늘에 수많은 별처럼』『안락사, 무엇이 문제인가?』『선진기업복지제도의 이해』등이 있고, 공역서로『코칭심리학』이 있다. 학문적 연구를 기반으로 인성교육 프로그램, 회복탄력성 프로그램을 개발하였으며 갈등관리와 협상, 리더십과 창의적 교수법, 코칭 등을 강의하고 있다.

코칭 핵심 역량
ICF Core Coaching Competencies

2019년 3월 5일 1판 1쇄 인쇄
2019년 3월 15일 1판 1쇄 발행

지은이 • 박창규 · 권은경 · 김종성 · 박동진 · 원경림
펴낸이 • 김진환
펴낸곳 • ㈜학지사
　　　　　04031 서울특별시 마포구 양화로 15길 20 마인드월드빌딩
대표전화 • 02-330-5114　　팩스 • 02-324-2345
등록번호 • 제313-2006-000265호

홈페이지 • http://www.hakjisa.co.kr
페이스북 • https://www.facebook.com/hakjisa

ISBN 978-89-997-1777-2　93180

정가 17,000원

이 도서의 국립중앙도서관 출판시도서목록(CIP)은 서지정보유통지
원시스템 홈페이지(http://seoji.nl.go.kr)와 국가자료공동목록시스템
(http://www.nl.go.kr/kolisnet)에서 이용하실 수 있습니다.
(CIP 제어번호: CIP2019006817)

교육문화출판미디어그룹 학지사

심리검사연구소 인싸이트 www.inpsyt.co.kr
원격교육연수원 카운피아 www.counpia.com
학술논문서비스 뉴논문 www.newnonmun.com
간호보건의학출판 학지사메디컬 www.hakjisamd.co.kr